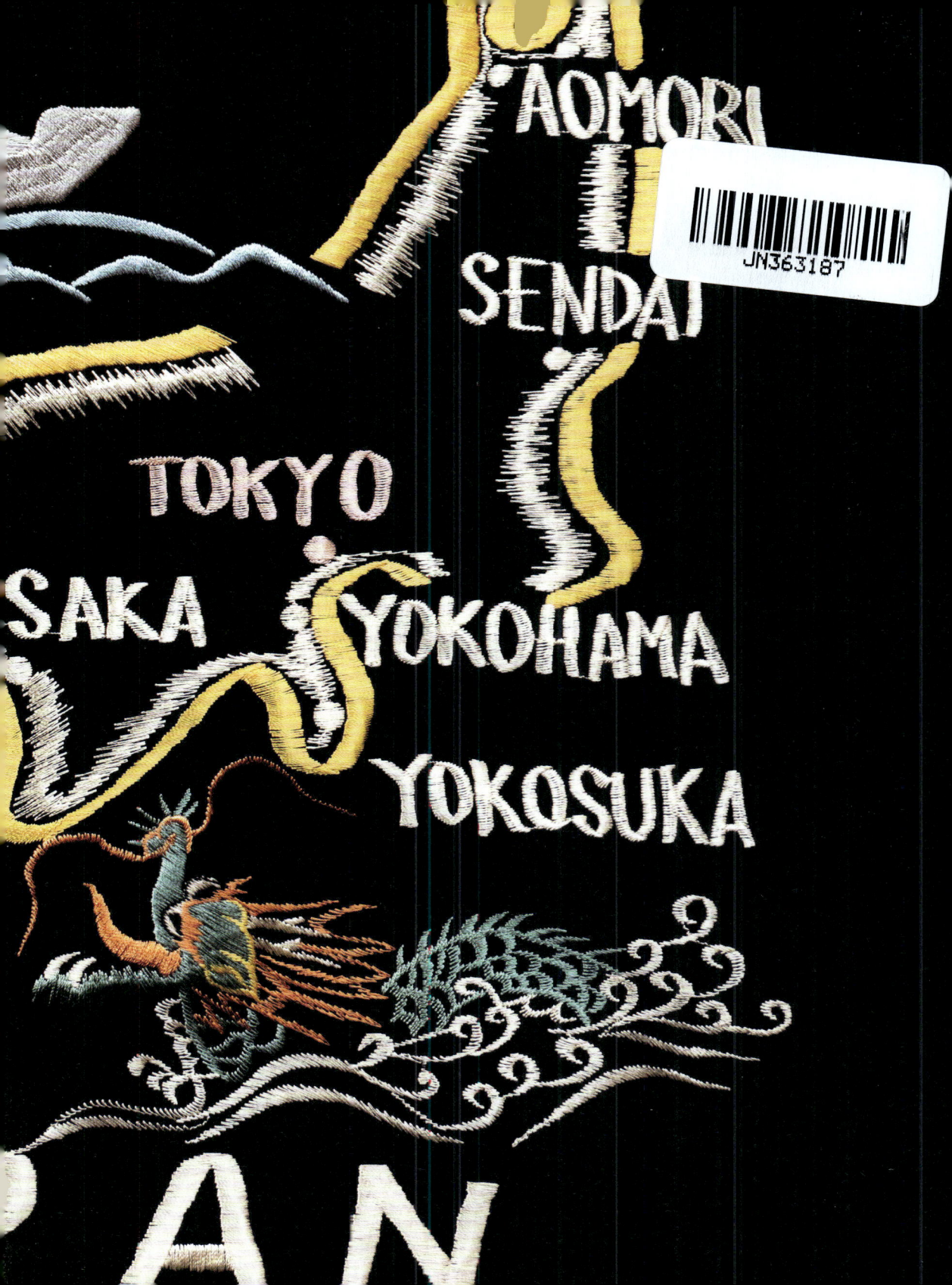

발간에 부쳐

앞으로의 세대 모두가
다양한 지역과 교류하기 위해서는
'디자인적 관점'이 매우 중요하다고 생각합니다.
그것은 오랫동안 지속될 것입니다.
디자인적 관점이란
본질을 가진 물건을 꿰뚫어 보고
그것을 모두가 쉽게 이해하고 즐길 수 있도록 돕는
창의적인 연구를 말합니다.
인구 밀도가 높은 대도시에서 시작하는 유행과는 달리
다소 지역색이 강하더라도 그 안에 숨은 '개성' ―
그것을 단서로
실제로 그 지역을 찾아가는 데 도움이 될 만한
'디자인적 관점'을 가진 관광 가이드가 지금,
필요하다고 생각합니다.
그러한 마음으로 우선 일본 47개 도도부현을 시작으로
세계 각 지역까지 한 권 한 권 동등하게
같은 항목으로 취재하고 편집하여
같은 정도의 페이지 수로 발행해갈 것입니다.

d design travel
발행인 나가오카 겐메이 ナガオカケンメイ

A Few Thoughts Regarding the Publication of This Series
I believe that a "design perspective" will become extremely important for future generations, and indeed people of all generations, to interact with all areas of the world. By "design perspective," I mean an imagination, which discerns what has substance and will endure, and allows users to easily understand and enjoy innovations. I feel that now, more than ever, a new kind of guidebook with a "design perspective" is needed. Therefore, we will first cover the 47 prefectures in Japan, and then each region of the world. The guidebooks will be composed, researched, and edited identically and be similar in volume.

Our editorial concept:
- Any business or product we recommend will first have been purchased or used at the researchers' own expense. That is to say, the writers have all actually spent the night in at the inns, eaten at the restaurants, and purchased the products they recommend.
- We will not recommend something unless it moves us. The recommendations will be written sincerely and in our own words.
- If something or some service is wonderful, but not without

편집 일러두기

- 반드시 자비로 이용한다.
  실제로 숙박하고, 식사하고, 물건을 구매하여 확인한다.
- 진심으로 감동하지 않은 것은 소개하지 않는다.
  솔직하게 느낀 점을 자신의 언어로 표현한다.
- 다소 문제점이 있더라도 훌륭하다고 생각한다면
  그 문제를 숨기지 않고 추천한다.
- 취재 강사자의 원고 확인은 사실 확인에 그친다.
- 롱 라이프 디자인적 관점으로 오래 지속될 수 있는
  것만을 소개한다.
- 사진 촬영은 특수 렌즈를 사용하여 과장하거나 꾸미지
  않는다. 있는 그대로의 모습을 촬영한다.
- 소개한 장소와 사람과는 책 발행 이후에도 계속해서
  교류를 이어나간다.

취재 대상 선정에 대하여

- 지역다운 것이어야 한다.
- 지역의 소중한 가치와 메시지를 전하고 있어야 한다.
- 지역 사람이 하는 일이어야 한다.
- 가격이 합리적이어야 한다.
- 디자인에 대한 연구가 있어야 한다.

SIGHTS
지역을 알다
To know the region

CAFES
지역에서 차를 마시고,
술을 마시다
To have tea

RESTAURANTS
지역에서 식사하다
To eat

HOTELS
지역에서 숙박하다
To stay

SHOPS
지역 상품을 구매하다
To buy regional goods

PEOPLE
지역 핵심 인재를 만나다
To meet key persons

problems, we will point out the problems while recommending it.
- The businesses we recommend will not have editorial influence. Their only role in the publications will be fact checking.
- We will only pick up things deemed enduring from the "long life design" perspective.
- We will not enhance photographs by using special lenses. We will capture things as they are.
- We will maintain a relationship with the places and people we pick up after the publication of the guidebook in which they are featured.

Our selection criteria:
- The business or product is uniquely local.
- The business or product communicates an important local message.
- The business or product is operated or produced by local people.
- The product or services are reasonably priced.
- The business or product is innovatively designed.

Kenmei Nagaoka
Founder, d design travel

가나가와의 열두 달

12 Months of KANAGAWA

돗키리야미시장 ドッキリヤミ市場
(요코하마시)

1997년부터 이어오고 있는 하쿠라쿠白樂 '롯카쿠바시상점가六角橋商店街'의 이벤트다. 매년 4월에서 10월(8월은 휴무) 셋째 토요일 밤, 점포 폐점 후 셔터를 내리면 나이트 프리마켓이 열린다. 라이브 퍼포먼스나 대일본프로레슬링 단체가 주최하는 '상점가 프로레슬링'도 볼거리다.

가와사키다이시에서 새해 첫 참배 (가와사키시)

정월 첫 참배 인구 일본 3위이자 액막이로 유명한 헤이켄절平間寺 일명 가와사키다이시川崎大師에서 새해 첫 참배. 가와사키구 주변에 사는 D&DEPARTMENT 직원 왈, 첫 참배 후에는 보통 노포 엿 가게 마쓰야소혼텐(松屋総本店)의 '개운돈토코엿開運とんとこ飴'과 노포 화과자 가게 스미요시(住吉)의 '구즈모치떡くず餅'을 먹는다고 한다. 참고로 편집장은 노포 전병집 쓰다야津田屋의 '다루마전병だるま煎餅'을 추천.

하야마예술제 葉山芸術祭
(하야마마치葉山町)

하야마 곳곳에 아트 스폿 등장. 집, 아틀리에, 회사, 매장 등 약 80곳이 전시장으로 변신하는 작은 전시회의 집합체다. 하야마를 관광하며 예술 감상, 워크숍, 제품 구입도 할 수 있다.

1 JANUARY 2 FEBRUARY 3 MARCH 4 APRIL 5 MAY 6 JUNE

도쿄 하코네 간 왕복 대학 에키덴 경주
東京箱根間往復大学駅伝競走 (현 내 곳곳)

이제는 일본의 대표 정월 풍경이라고 할 수 있는 '하코네에키덴箱根駅伝'. 텔레비전 앞에서 응원해도 좋지만, 이왕이면 실제로 한 번은 보고 싶은 경기다. 참고로 편집부는 《가나가와호》 취재로 처음 녹화해서 보았다. 매년 열기로 가득찬 드라마가 펼쳐진다.

GREENROOM FESTIVAL
(요코하마시)

서브컬처, 비치 컬처가 주축인 음악과 예술의 컬처 페스티벌. 이 Festival을 통해, 바다와 해변의 Lifestyle과 Culture를 전하고 아이들에게 소중한 해변이 남기를 바란다.(공식 사이트에서)

즈시해안영화제 逗子海岸映画祭 (즈시시逗子市)

2022년 11회째를 맞은 야외 영화제로 즈시해안의 모래사장에서 개최된다. 4-5월 골든 위크 기간에 개최되며 매일 달라지는 푸드 코트나 노천 시장도 즐길 수 있다. 아름다운 바다 경치에 서퍼들의 모습도 더해져 바다의 잔물결도 멋진 배경음악이 된다.

오이소시장 大磯市
(나카군中郡 오이소마치)

매월 셋째 일요일에 공예나 음식 관련 매장 약 190곳이 오이소항에 모이는 가나가와현 최대 규모 아침 시장이다. 도전의 장으로 사람들에게 개방하며, 동네의 점포나 갤러리 등도 연계해 오이소 전체가 '시장'으로 변신한다. 이곳에서 파생된 '자야마치골목茶屋町路地'도 함께 둘러보자!

쇼난히라쓰카 다나바타축제
湘南ひらつか七夕まつり
(히라쓰카·시市平塚市)

간토 3대 다나바타축제 중 하나로, 전쟁의 화염에서 굳건히 일어서자는 상인의 다짐에서 시작한 축제다. 회장에는 호화찬란한 장식이 길거리를 가득 채우는데 그중에는 10미터가 넘는 것도 있어 볼 만하다. '쇼난히라쓰카오리히메(도리히메織りひめ는 직녀에 해당)'도 선출되어 임기 1년(!?) 동안 히라쓰카의 매력을 전한다.

가나가와야마토고민구골동품
시장神奈川やまと古民具骨董市
(야마토시大和市)

매월 셋째 토요일, 야마토역 개찰구로 나오면 바로 볼 수 있는 골동품시장. 점포 약 300곳이 출점하므로 '나만의 보물'과 만나는 것도 시간 문제! 새벽부터 시작하니 되도록 이른 시간에 방문하는 게 좋다. 편집부는 일러스트레이터 야나기하라 료헤이柳原良平가 탄생시킨 '엉클 토리스Uncle Torys'가 그려진 1970년대 이쑤시개통을 구입했다.

가마쿠라프티록페스티벌
鎌倉プチロックフェスティバル (가마쿠라시)

2014년부터 시작된 '전기를 사용하지 않는' 야외 라이브 음악제. 에너지 절약을 위해 전기를 사용하지 않는다기보다, 좋은 연주를 되도록 가까이에서 들었으면 하는 마음에서 시작되었다. 무대나 바리케이드가 없으므로 들리지 않으면 들리는 곳까지 가까이 다가와 들으면 된다.

요코하마재즈프롬나드
橫濱ジャズプロムナード (요코하마시)

매년 10월 초순 주말에 요코하마시 사쿠라기초역桜木町駅, 간나이역関内駅 주변을 중심으로 열리는 재즈 페스티벌. 요코하마는 일본에서 처음으로 재즈가 연주된 지역으로 시민과 뮤지션이 하나가 되어 간나이홀関内ホール이나 재즈 클럽, 길거리 등 약 30곳에서 공연이 열린다. ⓒYJP 크루 나가사와

7 8 9 10 11 12
JULY AUGUST SEPTEMBER OCTOBER NOVEMBER DECEMBER

춘절등화春節燈花 (요코하마시)

구정 정월을 기념하는 '춘절'에 맞추어 축하 기분을 만끽하기 위해 2003년부터 시작했다. 차이나타운을 걸으면 머리 위에는 강인함과 형운을 상징하는 용 '백절용百節龍'과 '오산절용五十節龍'을 빛으로 그린 제등이 장식되어 편집부도 왕성한 중화적 식욕에 사로잡혔다! ⓒ요코하마주카가이발전회협동조합

요코하마트리엔날레
橫浜トリエンナーレ (요코하마시)

3년에 한 번 요코하마에서 열리는 일본을 대표하는 국제현대예술전. 2001년에 시작된 이래 미나토미라이지구를 비롯한 요코하마 도심 임해부 시설, 야외광장을 전시장으로 세계 최신 현대예술의 동향을 제시해왔다. 그 훌륭한 활동을 특집에서 소개(104쪽)!

유가하라마나즈루예술산책
湯河原真鶴アート散歩 (아시가라시모군 유가와라마치足柄下郡湯河原町, 마나즈루마치真鶴町)

멋진 갤러리가 없어도, 비싸고 유명한 작품이 없어도 자기 작품이나 좋아하는 작품 등을 집이나 지역에서 전시하며 누구나 참가할 수 있는 아트 페스티벌. 전시품 5점 이상 있으면 가능하기 때문에, 편집부도 《가나가와호》를 포함한 d travel을 들고 참가하고 싶다!

*1 d design travel 조사 (2022년 12월)   *2 국토지리원 홈페이지 자료   *3 총무성통계국 홈페이지 자료 (2022년 12월)
*4 사단법인 일본관광협회(편)「숫자로 보는 관광」인용 (2021년판)   ※ (   ) 안의 숫자는 전국 평균 수치
*1 Figures compiled by d design travel. (Data as of December 2022)
*2 Extracts from the website of Geographical Survey Institute, Ministry of Land, Infrastructure,
Transport and Tourism.   *3 According to the website of the Statistics Bureau, Ministry of
Internal Affairs and Communications. (Data as of December 2022)   *4 From Suuji de miru kanko,
by Japan Travel and Tourism Association (2021 Edition)
※ The value between the parentheses is the national average.

가나가와의 숫자
Numbers of KANAGAWA

미술관 등의 수*1 (122)
Number of institutions registered under the Kanagawa Prefecture Association of Museums
165

스타벅스커피 매장 수*1 (37)
Starbucks Coffee Stores
125

역대 G마크 수상 수*1 (1003)
Winners of the Good Design Award
3,898

경제산업대신 지정 전통적 공예품*1 (5)
Traditonal crafts designated by the Minister of Economy, Trade and Industry
가마쿠라보리鎌倉彫,
하코네요세기세공箱根寄木細工,
오다와라칠기小田原漆器
Kamakura-bori lacquerware,
Hakone marquetry
Odawara lacquerware
3

JAPAN 브랜드 육성 지원 사업에 채택된 프로젝트*1 (19)
Projects selected under the JAPAN BRAND program
18

일본건축가협회 가나가와현 등록 회원 수*1 (69)
Registered members of the Japan Institute of Architects
148

일본그래픽디자이너협회 가나가와현 등록 회원 수*1 (62)
Registered members of the Japan Graphic Designers Association Inc.
164

현청 소재지
Capital
요코하마시
Yokohama City

시정촌의 수*1 (36)
Municipalities
33

인구*3 (2,704,143)
Population
9,232,794 명

면적*2 (8,041)
Area
2,416 km²

1년간 관광객 수*4 (35,265,625)
Annual number of tourists
102,820,000 명

향토요리
Local specialties

겐친지루장국けんちん汁
(두부, 우엉 등을 기름에 볶아 물을 부어 끓인 장국),
헤라헤라단고へらへら団子
(떡에 팥소를 버무린 경단),
간코야키かんこ焼き (제철 식재료를 밀가루 반죽으로 감싸 구운 과자),
가마보코蒲鉾 (흰 살 생선을 갈아 만든 어묵),
벚꽃잎소금절임桜花漬 (겹벚꽃잎을 소금으로 절인 음식)

Kenchin-jiru (vegetable stew),
Floppy dango (flat dumpling with anko),
Kankoyaki (steamed buns),
Kamaboko (fish paste),
Pickled cherry blossoms

슈마이 연간 소비액*1 (640)
Average annual spending on shumai per household

1,728 엔

주요 출신 유명인(현재 시 명칭, 고인 포함)
Famous people from Kanagawa

오카모토 다로 岡本太郎(예술가, 가와사키시), 안토니오 이노키アントニオ猪木(프로레슬러, 요코하마시), 오사라기 지로大佛次郎(소설가, 요코하마시), 가쿠타 미쓰요角田光代(소설가, 요코하마시), 구마 켄고隈研吾(건축가, 요코하마시), 고이즈미 준이치로小泉純一郎(정치가, 요코스카시), 시시 분로쿠獅子文六(소설가, 요코하마시), 하마다 쇼지濱田庄司(도예가, 가와사키시), 유미리柳美里(소설가, 요코하마시), 모치즈키 미네타로望月峯太郎(만화가, 요코하마시), 미키 사토시三木聡(영화감독, 요코하마시), 미소라 히바리美空ひばり(가수, 요코하마시), 요로 다케시養老孟司(의학자, 요코하마시) 등.

Taro Okamoto (artist, Kawasaki City), Antonio Inoki (former professional wrestler, Yokohama City), Jiro Osaragi (novelist, Yokohama City), Mitsuyo Kakuta (novelist, Yokohama City), Kengo Kuma (architect, Yokohama City), Junichiro Koizumi (politician, Yokosuka City), Bunroku Shishi (novelist, Yokohama City), Shoji Hamada (potter, Kawasaki City), Miri Yu (novelist, Yokohama City), Minetaro Mochizuki (manga artist, Yokohama City), Satoshi Miki (film director, Yokohama City), Hibari Misora (singer, Yokohama City), Takeshi Yoro (medical scientist, Kamakura City), etc.

차례

가나가와호

편집 일러두기
가나가와현의 열두 달
가나가와의 숫자
가나가와의 일상
d design travel KANAGAWA TRAVEL MAP
d MARK REVIEW KANAGAWA
에노우라측후소／이쿠타녹지／요코스카미술관／유가와라소유 Books and Retreat
구마자와주조／구로바테／나가야
UTA MOKKO／가마쿠라시농협연합회 마르셰／노게우스／studup tujino
다실세키손／THE BANK／미사키프레소／카페 비브멍디망쉐
호텔 뉴그랜드／후지야호텔／세키요／hotel aiaoi
가와구치 슌／미네 신고／호소부치 다마키／나가이 히로시
편집부가 간다 편집부 일기
그 지역의 디자인 가나가와 문양
가나가와현다운 풍경에서 배우다 마나즈루마치의『미의 기준』가와구치 슌
가나가와현의 민예『항구』다카키 다카오
「그 지역다움」이 만드는 것 가나가와 특산품
가나가와현다운 문화 활동 요코하마에 있어 아트란 무엇인가?
편집부가 추천하는 가나가와 명물 맛있는 중화요리

002 004 007 012 016 017 018 026 032 040 048 056 066 088 090 096 102 104 112

CONTENTS
002 Introduction: Our Editorial Philosophy
004 12 Months of Kanagawa
007 Numbers of Kanagawa
012 Normal for Kanagawa
016 d design travel Kanagawa Travel Map
017 d Mark Review Kanagawa
066 Editorial Diary: Editorial Team on the Go
088 Designs of the land: Kanagawa patterns
090 Learning from a Uniquely Kanagawa Landscape: Beauty Standards – Design Code in Manazuru-machi by Shun Kawaguchi
096 Mingei of Kanagawa by Takao Takaki
102 A Selection of Unique Local Products
104 Cultural Activity of Kanagawa Prefecture: What is Art for Yokohama?
112 Delicious Chinese Food

114	가나가와현의 롱 라이프 스포츠 대회 알기 쉬운 하코네에키덴	Long-Lasting Sports Tournament in Kanagawa: Beginner's guide to the Hakone Ekiden
118	가나가와현의 롱 라이프 디자인을 찾아서 「사이토 아이롱 보드」구로에 미호	Searching for Long-Life Designs in Kanagawa: Saito Ironing Board by Miho Kuroe
120	가나가와현의 롱 라이프 다움을 만드는 사람 야나기하라 료헤이와 요코하마	Creator of All Things Kanagawa: Ryohei Yanagihara and Yokohama
128	Graphic of KANAGAWA 야나기하라 료헤이	Graphic of KANAGAWA: Ryohei Yanagihara
130	가나가와현 축제 「산과 갬블」사카모토 다이자부로	Long Lasting Festival in Kanagawa by Daizaburo Sakamoto
132	편집장이, 취재가 아니어도 가고 싶은 가나가와의 맛	Favorite Dishes From Kanagawa
134	가나가와현의 CD	CDs of Kanagawa
136	가나가와현의 책	Books of Kanagawa
138	가나가와현의 맛 가나가와정식	Kanagawa's "Home Grown" Meal
142	편집부가 진심을 담아 추천하는 가나가와현의 기념품	Souvenirs from Kanagawa
148	디자이너의 쉼표 「보통」후카사와 나오토	Futsuu(Normal) by Naoto Fukasawa
152	D&DEPARTMENT ORIGINAL GOODS	
153	47 REASONS TO TRAVEL IN JAPAN	47 Reasons to Travel in Japan
180	조금 긴 편집장 후기	Slightly Long Editorial Notes by Hideto Shindo
182	d design travel KANAGAWA INFORMATION	d design travel Kanagawa Information
184	d MARK REVIEW KANAGAWA INFORMATION	d mark review Kanagawa Information
186	CONTRIBUTORS	Contributors
191	OTHER ISSUES IN PRINT	

011

하코네에키덴에서 함께 달리기 2023년 제99회를 맞이한 스포츠 대회 도쿄 하코네 간 왕복 대학 에키덴 경주, 일명 '하코네에키덴'. 지금은 설날 대표 풍경으로 자리 잡아 텔레비전 중계가 시작된 이후 일본인이라면 누구나 한 번은 본 적이 있을 것이다. 그런 하코네에키덴은 가나가와현 주민들에게 아주 친숙한 존재. 조금만 근교로 나가면 선수들의 용감한 모습을 실제로 볼 수 있을 뿐만 아니라 가나가와현 곳곳도 산책할 수 있다. 가나가와현 13구 가운데 1구와 10구에서는 일본에서도 손꼽힐 정도로 많은 참배객이 찾는 절 '가와사키다이시'에서 새해 첫 참배를 드리고, 3구와 8구에서는 해안 도로에서 아름다운 경치의 새해 첫 후지산을 배경으로 기념 촬영할 수 있다. 또한 5구와 6구에서는 응원객에게 매년 배포하는 하코네 명물 온천스튜빵温泉シチューパン을 먹을 수 있다. 참고로 자전거 등을 타고 선수와 함께 달리는 일반인도 대부분 가나가와현 주민이다. 위험하기 때문에 독자분들은 시도하지 마시기를 당부한다. 1977년에는 무려 개가 함께 달리기도 했다.

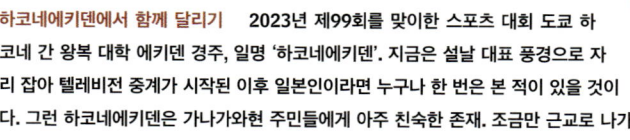

미국인이 주류 판매점에서 서서 술을 마신다 이건 요코스카横須賀에만 해당하는 일상일 수 있지만, 일본인은 물론 미군까지 서서 술을 마시는 주류 판매점이 있다. 벽에는 빼곡하게 달러 지폐가 붙어 있고 미군의 사인도 곳곳에 들어가 있다. 당연히 미국 해군 기지까지 걸어서 갈 수 있는 거리. 어쩌면 요코하마 개항시대에는 가나가와현 전역에서 비슷한 광경을 볼 수 있었을지 모른다.

Normal for KANAGAWA
Ordinary Sights in KANAGAWA Found by d design travel

Text by Hideto Shindo
Illustration by Kifumi Tsujii

Guide running at the Hakone *Ekiden*

2023 welcomed the 99th race of Hakone *Ekiden*, a sports tournament in Japan that is dear to the hearts of Kanagawa locals. Speaking of which, most of the guide runners that run (or bike) with the *Ekiden* runners are them as well. In 1977, even dogs served as guide runners.

Americans drinking at liquor stores-cum-bars

There are liquor stores-cum-bars where not only Japanese, but even American soldiers are drinking in. The walls are covered with dollar bills signed by American soldiers.

No one ever says they are from "Kanagawa Prefecture"

People from Kanagawa Prefecture do not say they are from

Normal for KANAGAWA
가나가와의 일상

d design travel 편집부가 발견한
가나가와현의 평범한 일상

그림·쓰지이 기후미
글·신도 히데토

출신지를 '가나가와현'이라고 말하지 않는다 일본인에게 출신지를 물으면 대부분 도도부현 이름으로 대답할 것이다. 하지만 가나가와현 출신이라고 말하지 않고 지역 이름으로 대답한다. 지역애(愛)가 그 이유라고 말하는 사람도 있다. '요코하마' '가와사키川崎' '요코스카' '가마쿠라' '즈시' '하야마' '미사키三崎' '히라스카' '후지사와藤沢' '오다와라小田原' '지가사키茅ヶ崎' '에비나海老名' '하코네' '마나즈루' '유가와라湯河原' 등등. 확실히 가나가와현이라는 이름보다 지역 이름을 들으면 어떤 곳인지 이미지가 쉽게 떠오른다. 참고로 '쇼난湘南'이라는 시정촌은 실제로는 없으며 중국의 지역명에서 따와 '쇼난 지역'으로 독자적으로 불리게 되었다고 한다. 과거에 가나가와현에 속해 있던 마치다시町田市(현재는 도쿄도) 출신 중에는 지금도 가나가와현 주민이라는 것에 자부심을 가지는 사람도 있다.

자전거에 서프보드를 올려놓고 다닌다 쇼난 지역을 여행하면서 서퍼들이 서프보드를 자전거에 올려놓고 달리는 모습을 자주 목격해 깜짝 놀랐다. 아이를 태우는 주부용 자전거든 바퀴가 작은 어른용 미니 벨로mini vélo든 할 것 없이 서프보드 전용 캐리어를 자전거에 장착해 여름에도 겨울에도 바다를 향해 달린다. 바람이 강하고 파도가 높은 날 쇼난의 바다는 도심지보다 더 혼잡하다.

우이로라는 약이 있다 우이로ういろう라고 하면 아이치현愛知県이나 야마구치현山口県의 명물인 말랑한 식감의 달콤한 과자를 떠올리게 된다. 그런데 사실 오다와라에는 600년 이상 전인 무로마치시대에 우이로를 탄생시켜 지금까지 이어오고 있는 가문이 존재한다. 본래 '우이로우'는 훌륭한 의술을 지녔던 우이로가문外郎家에서 만든 약 '도진크透頂香'로, 가나가와현에서 우이로라고 하면 약을 말한다. 그런 우이로가문에서 쌀가루를 쪄서 만든 과자를 고안했고 그것이 '우이로 과자'라 불리며 전국적으로 인기를 얻었다.

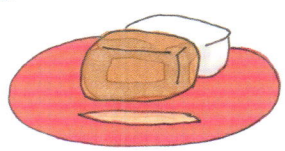

Kanagawa Prefecture, but rather, give the name of their city, town, or village, out of their love of the region. Some also say that it's because they are "more established" than the prefecture. Speaking of which, there is no municipality called "Shonan;" the area has now come to own the name of "Shonan Area" after the name of the same area in China.

Surfboards on bikes
With special surfboard racks attached to their bicycles, be it those with baskets at the front or with small wheels, come summer or winter, the locals all head for the sea just like that.

A Chinese herbal medicine called "Uiro"
The word "Uiro" calls to mind a sweet snack with a glutinous texture, a specialty of Aichi and Yamaguchi. But the first "Uiro" actually referred to a drug made by the Uiro family who excelled in medicine. But in Kanagawa, Uiro is a Chinese herbal medicine.

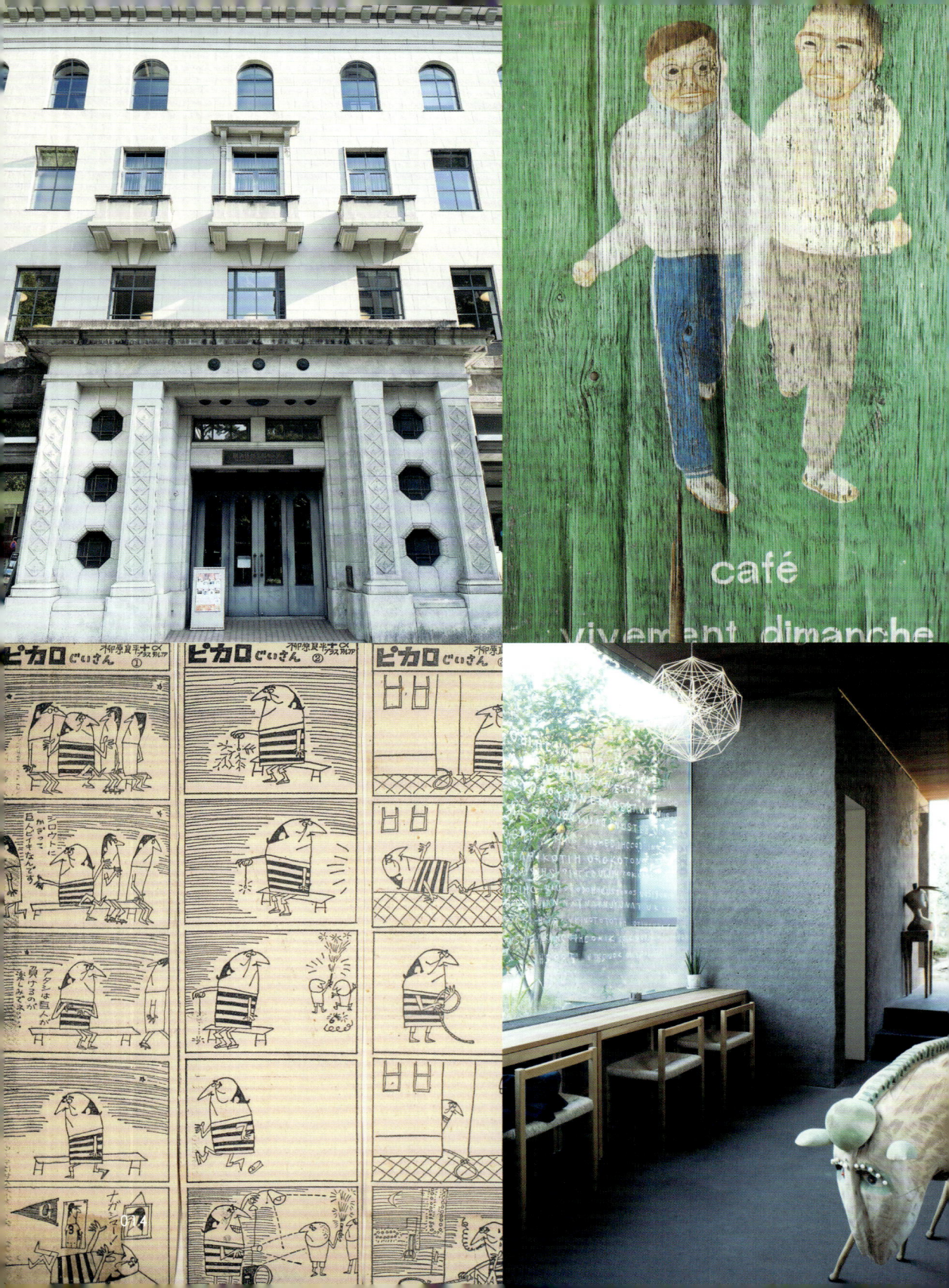

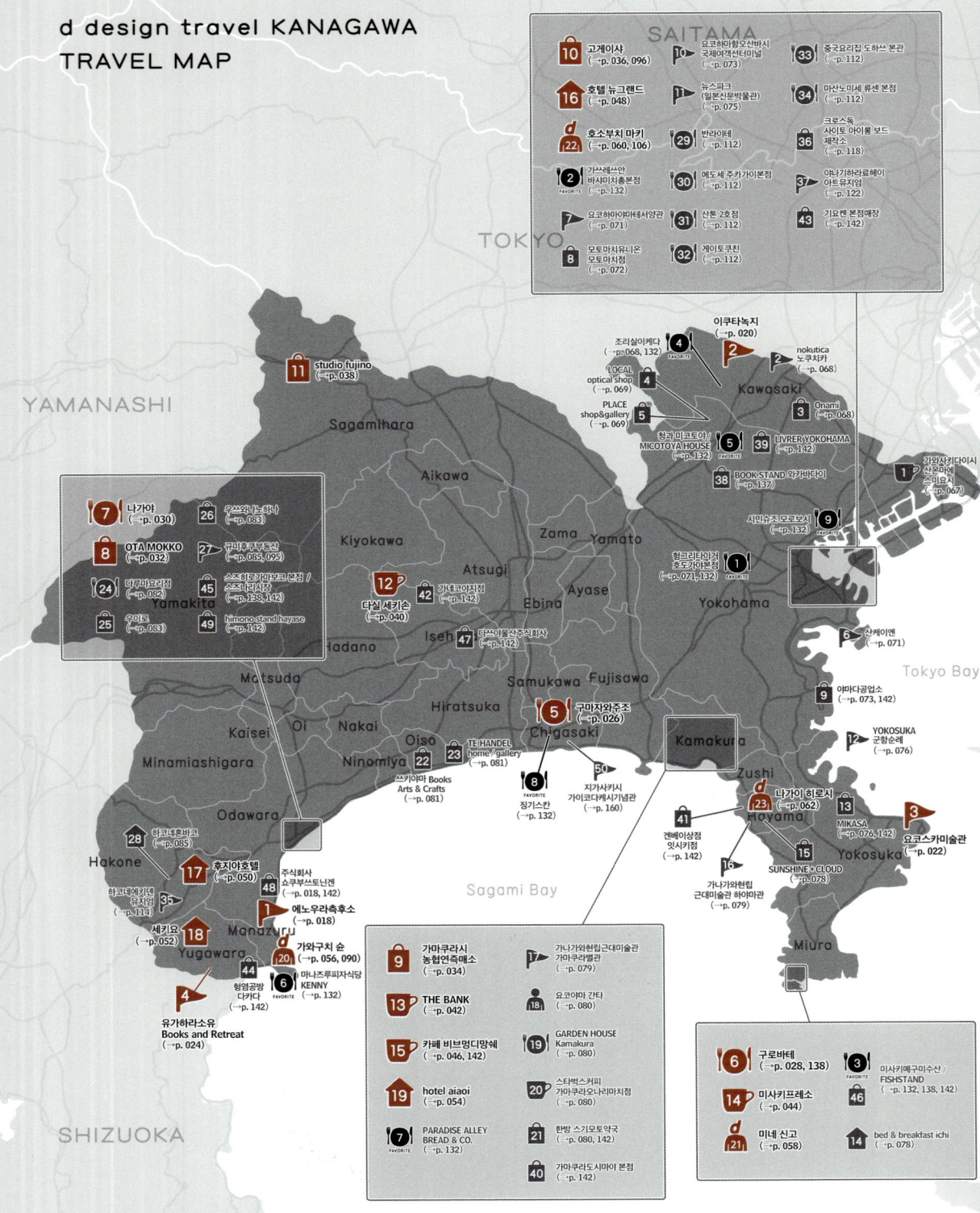

d MARK REVIEW
KANAGAWA

SIGHTS

p. 018 – p. 025
1. 오다와라문화재단 에노우라측후소
   小田原文化財団江之浦測候所
   Odawara Art Foundation Enoura Observatory
2. 이쿠타녹지 生田緑地 IKUTA RYOKUCHI PARK
3. 요코스카미술관 横須賀美術館 Yokosuka Museum of Art
4. 유가와라소유 Books and Retreat
   Yugawara Soyu Books and Retreat

CAFES

p. 040 – p. 047
12. 다실 세키손 Saryo Sekison
13. THE BANK
14. 미사키프레소 Misaki Presso
15. 카페 비트멍디망쉐 cafe vivement dimanche

RESTAURANTS

p. 026 – p. 031
5. 구마자와주조 Kumazawa Brewing Company
6. 구로바테 Kurobatei
7. 나가야 Nagaya

HOTELS

p. 048 – p. 055
16. 호텔 뉴그랜드 Hotel New Grand
17. 후지야호텔 FUJIYA HOTEL
18. 세키요 Sekiyou
19. hotel aiaoi

SHOPS

p. 032 – p. 039
8. OTA MOKKO
9. 가마쿠라시농협연즉매소
   Kamakura Renbai(Kamakura Federation of Agricultural Associations Market)
10. 고게이샤 Kogeisha
11. studio fujino

PEOPLE

p. 056 – p. 063
20. 가와구치 슌 Shun Kawaguchi
21. 미네 신고 Shingo Mine
22. 호소부치 다마키 Tamaki Hosobuchi
23. 나가이 히로시 Hiroshi Nagai

p. 184

Travel Information for English Readers

에노우라측후소 江之浦測候所

가나가와현 오다와라시 에노우라 362-1
Tel: 0465-42-9170 (관람 시간 사전 예약제)
오전부 10시~13시 30분, 오후부 13시 30분~16시 30분
매주 화요일, 수요일, 연말연시 휴관, 임시 휴관일 있음
※ 셔틀버스 있음
www.odawara-af.com 네부카와역에서 차로 10분

1. 사가미만相模湾이 한눈에 보이는 미칸산蜜柑山에 위치한 아트 뮤지엄
재생한 감귤나무밭과 예술이 공존하는 경관.
산의 경사면을 살린 광대한 부지 안에 위치한 갤러리와 돌무대, 다실, 정원 등에서 아트 관람.

2. 소재도 유래도 독특한 건축군
녹이 슨 함석지붕을 활용한 다실 우초텐雨聴天, 가마쿠라 메이게쓰인절明月院, 하코네 유명 료칸 나라야奈良屋의 별관 문 등.

3. 수확한 감귤을 음료로 제공하는 스톤에이지카페ストーン・エイジ・カフェ
농업법인 쇼크부쓰토닌겐植物と人間에서는 직접 운영하는 농원의 감귤로 선물 제품을 만들어 제안. 특산품인 감귤을 새로운 형태로 디자인하고 있다.

나를 되돌아보게 되는 경관. 사가미만이 한눈에 보이는 곳에 위치한 '오다와라문화재단 에노우라측후소小田原文化財団江之浦測候所'. 그 이름에서 짐작할 수 있듯이 이곳은 단순한 아트 뮤지엄이 아니다. 현대미술작가 스기모토 히로시杉本博司가 '자연과 세계를 다시 관측하고 원점으로 회귀해 살아가는 의미를 재확인하자.'는 생각으로 진행하는 장대한 아트 프로젝트. 안으로 이어지는 길인 '산도参道' 입구에 걸린 수묵화 〈미칸산甘橘山〉 액자를 보면 이 장소가 아주 오래전부터 귤나무밭이었던 것을 알 수 있다. 대기동에서 접수를 마친 뒤 건네받은 팸플릿을 들고 정문 '메이게쓰문明月門'을 지나 광대한 풍경으로 접어든다. 에도성 돌담을 쌓기 위해 발굴된 거암을 네 구석에 설치한 '돌무대石舞台', 노송나무로 만든 노대 위에 만들어진 '광학유리무대光学硝子舞台' 등 현재 건축 아트 군 60곳이 곳곳에 흩어져 있다. 근처에 있는 채석장터에서 채집한 돌을 사용한 '네부카와돌 배다리根府川石浮橋' '고마쓰돌 돌길小松石 石組', 기존 오두막을 재단장한 곳에서 화석 컬렉션을 볼 수 있는 '화석굴化石窟' '다실 우초텐' 등이 있다. 또한 도중에 대나무 숲이나 귤나무밭에 들어가면 재생시킨 감귤 재배 작업장도 견학할 수 있다. 병설된 '스톤에이지카페'에서는 오쓰귤大津みかん이나 황금귤黄金柑 등 수확한 감귤 과실을 바로 짜서 마실 수 있는데 볼품없는 과일도 주스로 만들면 모두 맛있게 마실 수 있다는 '반지주스万事汁す'라는 이름의 주스도 있다. 새로운 생명이 재생되는 '동지'와 중요한 분기점인 '하지'를 관측하기 위한 장치 '동지광요배길冬至光遥拝隧道'과 '하지광요배100미터갤러리夏至光遥拝100メートルギャラリー'. 무심하게 펼쳐진 하늘과 바다, 산이 마치 나 자신처럼 느껴지는 장소다. (신도 히데토)

Enoura Observatory

1. An art museum located on Mt. Kankitsu overlooking Sagami Bay.

2. A group of buildings unique in both origin and materials, including Nebukawa stone and Komatsu stone.

3. "Stone Age Café" offers drinks made from harvested citrus fruits.

Overlooking Sagami Bay, the Enoura Observatory by Odawara Art Foundation is not just an art museum (by appointment only), but also a grand art project by the contemporary artist Hiroshi Sugimoto. At the parking lot, you can tell that this place was a citrus grove for a long time. There are currently 60 buildings and art groups scattered throughout the area, including Stone Stage that used excavated giant stones for its four corners, and the Optical Glass Stage with Amphitheater Seating, which is built on top of a cypress hanging structure. Along the way, visitors can also enter bamboo groves and citrus groves to see how the restoration of citrus cultivation. There is also a Stone Age Cafe where you can enjoy freshly squeezed juice from harvested citrus fruits. This is a place where the visible sky, sea, and mountains seem as if they were your own. (Hideto Shindo)

이쿠타 녹지 生田緑地

가나가와 가와사키시 다마구 마스가타 7-1-4
이쿠타녹지 동쪽 입구 방문자 센터
Tel: 044-933-2300
8시 30분~17시, 연말연시 휴관
※각 시설은 웹사이트 참고
www.ikutaryokuti.jp 도메카와사키 IC에서 차로 약 15분

1. 도시에 존재하는 가와사키시 최대의 녹지
다마구릉多摩丘陵에 위치하며 도쿄에서 접근성도 좋은 레저 파크. 도시와 공존하는 새로운 자연환경.

2. 자연을 배경으로 남녀노소 모두 방문하는 뮤지엄 집결
오카모토다로미술관岡本太郎美術館을 비롯해 일본민가원日本民家園, 전통공예관伝統工芸館, 가와사키시하늘과초록의과학관かわさき宙と緑の科学館 등 가와사키시와 관련된 뮤지엄 집결. 걸어서 20분 거리에는 '가와사키시후지코에프후지오뮤지엄川崎市藤子·F·不二雄ミュージアム'이 자리하고 있다.

3. 근교 가게들이 한자리에 모이는 푸드 이벤트 개최
매월 둘째, 넷째 일요일에 개최되는 '숲의 마르쉐森のマルシェ'에서는 직접 재배한 포도로 만든 와인, 가와사키 전통 채소로 유채과인 노라보나のらぼう菜로 만든 베이글 등도 등장.

초록 오아시스 도심에서 접근성이 좋은 '이쿠타녹지'는 언제나 피크닉이나 소풍 등으로 방문하는 사람으로 넘쳐나며 주말에는 타지역 번호판을 단 자동차도 많이 볼 수 있다. 어른도 아이도 모두 즐길 수 있는 가와사키만의 테마파크로, 부지에는 다양한 주제의 시설이 있다. 가와사키시립일본민가원川崎市立日本民家園은 동일본 지역의 옛 민가가 흩어져 있는 야외 뮤지엄이다. '가나가와마을神奈川の村'에는 묵서가 남아 있는 옛 민가 '기타무라가 주택北村家住宅'(하다노시秦野市)이나 다마강多摩川 '스게노나루터菅の渡し'에 있던 '스게노선두오두막菅の船頭小屋'(가와사키시) 등을 견학할 수 있다. 마스가타산枡形山은 녹지 안에서도 비교적 높은 지대에 있어 가마쿠라시대에는 무장 미나모토 요리토모源頼朝의 중신 이나게 시게나리稲毛重成가 성을 쌓은 곳으로 요코하마와 도쿄의 시가지가 내다보인다. 다마구릉의 습지나 능선길을 걷다 보면 동심으로 돌아가 자연을 산책하고 싶어진다. 심벌 타워〈어머니의 탑母の塔〉을 목표로 삼아 가와사키시오카모토다로미술관川崎市岡本太郎美術館에 간다. 작품〈태양의 탑太陽の塔〉덕분에 오사카의 이미지가 강한 예술가 고(故) 오카모토 다로지만, 실은 가와사키시 다카쓰구高津区 출신이다. 회화를 비롯해 조각, 가구까지 지금도 에너지 넘치는 수많은 작품에서 '다로 월드'를 직접 느낄 수 있다. 또한 오랫동안 가와사키시 다마구에 거주하며《도라에몽ドラえもん》을 비롯해 수많은 만화를 그린 만화가 고 후지코 에프 후지오藤子·F·不二雄는 가와사키시문화상을 받는 등 가와사키시와 인연도 깊어 '가와사키시후지코에프후지오뮤지엄'도 있다. 남녀노소 누구나 방문할 계기를 만들어주기 때문에 이 지역 주변 사람들에게는 오아시스와 같은 장소다. (신도 히데토)

IKUTA RYOKUCHI PARK

1. The largest green space in Kawasaki City despite its location right smack in the city.

2. With nature as a backdrop, the museum is visited by men and women of all ages.

3. Food events featuring nearby shops are held.

Easily accessible from the city center, Ikuta Ryokuchi is always packed with people on picnics or excursions, and one can see many cars from other prefectures on weekends. It is a theme park unique to Kawasaki that can be enjoyed by the young and old. There are various themed facilities on the site. The Japan Open-Air Folk House Museum is dotted with traditional folk houses mainly from eastern Japan. See the symbolic "Tower of Mother" at the Taro Okamoto Museum of Art. One can still experience the "World of Taro" from his artworks that are brimming with energy. The late Fujiko F. Fujio also lived in Kawasaki for many years and drew many manga, including "Doraemon." He has a deep connection to Kawasaki, which is also home to the Fujiko F. Fujio Museum. It is an oasis-like place for everyone around the area to visit. (Hideto Shindo)

요코스카미술관 横須賀美術館

간논자키케이큐호텔 요코스카미술관앞정류장에서 도보 약 2분
마보리카이간역에서 버스로 약 10분 거리에 있는
www.yokosuka-moa.jp
Tel: 046-845-1211
10시~18시 매달 첫째 월요일 휴관 (공휴일은 개관) 연말연시 휴관
가나가와현 요코스카시 가모이 4-1

1. 군함 항로와 면한 '요코스카다운 경치'의 미술관
2007년 가나가와현립간논자키공원神奈川県立観音崎公園 안에 개관. 바다와 연결되는 '바다의 광장海の広場'과 산으로 이어지는 '산의 광장山の広場'이 있다.

2. 《스카잔 전スカジャン展》이나 《운케이 가마쿠라 바쿠후와 미우라 일족運慶 鎌倉幕府と三浦一族》 등 요코스카 관광으로 이어지는 기획전
요코스카에 아틀리에가 있는 화가 고 다니우치 로쿠로谷内六郎의 작품을 상설 전시. 픽토그램 등 작업은 그래픽 디자이너 히로무라 마사아키廣村正彰 씨의 작품.

3. 미우라반도三浦半島에서 생산되는 채소를 판매하는 'koyart' 등 지역 이벤트 개최
아트 감상과 액티비티, 양쪽 모두 즐길 수 있다.

산과 바다와 도시를 향해 열린 미술관 도부이타도오리상점가ドブ板通り商店街를 걷다가 《PRIDE OF YOKOSUKA 스카잔 전》 포스터에 시선이 멈추었다. 스카잔スカジャン은 '요코스카 점퍼横須賀ジャンパー'를 줄인 말로 제2차 세계대전 후 일본에 주둔하던 미국 병사의 기념품으로서, 전통 복장에서 따온 매, 호랑이, 용 등 호화찬란한 자수를 놓은 재킷을 만든 것이 그 시작이다. 이처럼 요코스카만의 기획을 볼 수 있는 '요코스카미술관'은 간논자키観音崎의 곶 위에 펼쳐진 간논자키공원에 자리하고 있어 바로 눈앞으로 군함이 지나다니는 광대한 바다가 펼쳐진다. 유리와 금속 파사드가 인상적인 곳으로, 커다란 유리 상자 같다. 전시실은 1층과 지하에 자리 잡고 있으며, 천장 높이를 낮추어 주변 환경과의 조화를 꾀했다. 바다 쪽에서 미술관으로 들어가 그대로 구조부를 관통하는 나선 계단을 올라가면 옥상 광장을 통해 공원으로 들어갈 수 있다. 지역 주민에게는 산책 코스이기도 해서 배를 보면서 쉬기도 한다. 미술관 안 레스토랑 '요코스카아쿠아마레横須賀アクアマーレ'에서는 바다를 바라보면서 미우라반도에서 생산되는 식재료로 만든 점심 메뉴를 즐길 수 있다. 아쉽게도 나는 스카잔 전시를 놓쳤는데 이 기획의 본래 목적은 도부이타도리로 사람들을 유입시키는 것이었다고 한다. 스카잔 컬렉터는 물론 '스카잔을 알고는 있지만 가지고 있지 않은' 요코스카시민도 실제로 전시를 본 뒤 도부이타도오리 특산품 매장으로 향한다고 한다. 요코스카를 비롯해 미우라반도를 거대한 미술관으로 삼아 앞으로도 도시의 중심지로서 사람들의 휴식처가 되기를 바란다. (신도 히데토)

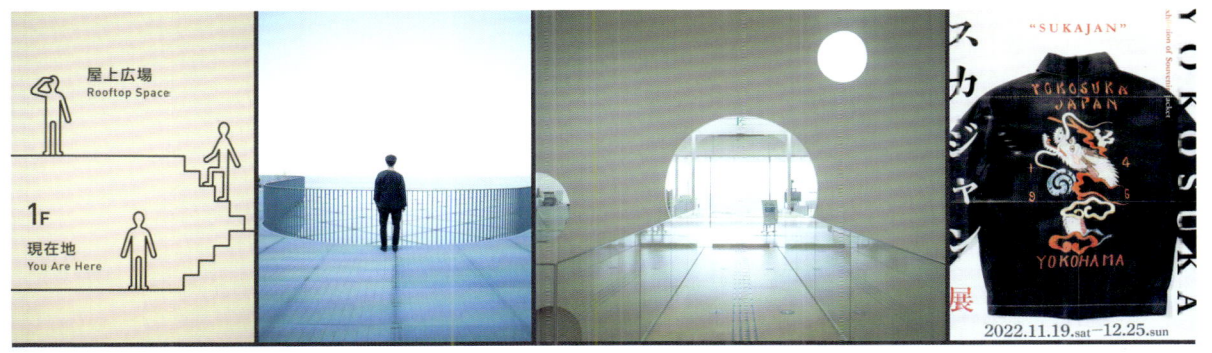

Yokosuka Museum of Art

1. An art museum that offers typical views of Yokosuka facing the routes of warships.

2. Exhibitions such as "*Suka-jyan* Exhibition" and "Unkei: The Kamakura Shogunate and the Miura Clan."

3. Events open to the public, such as "koyart" that sells vegetables from the Miura Peninsula, are also held.

My eyes landed on the poster of "PRIDE OF YOKOSUKA *Suka-jyan* Exhibition." *Suka-jyan*, short for "Yokosuka jumper," were jackets with gorgeous embroidery of animals originating in Japanese traditional clothing that were born as souvenirs for American soldiers stationed in Japan to bring home after the war. The Yokosuka Museum of Art, which holds projects unique to Yokosuka, is located in Kannonzaki Park on Cape Kannon and offers views of the ocean and warships. The museum features prominent façade of glass and steel plates and resembles a huge glass box. The exhibition rooms are located on the 1st floor and in the basement, and the museum is kept low to blend into the landscape. It would be great if people see Yokosuka and the Miura Peninsula as a giant art museum where many can relax, and continue to be a hub of the city. (Hideto Shindo)

유가와라소유
湯河原惣湯
Books and Retreat

유가와라역에서 차로 약 10분
https://yugawarasoyu.jp/
※소유 테라스는 웹사이트 사전 예약제
10시~17시 30분, 매달 둘째 화요일 휴무
Tel: 0465-43-7830
미야가미 566 (현관 테라스)
가나가와현 아시가라시모군 유가와라마치

1. 숲, 온천, 요리, 책을 연결한 유가와라의 '리조트'
공원 안에 있는 온천이라는 공공의 새로운 방식.
온천 시설의 틀을 초월한 현대판 온천 치유.

2. 휴양지 별장이었던 곳을 새롭게 단장한
'소유 테라스惣湯テラス'
지토세강千歳川이 내려다보이는 원천수가 흐르는 온천(대욕장, 개별 욕장 등 두 종류). 건축은 붓쇼잔온천仏生山温泉을 설계한 '설계사무소오카쇼헤이設計事務所岡昇平'에서 담당. 가구 디자인은 주문가구회사 'Luft'의 마키시 나미真喜志奈美 씨.

3. 커피를 들고 만요공원万葉公園을 산책할 수 있는
'현관 테라스玄関テラス'
미사키항三崎港에서 잡아 올린 참치로 만든 참치 샌드위치를 맛볼 수 있으며, 관광객뿐 아니라 지역 주민, 디지털 노마드도 이용할 수 있다. 물론 족욕 시설도 마련되어 있다.

유가와라에서 온천의 의미 유가와라역에 내리면 가장 먼저 건축가 구마 겐고隈研吾가 설계한 역 앞 광장이 맞아준다. 일본을 대표하는 온천 지역이지만, 큰 빌딩도 없고 사람으로 북적이지도 않으며 중심이 되는 온천 거리도 역에서 조금 떨어져 있다. 게다가 어딘지 인간미가 느껴지는 풍경이 남아 있어 마치 휴양지에 온 듯한 느낌이 든다. 유가와라는 메이지시대에 많은 문호에게 사랑받았다. 역사를 거슬러 올라가면 일본에서 가장 오래된 시가집『만요슈万葉集』에서 유일하게 유가와라온천을 시로 읊고 있다. 그런 역사를 바탕으로 1951년 탄생한 '만요공원'이 2021년 '유가와라소유 Books and Retreat'로 새 단장해 문을 열었다. 공원 입구에 해당하는 '현관 테라스'는 해가 지면 초롱과 같은 조명이 켜져 환상적인 풍경을 자아낸다. 그런데 사실 이곳은 카페를 갖춘 코워킹 스페이스다. 예약 없이 이용 가능하며 족욕도 무료다. 커피를 한 손에 들고 숲을 산책해보기를 추천한다. 지토세강을 따라 정비된 산책로에는 테라스석이 곳곳에 설치되어 있어 자유롭게 이용할 수 있다. 공원에는 당일치기로 이용할 수 있는 온천 시설 '소유 테라스'가 있다. 예약, 정원제로 운영되며 편안한 실내복으로 갈아입고 느긋하게 시간을 보낼 수 있다. 원천수가 흐르는 온천이나 사우나, 라이브러리도 있어 독서하거나 잠시 눈을 붙일 수도 있다. 식당에서는 제철 일품요리를 선보이며 비정기적으로 요가 교실도 열린다. 숙박 시설이 준비되어 있지 않은 이유는 주변 료칸과 함께 공존하고 번성하겠다는 공존공영의 사고가 바탕에 깔려 있기 때문이다. 이 장소를 통해 진정한 '유가와라다움'을 꼭 체험해보기 바란다. (신도 히데토)

Yugawara Soyu Books and Retreat

1. A retreat in Yugawara that connects you to forests, hot springs, food, and books.

2. Soyu Terrace is remodeled from a resort villa.

3. The Genkan Terrace where one can stroll around Manyo Park with a cup of coffee in hand.

Established in 1951, Manyo Park was remodeled into Yugawara Soyu Books and Retreat in 2021. The Genkan Terrace, which is the entrance to the park, is actually a coworking space with a café attached. Come nightfall, the lantern-lights turn on to create a surreal scene. Prior reservations are not necessary, and even the footbath is free. The walking trail along the Chitosegawa River is dotted with terrace seats for guest as well. And right at the back of the park is the day-use hot spring facility, Soyu Terrace, where one can relax in their comfortable loungewear. It has a hot spring bath, a sauna, and a library. The dining room serves seasonal dishes, and sometimes holds yoga sessions. The reason why no accommodations are offered is rooted in their desire to coexist with the surrounding *ryokan*s in mutual prosperity. (Hideto Shindo)

구마자와주조 熊澤酒造

지가사키주오 IC에서 차로 약 15분
www.kumazawa.jp
8시~17시 주말 및 공휴일 다름
※영업시간은 점포별로 다름
Tel: 0467-52-6118 (술도가부)
가나가와현 지가사키시 가가와 7-10-7
(연말연시 사전 연락 필수)

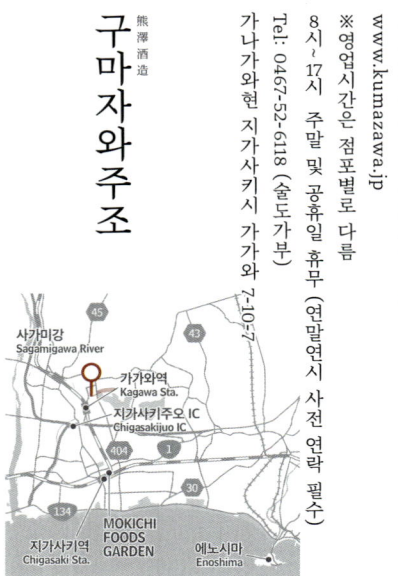

1. **창업한 지 150년 이상 된 술도가**
쇼난 유일의 술도가가 만든 복합 시설. 가마쿠라에 있던 450년 된 오래된 민가, 지은 지 100년 된 토광 등을 새롭게 단장.

2. **효모를 사용한 빵과 피자 등 술도가이기 때문에 맛볼 수 있는 메뉴**
1996년 탄생한 '쇼난맥주湘南ビール'로 만드는 찜 요리, 지역술 '덴세天青'로 만드는 조개 술찜, 술지게미로 만드는 디저트 등 모두 일품.

3. **쇼난 지역 작가와 농가가 함께하는 활동**
가게에서 사용하는 도구류는 'okaba gallery & shop'에서 구입. 매일 다른 농가가 참가하는 'mokichi green market', 2022년부터 시작한 '구마자와시장' 등 다양한 이벤트 개최.

쇼난의 미래를 만드는 술도가 쇼난 유일의 술도가라는 이야기를 듣고 가장 먼저 머릿속에 떠오른 생각은 전통 일본술 주조 방식만 고집하겠구나 하는 편견이었다. 그런데 '구마자와주조'는 일본 술도가 가운데 가장 먼저 수제 맥주를 주조한 곳이었다. 초록으로 둘러싸인 입구로 들어가면 이곳을 상징하는 커다란 메타세쿼이아나무가 있는 중정을 중심으로 몇몇 건물이 자리하고 있다. 지은 지 100년 된 토광은 빵집 'mokichi baker&sweets+wurst'이다. 맥주 효모로 만든 빵을 비롯해 수제 소세지 등을 구입할 수 있다. 이곳과 인접해 있으면서 지은 지 200년 된 민가는 'mokichi cafe'로 운영한다. 구입한 빵은 이곳에서 '술지게미 라테' 등을 마시며 함께 먹을 수 있다. 그리고 지은 지 400년이 넘은 두 곳의 옛 민가를 새로 단장해 만든 식당 'MOKICHI TRATTORIA'가 있다. 뒷산의 자연과 하나가 되어 무가 저택과 같은 정취를 자아낸다. 일본술 주조 탱크를 활용한 피자 가마에서는 쇼난에서 잡히는 멸치인 시라스しらす로 만드는 피자 치체니엘리cicenielli를 굽는다. 쇼난맥주로 만드는 삼겹살 맥주찜 등 술도가라서 맛볼 수 있는 메뉴도 있다. 게다가 쇼난과 연고가 있는 작가와 아티스트를 소개하는 갤러리는 물론, 2018년에는 지역을 위한 보육시설 '지가사키 모아나어린이집ちがさき·もあな保育園'도 문을 열어 마치 작은 마을 같은 술도가다. 예로부터 이 지역은 풍부한 수전과 함께 발전해왔다. 덕분에 간토関東(도쿄도와 주변 6개 현을 포함한 지역)에서 가장 큰 취락이 탄생했으며 시간이 흐른 지금도 전원 풍경이 남아 있다. 6대째 술도가를 잇고 있는 구마자와 모키치熊澤茂吉 씨는 그런 평범한 일상이 앞으로도 지속되도록 이 장소에 미래를 만들고 있다. (신도 히데토)

KUMAZAWA BREWING COMPANY

1. The complex was built by Shonan's only brewery, which was established over 150 years ago.

2. A menu only *sake* breweries can offer, such as bread and pizza made with yeast from the brewery.

3. They offer activities that involve writers and farmers in the Shonan area.

There are several buildings around the courtyard. One of them is the century-old storehouse, "mokichi baker&sweets+wurst," where they sell food such as bread made with beer yeast and homemade sausages. Adjacent to it is "mokichi café," rebuilt from a 200-year-old *kominka*, where you can have your bread with tea. Next is "MOKICHI TRATTORIA," rebuilt from two *kominka*s aged over 400 years that melds into the nature of the mountains at the back. It has a pizza kiln made from *sake* brewing tanks to bake dishes such as cicenielli. The menu also features dishes only *sake* breweries can offer, such as pork belly braised in Shonan beer. There's also a gallery that introduces Shonan artists and writers, and in 2018, opened a daycare "Chigasaki Moana Nursery School" that is open to the community, making the brewery like a small village. (Hideto Shindo)

구로바테 くろばてい

미사키항 버스정류장에서 도보 약 5분
kurobatei.com
수요일 휴무 (공휴일인 경우는 다음 날 휴무)
11시~20시 (라스트 오더 19시)
Tel: 046-882-5637
가나가와현 미우라시 미사키 1-9-11

1. 미사키항三崎港 제일의 참치요리 전문점
일본에서 제일가는 참치잡이를 조상으로 둔 가족이 운영하는 가게. 독자적인 참치 요리를 활용해 미사키의 매력을 전국에 알리고 있다.

2. 전통적이면서 독창적인 참치요리
'입천장 살' '눈알' '정수리' '볼살' 등 심플하고 참신한 전통적인 '머리 모둠회'에 프랑스 요리에서 착안한 '참치 볼살 샬랴핀 스테이크まぐろホホ肉シャリアピンステーキ'까지. 본 적도 들은 적도 없는 처음 맛보는 참치 요리.

3. 매장 안을 장식하는 창의성 넘치는 '참치' 일러스트
참치 머리 해체 쇼를 비롯해 가게 그 자체가 예술로, 마치 '참치 뮤지엄' 같다.

참치와 살아가는 가족 미우라반도에서 돌출된 미사키는 예로부터 원양어업의 거점으로 발전한 항구 도시다. 쇼와시대에는 어선에 냉장고가 탑재되어 '냉동 참치'가 탄생해 전국 제일의 어획량을 자랑하게 되었다. 당시의 참치어업은 한 번 바다에 나가면 일확천금을 벌어들였으므로 항구로 돌아온 날이면 떠들썩하게 유흥을 즐겼다. 그런 미사키에서 가게를 꾸려가는 참치요리 전문점 '구로바테'. 초대 주인 야마다 요시오山田芳央 씨가 그린 차양 그림에서 이곳만의 고집이 절절히 느껴진다. 매일 가게 문을 열면 바로 '참치 머리 해체 쇼'가 시작되므로 가게 앞은 금세 관광객으로 북적인다. 요리를 하는 사람은 3대 사장 겐타玄太 씨. 가게 안에도 물고기 그림이 가득 붙어 있어 마치 예술 작품을 보는 것 같다. 추천하는 요리는 참치 어선의 전통 요리도 포함된 '미사키 참치 한 마리 모둠(11종류)'. 여기는 뱃살, 여기는 눈알? 이러면서 참치 몸을 상상하며 맛을 보았다. 지금은 돌아가신, 참치잡이였던 요시오 씨의 아버지 주타로重太郎 씨가 전 세계의 바다에서 만난 '세계의 참치요리'에서 아이디어를 얻어 구로바테의 요리는 탄생했다. '참치 기지'였던 미사키는 200해리 어업수역이 시작되면서 점점 쇠퇴해 200척 가까이 있던 어선도 지금은 겨우 2척만 남아 있다. 하지만 2대 사장 다쿠야拓哉 씨는 '가령 참치가 사라지더라도 참치의 동네로 남고 싶다.'는 굳건한 의지를 품고 있다. 과거에 어부들이 기념으로 가져갔다던 참치 위장은 스페인 요리 아히요로 만들어 맛있게 먹을 수 있다. 미사키의 참치는 요리로도, 이 지역에서도 무한한 가능성을 지니고 있다. (신도 히데토)

Kurobatei

1. The best tuna speciality restaurant in Misaki Port, a hub for tuna fishing boats.

2. Traditional and original tuna dishes.

3. Ingenious illustrations of "tuna" are displayed throughout the restaurant.

Kurobatei is a restaurant specializing in tuna dishes. The tent in front of Kurobatei was painted by its founder and owner Yoshio Yamada, and clearly shows the restaurant's commitment to its customers. Every day, the restaurant opens with a "tuna head carving show" and the storefront immediately teems with tourists. The carving show is led by owner's grandson Genta Yamada. The restaurant resembles a work of art with illustrations of fish displayed throughout it. I was recommended the "Misaki Tuna Highlights Platter" that includes every part of tuna, and I savored it while imagining the internal organs of the tuna. The 200 nautical mile fishery zone has reduced the number of tuna fishing boats from nearly 200 to just two. Owner's son Takuya Yamada, however, wants to "keep Misaki as a tuna town even if there's no more tuna." (Hideto Shindo)

나가야 (ながや)

하야카와역에서 도보 약 1분
점심은 12시, 저녁은 18시부터, 일요일 및 월요일 휴무
Tel: 0465-22-8765 (예약 필수)
가나가와현 오다와라시 하야카와 212-5

1. 쇼난의 부엌, 오다와라항小田原港에서 바로 맛볼 수 있는 창작 일본요리

매일 아침 오다와라항에서 들여온 생선과 어패류로 만드는 코스 요리. 전갱이의 일종인 가쿠아지角鯵, 돌돔, 긴 다리게 등을 독자적 감각의 일품요리로 완성한다. 오다와라 명물 가마보코도 직접 만든다. 코스 마무리는 수제 메밀국수.

2. 가나가와현의 모노즈쿠리가 가득 담긴 가게

포렴은 형염공방 '다카다'에서 제작. 쟁반, 젓가락 받침은 조각칠기 '가마쿠라보리鎌倉彫', 나무를 조합해 만드는 '하코네요세기세공箱根寄木細工' 등의 전통 공예품. 그릇은 지역 작가들의 작품.

3. 도쿄에서 파리, 온천여관, 조카마치城下町에서 실력을 갈고닦은 요리인

쇼난 식재료로 요리의 진수를 집약. 기요카와마을清川村 특산품 '기요카와메구미 포크'나 '아후리 소고기'로 만드는 요리도 일품.

그 지역에 맞는 일본 요리 조카마치로 번성한 오다와라는 수많은 여행객이 찾는 유서 깊은 역참 마을로, 오다와라역 바로 다음 역인 하야카와역에서 하차하면 된다. 하야카와역은 도카이도혼센 JR 동일본 관할 중 이용객이 가장 적지만, 영화나 소설에 등장할 듯한 가슴 설레는 곳이다. 지금은 드문 기와지붕의 목조 역사도 정취 있다. 사가미만相模湾이 눈앞에 펼쳐지며 쇼난의 요리인도 애용하는 오다와라항 어시장도 있다. 아는 사람은 아는 이곳에 일본요리점 '나가야'가 자리하고 있다. 유가와라의 형염공방 다카다たかだ에서 제작한 돔 생선이 찍힌 포렴이 눈길을 끌며, 오이소돌大磯石이 깔린 현관에는 세심하게 물이 뿌려져 있다. 가게에 들어서면 고미술상에서 구입한 가마쿠라보리의 둥근 쟁반이 돋보이는 백목 카운터에서 주인이자 요리인 나가야 에이타長屋偉太 씨가 맞아준다. 요리는 코스로 준비되며 매일 어시장에서 들여온 신선한 생선과 어패류 중심의 '창작 일본요리'를 내놓는다. 나가야 씨가 수집한 그릇도 매력적이다. 김과 소라를 함께 삶은 요리는 하다노에서 활동하는 도예가 나카시마 가쓰도中島克童 씨의 그릇에, 연어알이 곁들여 나오는 이모모치芋餅(삶거나 찐 감자를 으깨 찹쌀, 녹말과 섞어 구운 것)는 같은 하다노의 도예가 이토 마사토伊藤麻沙人 씨의 그릇에 담겨 나온다. 가쿠아지와 돌돔으로 만드는 와라야키わら焼き는 하코네의 공방 '이파다글래스イパダガラス'의 유리 그릇에 담는다. 나가야 씨는 가나가와현에서 7년, 도쿄에서 5년, 파리에서 8년 요리를 배운 뒤, 아내의 고향 오다와라로 이주해 2015년 쇼난의 부엌이라 불리는 오다와라항 옆에서 새 출발했다. 손님을 정성스럽게 맞이하는 마음과 요리 아이디어, 지역에 대한 사랑이 가득 담겨 위로받을 수 있는 가게다. (신도 히데토)

Nagaya

1. Creative Japanese cuisine in the kitchen of Shonan, near Odawara Port.

2. The restaurant is studded with craftsmanship from Kanagawa Prefecture.

3. A solitary chef who honed his skills in Tokyo, Paris, a hot spring inn, and a castle town.

Right in front is the Sagami Bay, and there is a fish market at Odawara Port that all Shonan chefs go. Only a few people know that "Nagaya" is located in such a place. The sea bream fabric curtain in front of Nagaya stands out, and the Oiso stone entranceway is carefully sprinkled with water. The owner-chef Yorito Nagaya welcomes you in his restaurant that features a white wooden counter. The menu offers creative Japanese cuisine that mainly comprises fresh seafood he procured from the market every day. He serves *imo-mochi* with salmon roe on crockery, and straw-baked whitefin trevally and striped beakfish. After learning cooking for 7 years in Kanagawa, 5 years in Tokyo, and 8 years in Paris, he moved to Odawara, his wife's hometown. In 2015, he made a fresh start beside Odawara Port, also known as the "kitchen of Shonan." (Hideto Shindo)

OTA MOKKO

하코네이타바시역에서 도보 약 3분
https://ota-mokko.com/
11시~16시, 수요일, 일요일, 공휴일 휴무
Tel: 0465-22-1778
가나가와현 오다와라시 이타바시 179-5

1. 유일무이 모던한 '하코네요세기세공'

단풍나무에서 호두나무, 소태나무, 진다이나무神代木(수천 년 전 화산 분화로 땅속에 묻힌 천연목이 오랜 시간 화석화되다가 파내진 나무)까지 약 30종에 달하는 목재를 재료로, 전통공예를 존경하는 마음을 담아 염색하고 두드리고 유목을 붙이며 독자적인 '요세기세공'을 개발해 작품을 만든다.

2. 1928년 지어진 목조건물 오다와라시청
구 오쿠보출장소旧大窪支所를 새 단장

사무실은 공방, 창고 형태의 서고는 목재 보관 창고로 이용. 공방 견학 후에는 회의실이었던 매장에서 제품을 구입할 수 있다.

3. 젊은 요세기세공 장인 유닛 '조시바야시雜木囃子' 결성

오다와라의 가마보코 가게 '스즈히로가마보코鈴廣かまぼこ'나 도쿄 백화점 '마쓰야긴자' 'D&DEPARTMENT' 등 산지 안팎에서 작품을 전시해왔다.

그 장인만의 요세기세공 구 오쿠보출장소의 목조 건물을 새로 단장해 문은 연 'OTA MOKKO'는 요세기세공 공방 겸 매장이다. 외관만 보면 언뜻 멋진 카페라고 착각할 수 있지만, 건물 안에는 전기톱은 물론 금속, 돌 따위를 파거나 갈아내는 선반旋盤 등이 갖추어져 있어 그야말로 완벽한 목공소다. 공방 창으로는 요세기세공 장인 오타 겐太田憲 씨의 작업 모습을 엿볼 수 있다. 내가 방문했을 때는 다양한 색과 분위기의 나무를 조합해 '원판種板'을 만들고 있었다. 요세기세공은 재료를 처음부터 하나하나 만드는데 그것이 최종적으로 제품의 '얼굴'이 된다는 점이 흥미롭다. 장인은 제품이 어떤 표정을 지닐지 상상하며 나무를 조합한다. 그 원판을 대패로 얇게 잘라낸 것을 '조쿠ゾク', 그것을 상자 등의 제품에 붙이는 과정을 '조쿠즈쿠리ゾク作り', 원판을 그대로 가공해 형태를 만드는 일을 '무쿠즈쿠리ムク作り'라고 한다. 야마가타현 출신 오타 씨는 수공예에 흥미를 느끼고 직업훈련학교에서 모노즈쿠리의 기초를 배웠다. 그리고 일본의 전통 공예품 하코네요세기세공과 만나 2003년 하코네요세기세공 전문점 '기로木路'에 입사해 8년의 수련 기간을 거친 뒤 2012년 독립했다. 하코네요세기세공은 에도시대 하코네의 산에 수많은 종류의 나무가 자란 것을 계기로 역참 마을의 특산물로 탄생했다. 오타 씨 작품에는 기존의 '전통'과 함께 독자적인 '디자인'이 담겨 있다. 일부러 표정을 더한 원판을 만들거나 염색하고, '유목流木'을 붙이기도 한다. 그렇게 탄생한 요세기세공에서는 인간미가 느껴진다. 사람에서 사람으로 전해지는 마음이 담긴 특산물이다. (신도 히데토)

OTA MOKKO

1. Modern Hakone marquetry where no two pieces are the same.

2. Remodeled from the wooden building of the former Okubo Branch built in 1928.

3. Formed a unit of young marquetry artisans called "*Zoki-Bayashi*" to revitalize the production area.

OTA MOKKO is a marquetry workshop-cum-shop that was remodeled from the wooden building of the former Okubo Branch. It may look like a chic cafe from the outside, but it's a genuine woodworking workshop with electric saws and lathes. When I was there, h was making coasters by processing veneers of various hues and textures into cylinders, and then piecing them together to make "*tane-ita*." The interesting thing about marquetry is that it starts with making the material itself, and that becomes the "face" of the final product. The artisan assembles each part with that face in mind. Ken's works are not just traditional but uniquely designful. They deliberately make *tane-ita* with expressions and dye them, and even add "driftwood." Marquetry created this way has a humane aspect to it. A heartfelt souvenir from one to another. (Hideto Shindo)

농협연즉매소 가마쿠라시

鎌倉市農協連即売所

가마쿠라역에서 도보 약 5분
kamakurarenbai.com
1월 1일~4일 휴무
8시 무렵~일몰 때까지 (채소 판매 완료 시 종료)
가나가와현 가마쿠라시 고마치 1-13-10

1. 신사 쓰루가오카하치만구의 산도에 위치하며 지역 농가가 운영하는 '가마쿠라 채소' 직판장
1928년 발족. 4개 조가 4일에 한 번 나와 매일 영업.
가마쿠라의 요리인은 물론 관광객도 채소를 구입하러 찾는 곳.

2. '일곱 가지 색의 밭'으로도 불리는 색색깔의 소량 다품종 채소들
로마네스코romanesco 브로콜리나 콜라비, 파스닙parsnip 등 처음 듣는 이름의 채소라면 조리법까지 친절하게 가르쳐준다.

3. 세련된 매장이 입점한 '가마쿠라중앙식품시장' 인접
유일무이한 전위적 빵집 'PARADISE ALLEY BREAD & CO.'나 40년 역사를 지닌 동네 중화요리집 '다이신大新' 등 지역에서 사랑받는 가게들이 입점. 'DAILY by LONG TRACK FOODS'에서는 가마쿠라 채소를 사용한 반찬도 판매한다.

쇼난의 부엌 유이가하마에서 쓰루가오카하치만구로 이어지는 길 와카미야오지若宮大路. 기품 있는 참배길을 따라 '가마쿠라시농협연즉매소'가 있다. 그 이름에서 딴 '렌바이連売'라는 애칭으로도 친숙한 이곳은 마치 중동 각국의 시장 같으면서 판잣집 같은 모습이 어딘지 정겹다. 매일 영업하는 '가마쿠라 채소' 전문 직판장에는 형형색의 신선한 채소가 빼곡하게 줄지어 있고 이를 둘러싸듯이 손님으로 북적인다. 소량 다품종으로 재배되는 가마쿠라 채소의 밭은 '일곱 가지 색의 밭'이라고도 불리며 연간 100종 가까운 채소가 자란다. 선명한 분홍색의 '모모노스케もものすけ'는 손으로 껍질을 벗길 수 있는 신기한 샐러드용 순무. 가나가와현의 전통 채소인 '미우라 무三浦大根'도 아주 굵어 관록이 있다. 지역 주민이나 쇼난 지역에서 활동하는 요리인, 먼 곳에서 찾아오는 미식가들 틈에 뒤섞여 나는 '파스닙'이라는 가마쿠라 채소를 집었다. 하얀 당근이라고도 불리는 이 채소는 굽거나 포타주 수프로 만들어 먹으면 좋을 것 같다. 1928년 발족한 가마쿠라시농협연즉매소. 옛 도읍의 흔적과 고급 주택지로 유명한 가마쿠라이기 때문에 농업의 이미지가 선뜻 떠오르지 않지만, 지금도 자연과 풍토를 소중히 여기는 사람이 많다는 점이 이 장소가 유지되는 원동력이다. 지역 농가가 4개 조로 나뉘어 4일에 한 번 나오기 때문에 좋아하는 농가 판매대 앞에는 줄이 생기기도 한다. 채소찜이나 피클을 만들기 좋은 소포장 세트 채소를 취급하는 농가도 있는데 병설된 '가마쿠라중앙식품시장'에는 그런 채소에 잘 어울리는 드레싱이나 딥 소스 등을 판매하는 매장도 입점해 있다. 풍요로운 '가마쿠라의 일상'을 손에 넣을 수 있는 곳이다. (신도 히데토)

Kamakura Renbai

1. Produce stands selling Kamakura vegetables by local farmers on the road to Tsurugaoka Hachimangu.

2. A variety of colorful vegetables in small quantities, also known as "seven-colored field."

3. Adjacent to it is the Kamakura Central Food Market, which also has intricate stores.

Wakamiya Oji is a street stretches from Yugahama Beach to Tsurugaoka Hachimangu Shrine. Along this stately approach to the shrine lies the produce stands of the Kamakura Federation of Agricultural Associations Market, nicknamed "RENBAI" by the locals. Open everyday, the produce stands are crowded with shoppers wanting to buy their colorful, fresh Kamakura vegetables. The Kamakura vegetable fields are also known as "seven-colored fields" with nearly 100 kinds of vegetables grown each year. Joined by local residents, chefs from Shonan-area, and foodies from far and wide, I reached for a "parsnip," a Kamakura vegetable, which is good grilled or in a potage. Although most do not associate Kamakura, also known as an ancient capital, with agriculture, many people who cherish its nature and the climate still support this place. (Hideto Shindo)

고게이샤 巧藝舍

모토마치추카가이역에서 도보 약 5분
www.kogeisha-yokohama.com
Tel: 045-622-0560
10시~17시 (주말, 공휴일은 13시부터), 월요일 휴무
가나가와현 요코하마시 나카구 야마테초 184

1. 전신은 무역상으로, 요코하마이기 때문에 가능한 민예 매장
1970년 문을 열었으며 일본에서 '세계의 민예점' 선구자.
무역상의 노하우로 이룩한 수입업.

2. 도예가 하마다 쇼지濱田庄司, 염색 공예가 세리자와 게이스케芹沢銈介, 민예운동가 도노무라 기치노스케外村吉之介, 염색 공예가 유노키 사미로柚木沙弥郞 등도 참고했던 해외의 수공예
멕시코의 '에키팔 체어Equipal Chair', 인도의 카드 게임 '간지파Ganjifa', 이란의 도기나 타일, 아프리카의 홀치기염색 스커트 등 독특하면서 섬세하고 묘한 아름다움.

3. 세계 각지의 작업자와 인연을 맺고, 후계자 문제에도 적극적으로 대응하는 점주 오가와 노리에 씨
만나는 모든 사람에게 모노즈쿠리의 훌륭함을 전한다.
요코하마만의 역사와 문화에도 정통해 있다.

바다 건너온 민예 요코하마 야마테초에 있는 '고게이샤'는 세계의 민예품을 취급하는 가게다. 문을 열고 들어서면 아시아를 비롯한 전 세계의 수많은 민예품이 빼곡하게 진열되어 있다. 그 수는 약 300종류에 수만 점. 그중 인도의 '간지파'는 전통 카드놀이 게임으로 신화나 민족 전승을 모티브로 수작업한 그림에서 깊은 멋이 느껴진다. 1970년대에 주인 오가와 노리에小川能里枝 씨는 아버지, 남동생과 함께 일본의 조명기구를 수출하는 무역상을 하고 있었다. 당시는 1달러 360엔이라는 고정환율제로 수입업은 여기에 해당이 되지 않았지만, 그 부분은 무역상의 특권으로 차이나타운 등에서 암 거래로 달러를 취급하는 곳도 있었다고 한다. 세계 곳곳을 방문할 때마다 아름답고 신기한 수작업 물품들을 수집했고 민예 운동으로 쟁쟁했던 멤버들이 여기에 주목했다. 그래서 오가와 씨와 가족은 그들에게 도움이 되면 좋겠다는 마음으로 굳은 결심을 하고 수출업에서 수입업으로 방향을 전환했다. 그렇게 1978년 고게이샤가 탄생했다. 페루 '훌리의 십자가プリの十字架'는 지붕에 부착하는 액막이로 지붕 장인이 양철로 제작했다. 꽤 공을 들여 만드는데도 전기가 통해 벼락이 떨어질 위험성이 있기 때문에 수요가 줄어들고 있다면서 노리에 씨는 서운한 표정을 내비쳤다. 하지만 동시에 분명 새로운 수작업이 생겨날 것이라면서 희망의 미소도 보여주었다. 지금도 일본 각지의 민예관이나 민예점의 수많은 컬렉션을 담당하는 고게이샤. 요코하마라는 세계의 창구에서 일본 각지로 재미있고 아름다우면서 훌륭한 '세계의 수공예'를 전하고 있다. (신도 히데토)

Kogeisha

1. A folk craft shop unique to Yokohama, owned by former export traders

2. Overseas crafts that have inspired artists including Shoji Hamada, Keisuke Serizawa, and Samiro Yunoki

3. Connected to artisans worldwide, Norie Ogawa understands the challenges of maintaining traditions

Located in Yamatecho, Kogeisha offers thousands of folk craft works from around the world. In the 1970s, store owner Norie Ogawa's family operated an export business. Each time they visited different countries, they collected beautiful handicrafts. After these drew the attention of prominent members of the Mingei Movement, the Ogawa family switched to an import business, establishing Kogeisha in 1978. Crafted from tin, the Peruvian folk art cross attached to the store's roof is a traditional charm said to repel evil. With a hint of sadness, Norie mentioned that with the increased risk of lightning strikes in modern times, demand for such crosses has declined. Smiling hopefully, however, she claimed that a new type of handiwork would take its place. Today, Kogeisha still supplies pieces for many folk craft collections. (Hideto Shindo)

studio fujino

사가미코 IC에서 차로 약 15분
studiofujino.com
12시~17시, 주말만 영업
Tel: 042-682-0045
가나가와현 사가미하라시 미도리구 마키노 3613

1. 후지노藤野와 연고가 있는 아티스트의 작품을 소개하는 갤러리

도예나 칠공예, 목공, 대나무 세공까지 전국의 세련된 작품들. 응회석 오야돌大谷石 갤러리 등으로도 사용하며 비정기적으로 합동 전시회 개최.

2. 카페에서 사용하는 나무 식기는 오너이자 목공가 후지사키 히토시藤﨑均의 작품

그릇뿐 아니라 가구와 창호도 후지사키 씨의 작품. 직접 만드는 계절 디저트나 샌드위치도 추천.

3. 그래픽 디자이너 히가시카와 유코東川裕子와의 공동 스튜디오

미술대학교 학생을 포함해 앞으로 활발하게 활동할 아티스트들의 커뮤니티. 도심에서의 접근성도 뛰어나 이주자도 편안하게 지낼 수 있는 지역성.

예술 마을의 미래 사가미호수가 펼쳐지는 옛 후지노마치藤野町는 예로부터 숯 제조와 양봉을 생업으로 해온 사토야마里山(마을 가까이 생활과 밀접한 관련이 있는 산)의 마을이다. 양봉농가의 건물을 새로 단장해 문을 연 'studio fujino'는 목공가 후지사키 히토시 씨와 부인인 그래픽 디자이너 히가시카와 유코 씨의 공동 스튜디오다. 창호나 가구는 후지사키 씨가 직접 제작했다. 느티나무, 밤나무, 호두나무, 벚나무, 팽나무, 금목서, 은행나무 등과 같은 지역의 잡목을 사용해 소품 등도 만드는데 모두 디자인이 좋다. 특히 나는 '먹감나무'로 만든 소품이 마음에 들었는데 먹색의 띠가 독특했다. 더불어 '옻나무'는 상상 이상으로 색이 노래 아름다웠다. 갤러리에서는 이외에도 주변에 사는 아티스트의 작품도 소개하며 작품 일부는 함께 운영하는 카페에서도 사용한다. 1월에 방문했을 때는 후지노마치의 도예가 고이즈미 아쓰노부小泉敦信 씨의 백자 플레이트에 수제 금귤 타르트가 담겨 나와 맛있게 먹었다. 사실 후지노는 아는 사람은 아는 '예술 마을'이다. 전쟁 때는 피난민 중에 조각가 후지타 쓰구하루藤田嗣治나 서양화가 이노쿠마 겐이치로猪熊弦一郎 등 유명한 예술가들도 있었는데 그들은 사가미호수 주변을 예술 마을로 보고 '대예술 도시 구상大芸術都市構想'에 대한 이야기를 나누었다고 한다. 실제로 나중에 많은 예술가가 이주해 1986년에는 '후루사토예술마을 구상ふるさと芸術村構想'을 제안해 관련 시설도 조성되었다. 후지노 주변을 거점으로 활동하는 아티스트는 지금도 많다. 'gallery studio fujino'에서는 정기적으로 합동 전시회를 개최해 새로운 예술 마을로서 지역을 재생하기 위해 활동한다. 주민과 아티스트, 미대생, 관광객에게도 꼭 필요한 커뮤니티다. (신도 히데토)

studio fujino

1. The gallery showcases works of artists with ties to the Fujino area

2. Wooden utensils used in the cafe have been created by the owner and woodworker Hitoshi Fujisaki.

3. Hitoshi shares the studio with his wife and graphic designer Yuko Higashikawa

A renovated building once used for silkworm farming, studio fujino is the base of woodworker Hitoshi Fujisaki and his wife Yuko Higashikawa, a graphic designer. In addition to doors, windows, and furniture, Hitoshi makes small items from local trees. The gallery also contains the work of other artists in Fujino, some of which are used in the adjoining cafe. During the war, famous artists including Tsuguharu Fujita, Genichiro Inokuma were among evacuees to the area, and they launched a movement to make it look like an art village. Eventually, The Hometown Art Village Project proposed in 1986, and there are still a number of artists based in the vicinity. studio fujino holds regular joint exhibits, reinvigorating the town as a new hub for art and providing a sense of community for artists, art students, and tourists. (Hideto Shindo)

다실 세키손 茶寮 石尊

가나가와현 이세하라시 오야마 12
(오야아후리신사 부속 신사 안)
Tel: 0463-94-3628
10시~16시 30분, 비정기 휴무
www.instagram.com/saryo_sekison
오야마케이블카 아후리신사역에서 도보 약 3분

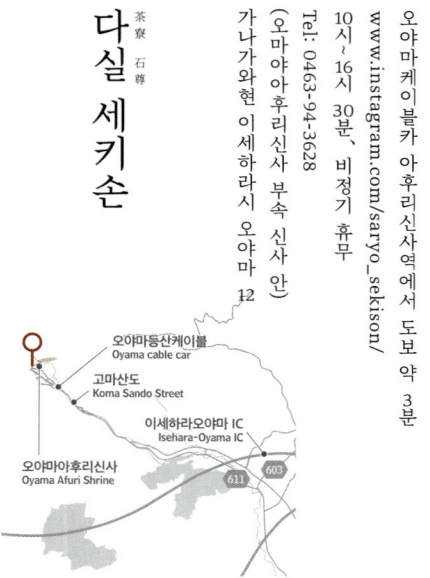

1. 사가미만이 한눈에 펼쳐지는 오야마아후리신사大山阿夫利神社에 자리한 절경 카페
참배객은 물론 등산객도 잠시 쉬어갈 수 있는 개방감 있는 테라스석. 오야마산의 좋은 물로 내리는 커피와 입춘 전날인 절분節分에 사용하는 되를 그릇으로 활용한 '마스 티라미스升ティラミス'가 일품.

2. 현대적이면서 신사와의 친화성을 유지하는 관용적인 건축
신사의 응접실을 오두막 풍으로 단장. 개보수는 가나가와현 출신 건축가 호리베 야스시堀部安嗣 씨가 담당.

3. 현대 '오야마마이리大山詣り'의 계기가 되는 카페
오야마케이블카에서부터 기대감이 높아지는 '현대판 오야마마이리 참배'. 미장 장인 모리야 레이타守谷玲太 씨 등의 작품이 봉납되어 있는 갤러리 병설. 제사도 거행된다.

오야마산의 절경 이세하라시伊勢原市의 상징 오야마산. 일명 '아부리산雨降山'으로도 불리며 기우나 오곡풍양의 기원은 물론 사업번창에도 영험해 에도시대에는 '오야마마이리'를 위한 오야마 여행이 엄청나게 인기가 있었다고 한다. 지금도 그 풍습이 존재해 나도 이번 취재에서 처음 오야마마이리를 했다. 오야마산의 기슭에 있는 주차장에서 시작해 참배길 '고마산도こま参道'의 362개 계단을 올라간다. 가는 길에는 오래된 특산품 가게나 다실도 자리하고 있으며, 금전운이 좋아진다는 길한 물건 '오야마팽이'도 볼 수 있다. 그 길 끝에서 굿디자인상을 수상한 오야마케이블카를 타고 올라가자 점점 시야가 트여 산들의 경치에 기대감이 높아졌다. 종점에서 내려 마지막 돌계단을 올라가면 에도시대 서민도 목적지로 삼았던 '아후리신사阿夫利神社'가 기다리고 있다. 뒤를 돌아보니 모든 경치가 한눈에 다 들어온다. 사가미평야相模平野, 에노시마섬江ノ島, 미우라반도, 요코하마나 도쿄의 빌딩군까지 보인다. 날씨가 좋은 날에는 보소반도房総半島나 이즈오섬伊豆大島까지 확인할 수 있다. 참배를 마치고 신사 회랑에 있는 '다실 세키손'에 들렀다. 응접실이던 공간을 현대식으로 단장했다. 설계는 세토우치瀬戸内 바다에 떠 있는 여객 숙박시설 '간쓰ガンツウ'의 호리베 야스시 씨가 맡았다. 덴마크 산업 디자이너 한스 웨그너Hans Jørgensen Wegner의 Y 체어나 Y 체어를 모방한 좌식 의자 등이 놓인 실내도 있지만, 나는 야외 테라스석을 추천한다. 신사는 격식 높은 곳이 아니라 본래 일상에 있는 장소다. 이곳의 사감이자 신관인 메구로 구니히코目黒久仁彦 씨는 1년에 한 번 있는 오야마마이리와 함께 아후리신사의 매력도 전하고 싶다고 말한다. 카페라는 친근한 존재에서부터 시작하는 '새로운 오야마마이리'다. (신도 히데토)

Saryo Sekison

1. A café on the site of Oyama Afuri Shrine offering spectacular views of Sagami Bay.

2. Modern yet open-minded architecture compatible with the shrine.

3. A café that motivates people to go on pilgrimages to Mt. Oyama now.

Mt. Oyama, the symbol of Isehara City. Also known as Mt. Afuri, it was a place where people prayed for rain, good harvests, and prosperous business. Riding the Oyama Cable Car, my anticipation grew as the view of the mountains gradually opened up. I got off the cable car at the last stop, climbed the last stone steps to see the "Aburi Shrine," the end-goal of common people in Edo period, waiting for me. I turned around to a spectacular view, from Sagami Plain, Enoshima Island, to Yokohama and Tokyo, and even the Izu Oshima Island. After visiting the shrine, I visited Saryo Sekison located near it. Originally a reception room, the space has been designed into a modern space by Yasushi Horibe. They have indoor seating but I recommend the outdoor terrace seats. Embark on a "new Mt. Oyama pilgrimage" from this everyday café. (Hideto Shindo)

THE BANK

가나가와현 가마쿠라시 유이가하마 3-1-1
Tel: 0467-40-5090
15시~24시, 월요일 및 화요일 휴무
https://www.instagram.com/thebank_kamakura/

1. 본래 가마쿠라은행이었던 건물을 활용한 모던 바

1927년 지어진 가마쿠라은행 유이가하마출장소由比ヶ浜出張所를 새롭게 단장. 삼거리에 위치한 가마쿠라의 상징적인 석조 건물이다. 기존 대리석 카운터를 그대로 활용하며 오리지널 가구를 배치.

2. 아트 디렉터 고 와타나베 가오루渡邊かをる가 2000년에 오픈

공간 설계는 인테리어 디자이너 가타야마 마사미치片岡正通 씨가 이끄는 '원더월ワンダーウォール'에서 맡았으며 2016년부터는 운영도 직접 맡고 있다.

3. 이벤트 공간 THE BLANK

2018년에는 스웨트 브랜드 '루프윌러ループウィラー'와 협업. 가마쿠라에 사는 일러스트레이터 요코야마 간타横山寛多 씨의 일러스트를 전시한 팝업 이벤트 개최.

지금의 가마쿠라의 밤을 이끌다 도쿄 출신의 고 와타나베 가오루 씨는 요코하마에서 창업한 기린맥주의 제품 '기린 라거 맥주'의 라벨 디자인을 맡는 등 생전에 아트 디렉터로 활약한 인물이다. 와타나베 가오루 씨에 대해 가마쿠라에 사는 일러스트레이터 요코야마 간타 씨에게 익히 들어 알고 있었다. 그런데 이번에 모처럼 취재로 가마쿠라에 왔으니 'THE BANK'에 가보자고 간타 씨가 제안해 방문하게 되었다. 마치 서양건축과 같은 중후한 석조 건물은 과거에 은행으로 사용되었던 곳으로 지금도 그 모습이 가마쿠라의 상징으로 남아 있다. 파사드에는 동판으로 '유이가하라출장소由比ヶ濱出張所'(오른쪽부터)라고 쓰여 있어 당시의 흔적을 느낄 수 있다. 매장 안도 대리석 카운터를 그대로 활용하고 있으면서 조명과 오리지널 스툴을 배치해 '은행이지만, 바'로서 역사와 현실을 초월한 공간으로 조성되어 있다. THE BANK는 2000년에 와타나베 가오루 씨가 '착공 당시 은행이 아니라 바였으면 어땠을까?' 하는 콘셉트를 바탕으로 '영국식 펍과 이탈리아의 바르bar와 일본의 그때 그 시절의 느낌으로!'라는 아이디어를 인테리어 디자이너 가타야마 마사미치 씨가 이끄는 '원더월'을 통해 발전시켜 탄생했다. 이후 많은 문화인, 크리에이터가 이곳에 모여들었고 근처 가게 주인이 매일 밤 찾아와 술잔을 기울이는 '가마쿠라다운 밤'을 만들어왔다. 2층 이벤트 스페이스 'THE BLANK'도 활용해 마켓이나 개인전, 팝업 스토어, 라이브, DJ, 스탠드 업 코미디까지 열리는 등 다양한 모습으로 변신한다. 가마쿠라의 '그때 그 시절'을 느낄 수 있는 바다. (신도 히데토)

THE BANK

1. A modern bar housed in a building that used to be a bank in Kamakura.

2. Opened in 2000 by the late Kaoru Watanabe, an art director.

3. "THE BLANK" – an event space.

The late Kaoru Watanabe, who was born in Tokyo, worked as an art director throughout his life, which included designing the label for Kirin Lager Beer founded in Yokohama. The Western-looking stone building was once a bank, and remains a symbol of Kamakura. Based on Watanabe's concept of "What if it was a bar instead of a bank when it was built?", THE BANK was born out of the idea of "A fusion of Irish pub, Italian bar, and those days in Japan" and rebuilt by mainly interior designer Masamichi Katayama of Wonderwall Inc. Since then, many cultural figures and creators have gathered here, while the owners of nearby restaurants enjoy a glass or two every night. "THE BLANK," an event space on the 2nd floor is also available and has been transformed into private exhibition, pop-up store, live music, and even stand-up comedy. (Hideto Shindo)

14

미사키프레소 ミサキプレッソ

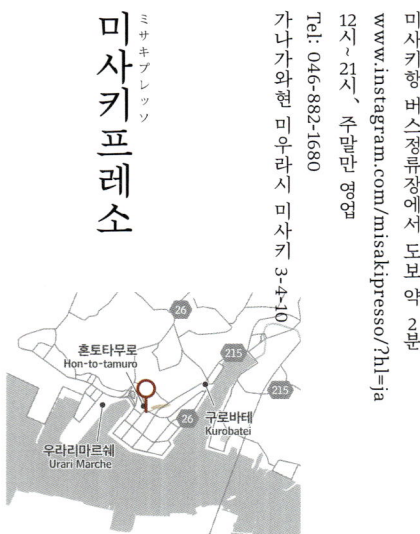

미사키항 버스정류장에서 도보 약 2분
www.instagram.com/misakipresso/?hl=ja
12시~21시, 주말만 영업
Tel: 046-882-1680
가나가와현 미우라시 미사키 3-4-10

1. 음악 프로듀서 후지사와 히로미쓰藤沢宏光 씨가 운영
좋은 음악과 맛있는 요리를 즐길 수 있는, 주말에만 문을 여는 카페 & 바. 마음 놓고 편하게 있을 수 있는 감각이 뛰어난 가게.

2. 매주 토요일에는 '가모메아동합창단かもめ児童合唱団'의 연습실로 변신
미우라시에 사는 성악가 고지마 아사코小島晁子 씨의 지도 아래, 1972년 결성된 가모메아동합창단. 2008년부터 후지사와 씨가 직접 CD 프로듀스 시작.

3. 참치나 미우라 무를 시작으로 미사키에서만 맛볼 수 있는 일품요리
본래 디자이너였던 출장 요리인 데라오 겐寺尾研 씨가 만드는 창작 요리. '새끼 다랑어 타르타르' '구운 미우라산 채소 샐러드' '김과 시라스 파스타' 등 매일 먹고 싶을 정도.

노랫소리가 울려 퍼지는 항구의 카페 미우라반도의 최남단, 미사키항 상점가에 '미사키프레소'가 있다. 바닷바람이 기분 좋은 휴일 낮부터 와인과 함께 참치나 미우라산 채소로 만드는 일품요리를 먹을 수 있다. 주인인 후지사와 히로미쓰 씨는 현역으로 활동하고 있는 음악 프로듀서다. 도쿄를 거점으로 음악 제작의 최전선에서 활약해왔다. 2004년에 방문한 미사키에서 항구의 경치에 반해 그대로 미사키로 이주. 도쿄와 미사키는 약 1시간 정도 걸리는 거리인데 두 지역을 오가는 그 시간 동안 온·오프 전환이 되었다는 점도 좋았다고 한다. 그 무렵 '가모메아동합창단'과 만났다. 네 살에서 열세 살까지 아동으로 구성되어 미사키와 인연이 있는 시인 기타하라 하쿠슈北原白秋나 작곡가 고무라 미치조小村三千三의 작품을 중심으로 노래를 부른다. 노래를 잘하는 아이들만 모집하지는 않으며 누구나 들어갈 수 있는 합창단이다. 후지사와 씨는 이 합창단이 흥미롭다면서 직접 프로듀스를 시작했다. 함께 음악을 하는 친구들에게도 제안해 2008년 첫 싱글앨범을 냈다. 이후 공연을 하기도 하고 텔레비전 드라마의 삽입곡을 부르기도 했으며 음악 스트리밍 사이트 레코쵸크レコチョク에서는 1위를 기록하기도 했다. 이렇게 활발하게 활동을 해오며 현재까지 오리지널 앨범 4장을 발표했다. 미사키프레소에서는 매주 토요일 11시가 되면 아이들이 연습을 시작한다. 그 노랫소리가 상점가에 울려 퍼져 때로는 여행자에게 용기를 주고 때로는 어부의 고단함도 위로해준다. 모든 사람의 행복을 빌며 그들은 바다를 향해 노래한다. 연습이 끝나면 연습실은 카페로 완전히 탈바꿈해 영업을 시작한다. 아이도 부모도, 밥이나 차를 마시러 온 지역 주민도 모두 이 가게의 존재를 함께 나누며 즐긴다. (신도 히데토)

Misaki Presso

1. The owner, Hiromitsu Fujisawa, is a music producer in Misaki.

2. It serves as a place for "Kamome Children's Choir" to practice every Saturday.

3. Exquisite cuisine one can only taste in Misaki Port, especially tuna and Miura radish.

Misaki Presso is located in the shopping district of Misaki Port at the southernmost tip of the Miura Peninsula. The owner, Hiromitsu Fujisawa, is also a music producer. Based in Tokyo, he has been actively producing music. When he visited Misaki in 2004, he fell in love with the scenery of the harbor and inadvertently moved to Misaki. It was then he got to know Kamome Children's Choir. Fujisawa was intrigued and became the producer of the choir, which was open to all children whether they were good at singing or not. They have released four original albums to date. At misaki presso, the children start to practice at 11 a.m. every Saturday. Their singing echoes through the shopping district, sometimes heartening travelers and at other times, relieving the fishermen's fatigue. Wishing happiness to all, they sing to the sea. (Hideto Shindo)

카페 비브멍디망쉐
カフェ ヴィヴモン ディモンシュ

가나가와현 가마쿠라시 고마치 2-1-5 사쿠라이빌딩 1층
Tel: 0467-23-9952
www.instagram.com/cvdimanche/
11시~18시, 수요일 및 목요일 휴무
가마쿠라역에서 도보 약 5분

1. 가마쿠라 고마치小町의 역사와 함께 걸어온 문화적 카페
1994년 창업. 지역 주민, 카페를 좋아하는 사람, 수학여행을 온 학생 등 모두에게 열려 있는 '쇼난다운' 편안함. 부동의 인기를 누리고 있는 요리는 '오므라이스'.

2. 카페 문화의 제1인자 호리우치 다카시堀内隆志 씨
음악으로는 FM 요코하마 《SHONAN, by the Sea》 속 코너 〈COFFEE & MUSIC〉에 고정 출연. 'BEAMS RECORDS' 와도 협업.

3. 'SUNLIGHT GALLERY'의 정신을 계승하는 가게
패브릭 매장 'fabric camp'의 고야마 지카小山千夏 씨의 크리스마스 장식이나 플라워 아티스트 CHAJIN이 작업한 테이블 플랜트 등 '쇼난다움'이 담긴 가게. 프로레슬링을 좋아하다 못해 결국 가게 안에서 시합을 개최한 적도 있다.

커피로 '표현'하고 싶은 것 가마쿠라 카페라고 하면 가장 먼저 꼽을 수 있는 '카페 비브멍디망쉐'. 지금의 카페 붐을 일으킨 장본인이라지만, 과연 '가마쿠라다움'이란 무엇일까? 이런 궁금증을 해결하기 위해 나는 카페 주인 호리우치 다카시 씨를 만나러 갔다. 호리우치 씨는 학창 시절 아르바이트를 하며 음악과 영화, 예술 등에 정통한 어른들과 인연을 맺고 엄청난 자극을 받았다고 한다. 그리고 자기도 그런 문화인을 동경하고 본받고 싶었지만, 현실과의 괴리로 힘든 나날을 보냈다고 한다. 그 무렵 아르바이트 시절에 알고 지냈던 미술작가 고 나가이 히로시永井宏 씨와 재회해 나가이 씨가 하야마에 만들었다는 'SUNLIGHT GALLERY'를 방문하게 되었다. 그곳에서는 프로, 아마추어 할 것 없이 다양한 사람이 모였고, 권위나 논리에 구애받지 않는 전시가 열렸다. 누구나 표현하는 사람이 될 수 있다는 나가이 씨의 편안하고 열린 사고가 하야마의 지역색과도 잘 맞았다고 한다. 그때부터 호리우치 씨도 갤러리를 드나들며 다시 자기 꿈을 키워갔다. 그리고 1993년 회사를 그만두고 드디어 가게를 열었다. 카페 비브멍디망쉐는 SUNLIGHT GALLERY가 활동을 종료한 뒤에도 당시 함께했던 동료들이 모이는 장소로 성장했다. 그 덕분에 패브릭 브랜드 'fabric camp'의 오너 고야마 지카 씨, 플라워 아티스트 CHAJIN 등과는 지금도 교류를 이어가고 있어 가게 안에 그 정수가 구석구석 표현되어 있다. 하야마에서 가마쿠라로 나가이 씨의 정신을 이어받아 소박하면서 강한 커피에 가볍고 즐거운 메뉴를 곁들인다. 카페 문화의 루트에는 그런 '쇼난다움'이 숨 쉬고 있다. (신도 히데토)

café vivement dimanche

1. Founded in 1994. A cultural café that has progressed with the history of Komachi in Kamakura.

2. Takashi Horiuchi, a leading figure in café culture in Japan.

3. A café that inherits the spirit of "SUNLIGHT GALLERY."

"café vivement dimanche" is one of the prominent cafés in Kamakura. One day, Takashi Horiuchi met up with the late Hiroshi Nagai, an artist whom he met when he was a student, and visited the "SUNLIGHT GALLERY" that Nagai opened in Hayama. The various people who gathered there, the exhibitions beyond authority or reason, Nagai's belief that "anyone can be an expressionist" and his personality, coupled with the gallery's openness, somehow suited the character of Hayama. It was then that Horiuchi rediscovered his dream; he quitted his job in 1993 and opened the café. Even after SUNLIGHT GALLERY was closed, dimanche grew into a place where the gallery patrons gather, and they still do today. The café has inherited Nagai's spirit from Hayama to Kamakura, and offers simple and strong coffees together with a fun menu. (Hideto Shindo)

호텔 뉴그랜드

ホテルニューグランド

모토마치추카가이역 1번 출구에서 도보 약 1분
www.hotel-newgrand.co.jp
Tel: 045-681-1841 (대표번호)
1박 조식 불포함 1인 24,035엔부터 (2인 이용 시)
가나가와현 요코하마시 나카구 야마시타초 10

1. 국제도시 요코하마와 함께 걸어온 호텔
1927년 간토대지진 복구의 상징으로 탄생. 국내외 내빈을 다수 맞이했으며 전쟁 후에는 미군장교숙소로 접수되는 등 요코하마의 역사를 상징하는 장소.

2. 근대 일본을 대표하는 건축가
와타나베 진渡辺仁 설계

전체 타일로 마감된 대계단이나 거대한 마호가니나무 기둥, 가와시마직물로 만든 태피스트리, 인도 고대 예술의 릴리프 부조 등 볼거리가 많은 본관 2층 '더 로비'.

3. 스파게티 나폴리탄 등 호텔에서 시작된 문화
더글러스 맥아더 원수나 소설가 오사라기 지로大佛次郎와 연고가 있는 객실에도 묵을 수 있다. 수많은 문화인이 모였던 바 '시가디언 IIシーガーディアンII' 등 요코하마에서만 즐길 수 있는 일상이 있다.

항구의 클래식 호텔 요코하마에서 하룻밤 묵는다면 누구나 항구가 보이는 호텔에 묵고 싶을 것이다. 더불어 관광지 미나토미라이みなとみらい의 거리 풍경과 도쿄만東京湾의 광활한 풍경은 물론 요코하마가 지금까지 걸어온 역사 그 자체인 '항구'를 느낄 수 있다면 더할 나위 없다. 이 모두를 갖춘 곳이 '호텔 뉴그랜드'다. 1927년 건축된 고전적인 느낌의 본관과 1991년 건축된 숭고한 타워관이 나라의 중요문화재로 지정된 배 '히카와마루氷川丸'가 정박된 야마시타공원山下公園을 정면으로 바라보며 우뚝 솟아 있다. 유럽풍의 본관 현관에서 빠져나와 마치 호화여객선이 연상되는 중후한 대계단을 올라가면 가와시마직물 창시자 '가와시마 진베이川島甚兵衛'가 제작한 쓰즈레오리綴織(색실로 무늬를 짜 넣은 직물) 〈천녀주악도天女奏楽之図〉의 태피스트리가 엘리베이터 위에 배치되어 깊고 우아한 멋을 자아낸다. 본관 2층 '더 로비ザ·ロビー'는 굵은 마호가니나무의 사각형 기둥과 커다란 창이 있는 광활한 공간으로, 고급 가구인 요코하마가구의 킹스체어가 아직도 사용되고 있어 숙박객은 그 의자에 앉아 저마다 시간을 보낸다. 연회장 '페닉스룸フェニックスルーム'은 본래 메인 식당이었던 곳으로, 스파게티 나폴리탄과 같은 메뉴도 탄생시켰다. 더글러스 맥아더 원수나 소설가 오사라기 지로와 연고가 있는 객실에도 묵을 수 있으며 요코하마의 역사를 알 수 있는 전시 코너도 흥미롭다. 숙박하는 밤에는 바 '시가디언 II'에서 술잔을 기울여도 좋다. 1923년 발생한 간토대지진으로 황폐해진 요코하마에서 시민의 부흥 희망을 짊어지고 탄생한 호텔 뉴그랜드. 전쟁이라는 거친 파도도 극복하며 일본 역사의 최전선을 걸어온 유일무이한 시티 호텔이다. (신도 히데토)

Hotel New Grand

1. Opened in 1927. A hotel that has progressed together with the international city of Yokohama.

2. Designed by Jin Watanabe, one of the leading architects of modern Japan.

3. Culture originating from the hotel, including spaghetti Napolitan.

Passing through the entrance of the Main Building and up a grand staircase, you will find an elegant and quaint tapestry on top of the elevator. Located on the 2nd floor of the Main Building, The Lobby is a spacious area with thick pillars and large windowpanes. The banquet hall, Phoenix Room, was the birthplace of the hotel's original menu, such as spaghetti Napolitan. Guests can also stay in rooms associated with General MacArthur and novelist Jiro Osaragi and there is an interesting exhibition corner on Yokohama's history. On the night of your stay, you can enjoy a glass of wine at the Bar Sea Guardian II. Hotel New Grand was built on the back of the citizens' hope for reconstruction in Yokohama, which was devastated by the Great Kanto Earthquake in 1923. It is the only city hotel that has survived the raging war. (Hideto Shindo)

후지야호텔
富士屋ホテル

가나가와현 아시가라시모군
하코네마치 미야노시타 359
Tel: 0460-82-2211
www.fujiyahotel.jp
미야노시타역에서 도보 약 7분
1박 조식 불포함 1인 23,000엔부터 (2인 이용 시)

1. **하코네온천을 대표하는 역사 있는 클래식 호텔**
1878년 창업. 청결함과 쾌적함을 두루 갖춘 환대의 공간.
낮에 '콘소메수프'나 '후지야식 옥새송어' 등 왕년의 전통 요리를 즐기는 것도 추천.

2. **시대와 함께 탄생한 호화찬란한 숙박동 4곳**
정면 중앙의 박공지붕식 현관 포치porch가 인상적인 '본관'.
장식을 줄인 메이지의 서양풍 건축 '서양관'. 꽃을 모티브로 한 내부 인테리어와 방 열쇠가 특징인 '하나고텐花御殿'. 높은 지대에 세워진 근대적 '포레스트 윙フォレスト・ウイング'.

3. **창업 140년의 역사를 알려주는 '호텔 뮤지엄'**
리플릿, 포스터, 키홀더 등의 디자인의 변모도 흥미롭다.
외국인을 위한 일본 문화 안내서 『WE JAPANESE』도 있다.

하코네의 자랑 특급전철 로망스카ロマンスカー로 하코네유모토로 향한다. 관광객으로 넘치는 온천가에서 하코네등산전철로 갈아타 독특한 스위치백switchback(열차가 급경사면에서 앞뒤 방향을 교대로 바꿔 가면서 Z자형으로 오르내리) 주행으로 초록이 가득한 산을 올라간다. 1878년 영업을 시작한 '후지야호텔' 본관은 신사와 절을 연상시키는 기와지붕과 박공지붕식 현관이 특징이다. 로비는 낮에 이용하는 손님도 많은데 중정을 바라보는 티 라운지에서 우아한 오후를 즐기는 것도 좋다. 1920년 건축된 연회장을 복원한 '레스토랑 캐스케이드ストラン・カスケード'는 화려한 스테인드글라스와 조각이 볼만하며 '콘소메수프'로 대표되는 왕년의 전통 요리도 즐길 수 있다. 후지야호텔은 곳곳이 장식되어 있고 부지 안을 자유롭게 산책도 할 수 있으며(일부 낮 이용객 제외), '호텔 뮤지엄'에서는 호텔 역사를 훌륭한 디자인으로 보존해 소개한다. 일본을 대표하는 정통 리조트 호텔로 탄생한 후지야호텔은 서양관 한 동으로 출발해 여러 차례의 증개축을 거쳐 장대한 '건축군'이 되었다. 도로 정비에도 힘을 쏟으며 자연재해나 전쟁과 같은 큰 혼란도 뛰어넘어 1997년에는 건물 대부분이 나라의 등록유형문화재로 지정되었다. 그런 후지야호텔 건축의 집대성이 '하나고텐'이다. 하나고텐은 빨간색의 높은 난간이 인상적인 건물로, 방마다 다른 꽃이 테마로 정해져 있고 키홀더나 양탄자도 예술적이다. 일본을 대표하는 관광지이기 때문에 일본인조차도 일본의 문화와 습관, 풍속, 예술 등을 재발견할 수 있다. 일본이 자랑스럽게 여기는 기술과 디자인이 가득 담긴 클래식 호텔의 선두주자다. (신도 히데토)

FUJIYA HOTEL

1. A historic classic hotel established in 1878 that is a hallmark of Hakone *Onsen* (hot springs).

2. The four luxurious and gorgeous accommodation buildings were built over time.

3. "Hotel Museum," where one can learn about its history of over 140 years since its establishment.

The Main Building of Fujiya Hotel established in 1878 features a tiled roof and entrance reminiscent of a Shinto shrine or Buddhist temple. Their Restaurant Cascade, a restored 1920 banquet hall, is a sight to behold with its ornate stained-glass windows and carvings, and offers traditional dishes of the past. Decorations adorn Fujiya Hotel here and there; its premises are free to explore. Its history is presented in the well-designed Hotel Museum.

One of Japan's leading resort hotels, Fujiya Hotel underwent numerous extensions and renovations to become the now magnificent, architectural complex. They put in great efforts to improve roads, overcome natural disasters and wars, and in 1997, many of its buildings were registered as Tangible Cultural Properties. It is one of the most popular tourist destinations in Japan. (Hideto Shindo)

세키요 石葉

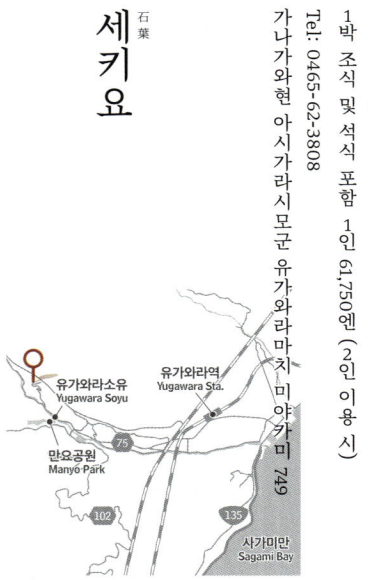

가나가와현 아시가라시모군 유가와라마치 미야카미 749
Tel: 0465-62-3808
1박 조식 및 석식 포함 1인 61,750엔 (2인 이용 시)
www.sekiyou.com
유가와라역에서 차로 약 10분

1. 유가와라와카쿠사산湯河原若草山에 자리해 편안히 쉴 수 있는 고요한 온천 숙박 시설
유명한 하코네연산箱根連山을 조망할 수 있는 자연을 끌어들인 다실풍 건물. 9개 객실 중 6개에 원천 목욕탕이 딸려 있다.

2. 골동품이나 유가와라의 작가 작품으로 구성된 청정무구한 공간
유가와라의 형염공방 다카다 등에서 제작한 설비나 가구작가 한냐 요시유키般若芳行가 제작한 의자 등이 곳곳에 위치.

3. 사가미만의 어패류와 지역 무농약 채소를 주로 사용해 풍부하고 깊은 맛이 느껴지는 요리
물냉이와 삼치 전골, 산초나무꽃을 곁들인 구운 사가미소고기 등을 즐길 수 있으며 도예가 호소가와 모리히로細川護熙 씨나 오가와 마치코小川待子 씨 등의 식기도 돋보인다.

현대의 은둔처 일본에서 가장 오래된 시집 『만요슈』에 유일하게 온천의 시로 수록된 것만 보아도 그 명성이 짐작되는 유가와라온천. 계곡을 따라 발달한 온천거리는 하코네와는 또 다른 운치를 느낄 수 있어 문인과 화가도 사랑한 고요한 지역이다. 중심 거리에서 조금 벗어나 좁은 언덕길을 구불구불 올라가면 마을의 소란스러움도 점차 사라지고 새가 지저귀는 소리만 들려오는 와카쿠사산若草山 중턱의 료칸 '세키요'에 다다른다. 순백의 포렴에 화려한 장식은 없는 단순한 공간은 마치 디자인 료칸의 기초를 보는 듯하다. 지형에 맞추듯이 설계된 다실풍 건물에는 총 9개의 객실이 있으며 그중 6개의 객실에 원천이 흐르는 목욕탕이 딸려 있다. 내가 묵은 객실은 '줏코쿠十国'로 줏코쿠고개十国峠가 눈앞에 펼쳐지며 하코네 산을 바라볼 수 있다. 창과 면해 배치된 책상에는 단골 가운데 팬도 많은 '세키요의 의자石葉の椅子'가 놓여 있어 디지털 유목민도 편하게 이용할 수 있다. 또한 중정에 면한 노송나무 목욕탕에서 편하게 온천을 즐길 수 있다. 아이가 있는 가족에게는 별채를 추천한다. '간게쓰안觀月庵'은 다실에 산장의 요소를 더한 개방적인 객실이다. 달을 볼 수 있는 쓰키미다이月見台 발코니도 있어 모든 창을 활짝 열고 자연스럽고 소박한 정취로 가득한 자연을 방의 연장선에서 즐길 수 있다. 저녁은 객실에서 산해진미를 중심으로 그 지역의 음식을 맛볼 수 있으며, 조식은 두툼한 달걀말이, 말린 전갱이, 가마보코, 두부 등 '바람직한 간토의 조식'을 즐길 수 있다. 바나 라운지는 없지만, 넘치는 생활에서 벗어난 진정한 사치를 누릴 수 있다. 작가의 작품이나 형염공방 다카다의 제품 등으로 공간 안에 자연스럽게 '유가와라다움'이 배어 있어 좋았던 옛 시절의 일본 안에 현대가 숨 쉬는 숙소다. (신도 히데토)

Sekiyou

1. A peaceful *onsen* (hot spring) inn located in Yugawara, among the hills of Mt. Wakakusa

2. Antique works of artists tied to Yugawara and carefully selected furniture craft a refined space

3. Delicious cuisine centered on seafood from Sagami Bay and locally grown organic vegetables

Sekiyou inn is located on Mt. Wakakusa, a short distance from the main road of the Yugawara *onsen* area. Its subtly decorated spaces set a standard for designer *ryokans*. The *Sukiya-zukuri* (teahouse) style building contains nine rooms, six of which have their own *onsen* bathtub. My room, Jukkoku, provided an expansive view of Hakone's mountains. There was also an excellent desk by the window, well suited to digital nomads, while the cypress bath facing the courtyard offered the perfect chance to relax. The detached and spacious villa, Kangetsu-an, embodies the essence of a mountain cottage. You can immerse yourself in nature by opening its large windows onto the veranda. Local delicacies are served to your room at dinner. While there is no bar or lounge, it offers a rare luxury found only through escaping our busy lives. (Hideto Shindo)

19

hotel aiaoi

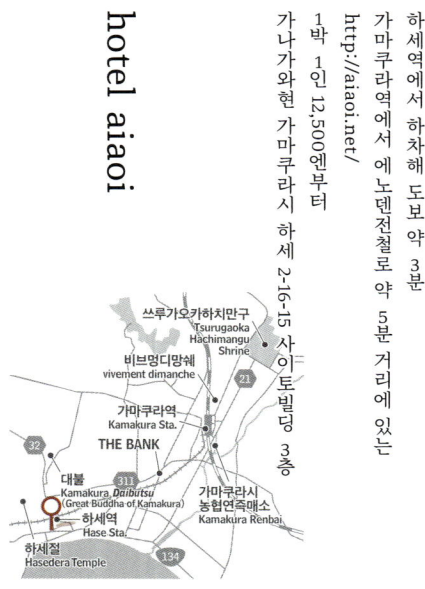

하세역에서 도보 약 3분
가마쿠라역에서 에노덴전철로 약 5분 거리에 있는
1박 1인 12,500엔부터
http://aiaoi.net/
가나가와현 가마쿠라시 하세 2-16-15 사이토빌딩 3층

1. 관광지 가마쿠라의 '일상'을 여행할 수 있는 미니멀 호텔

'하세절長谷寺'이나 '가마쿠라 대불 고토쿠인高徳院', 유이가하마由比ガ浜해수욕장 바다의 집 '파파야パパイヤ' 그리고 에노시마까지. 에노덴전철 하세역에서 가까워 가마쿠라 관광의 거점으로 삼고 싶은 숙소다.

2. 가마쿠라 크리에이터들과 만든 숙소

'fabric camp'의 잠옷이나 '스기모토약국杉本薬局'의 한방차, 빵집 'POMPON CAKES'의 쌀로 만든 머핀. 카페 'toricot'을 운영하는 아카기 미치코赤城美知子 씨가 진행하는 식사회 등도 비정기 개최.

3. 상가 건물을 지역의 목수와 함께 리노베이션

이네무라가사키稲ヶ崎 바다의 모래나 초가지붕 민가의 바닥재, 낙엽으로 물들인 포렴 등 가마쿠라만의 창의력이 발휘된 객실.

가마쿠라에서 하는 작은 여행 쇼난 지역에서 가장 많은 관광객으로 북적이는 가마쿠라. 'hotel aiaoi'에는 대중교통으로 가기를 추천한다. 가마쿠라역에서 에노덴을 5분 정도 타고 가다가 '하세역'에서 내려 정취가 있는 노란색 빌딩을 발견했다면 잘 찾아온 것이다. 여름에 사람들로 북적이는 유이가하마 해수욕장도 가깝다. 본래 호텔이었던 3층 부분을 지역 목수와 함께 멋진 감각으로 리노베이션. 객실은 모두 6개다. 청색을 기조로 한 객실은 모두 가마쿠라만의 창의력으로 꾸며져 있다. 착용감이 좋은 잠옷은 'fabric camp'에서 제작한 것. 라운지에서는 오후나大船에 있는 '스기모토약국'의 한방차, 가마쿠라의 지역 수제 맥주 '요롯코맥주ヨロッコビール' 등을 마실 수 있다. 서글서글한 주인과 가마쿠라 이야기로 꽃을 피워도 좋다. 이 호텔의 가장 큰 장점이라면 관광객이 차분하게 '밤의 가마쿠라'를 즐길 수 있다는 점. 다시 에노덴을 타고 나가 가마쿠라역 주변 음식점을 산책(가능하면 예약하는 것이 좋다)해보는 것을 추천한다. 오너 고무로 쓰요시小室剛, 유코裕子 씨 부부는 가마쿠라를 좋아하다 못해 도쿄에서 이주해 호텔을 시작했다. 지금까지 인생을 살아오며 길러온 감각과 인간미, 가마쿠라에서의 수많은 만남이 지금의 aiaoi를 있게 했다. 다음 날 아침 조식으로 제공되는 머핀은 유코 씨의 친정에서 수확한 쌀로 'POMPON CAKES'에서 만들어 맛이 일품이다. aiaoi에 묵으면 평소에는 느끼지 못한 '일상의 가마쿠라'와 만날 수 있다. 아침 산책으로 가마쿠라 대불을 보러 편하게 갈 수 있고, 에노시마를 목적지로 삼아 산책해도 좋다. 가마쿠라의 '원풍경原風景(사람의 마음에 그리움을 동반하는 원초의 풍경)'을 보여주는 숙소다. (신도 히데토)

hotel aiaoi

1. A minimalist hotel that inspires one to travel through the "everyday" life of the touristy Kamakura.

2. Accommodations built together with creators in Kamakura.

3. A multi-tenant building renovated by local carpenters.

Kamakura has the largest number of tourists in the Shonan area. It is recommended to visit "hotel aiaoi" using public transport. The 3rd floor of the once hotel has been tastefully renovated, with a total of 6 guest rooms. Each of the blue-toned rooms is original in a Kamakura-way, and offers comfortable pajamas from "fabric camp." In the lounge, one can enjoy Chinese herbal tea from Ofuna's Sugimoto Pharmacy and Yorocco beer from Kamakura, and chat with the friendly owner about Kamakura. The best part about this hotel is that one can enjoy Kamakura at night after the tourists have settled down. My recommendation is to take the train again and explore the restaurants around Kamakura Station. Enjoy delicious muffins made with rice flour the next morning. A stay in aiaoi will open your eyes to the "everyday Kamakura." (Hideto Shindo)

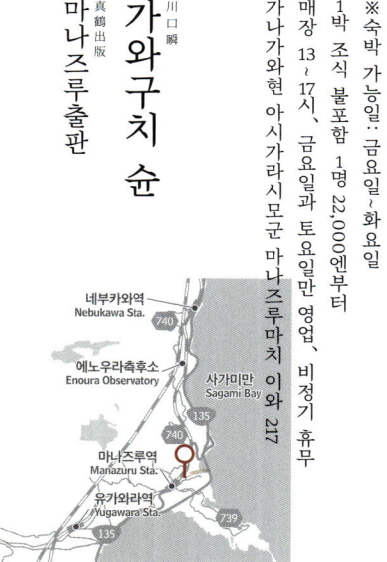

川口 瞬
真鶴出版
가와구치 슌
마나즈루출판

manapub.com
※숙박 가능일: 금요일~화요일
1박 조식 불포함 1명 22,000엔부터
매장 13~17시, 금요일과 토요일만 영업, 비정기 휴무
가나가와현 아시가라시모군 마나즈루마치 이와 217

1. 마나즈루를 알리는 유일무이 숙박이 가능한 출판사 '마나즈루출판' 대표

마나즈루에 거주하는 화가 야마다 마사시山田将志 씨의 화집 『마나즈루 생활 풍경真鶴生活景』, 지역에 뿌리를 내린 사람을 취재하는 잡지 《일상日常》, 마나즈루마치의 관광 안내 책자 『마나즈루 수첩真鶴手帖』 등 개성 넘치는 로컬 출판물.

2. 『미의 기준美の基準』을 바탕으로 마나즈루의 풍경을 남기는 활동

아내 기시 도모미来住友美 씨와 '동네 걷기' 등으로 지역의 매력 전달. 'LOCAL REPUBLIC AWARD 2019' 최우수상 수상.

3. '세토미치의 집'을 새롭게 단장해 출판사 겸 매장 겸 숙박 시설로 이용

관광객을 비롯해 건축가와 디자이너, 편집자 등 게스트도 다수. 지역에서도 신뢰받아 마나즈루출판을 계기로 이주한 사람은 27세대 61명(2023년 시점)에 이른다.

출판사의 사명 마나즈루마치는 사가미만으로 살짝 튀어나온 반도를 가진 작은 항구 마을이다. 화산 분화로 생긴 지반으로 예로부터 '혼코마쓰돌本小松石'의 산지이기도 하다. 동네를 걷다 보면 기복이 크고 평탄한 길이 거의 없는 데다가 마치 미로 같다. 그 풍경에서 어딘지 정겨운 느낌도 들지만, 역시 발도 아프고 길도 자꾸 잃어 혹시 불편하지 않은지 '마나즈루출판'의 가와구치 슌 씨에게 물었더니 그것이 '마나즈루다운 개성'이며 '아름다움'이라는 답이 돌아왔다. 가와구치 씨는 마나즈루출판이라는 이름으로 출판업과 숙박업을 같이 한다. 출판은 주로 가와구치 씨가 맡고 숙박은 부인인 기시 도모미 씨가 담당한다. 차도 들어가지 않을 듯한 마나즈루 특유의 골목길 '세토미치背戸道'의 길 끝에 위치한 오래된 민가를 새로 단장했다. 옛 마나즈루우체국의 커다란 창에 유목과 폐자재를 사용한 가구, 혼코마쓰돌로 만든 세면볼 등 오래전부터 있었지만 새롭게 느껴지는 이 설계는 '마나즈루마치 마치즈쿠리조례真鶴町まちづくり条例'를 바탕으로 한 아이디어가 근간에 있다. 1993년 제정된 통칭 '미의 조례美の条例'는 '미'를 법령으로 정한 선구자적 존재로, 그중 흥미로웠던 것이 구체적인 수치가 아닌 '마음을 담을 수 있는 것'을 정리한 『미의 기준』(90쪽)이다. 가와구치 씨는 학창 시절 도시 정책을 배웠다. 일본은 경제가 성장함에 따라 각지에서 리조트 개발이 일어났지만, 지금 마나즈루가 옛 모습 그대로의 아름다움을 간직하고 있는 데는 적어도 배경에 미의 조례가 있기 때문이다. 마나즈루출판은 게스트를 위한 숙박과 '동네 걷기', 출판물 등을 통해 마나즈루의 매력을 전하며 일본의 아름다운 원풍경을 남기기 위해 노력하고 있다. (신도 히데토)

Manazuru Publishing
Shun Kawaguchi

1. A unique publishing house that promotes Manazuru and offers overnight stays

2. Activities for experiencing Manazuru based on its Beauty Standards

3. A *setomichi* house, renovated into a combined shop, lodging, and publishing office

Shun Kawaguchi runs a combined publishing and accommodation business in Manazuru with his wife, Tomomi Kishi. Their residence, which is a renovated traditional house located on a *setomichi* (narrow backstreet), utilizes the large windows of the town's former post office, and also contains furniture made from driftwood and scrap material, and a *Honkomatsu* stone washbowl. Fusing both historical and modern elements, its design is based on local regulations known also as the "Design Code." These place an emphasis on aesthetics in the "Beauty Standards – Design Code –" (p.090) and ensure that it is able to maintain the charm of an older Japan. Through offering accommodation, town walks, and publications, Manazuru Publishing promotes the appeal of the area and contributes to preserving Japan's traditional beauty. (Hideo Shindo)

미네 신고 ミネシンゴ
아타시샤 アタシ社

https://www.atashisya.com/
미사키항 버스정류장에서 도보 약 2분
10시~19시, 월요일 및 화요일 휴무
가나가와현 미우라시 미사키 3-3-6
미사키항 장서실 혼토타무로

1. 미우라시 三浦市 유일의 출판사 '아타시샤' 대표 및 편집자

아내이자 디자이너 미네 가요코 三根かよこ 씨와 미우라시의 이주 책자 『MIURA』를 출판. 즈시의 사진가 아리타카 다다유키 有高唯之 씨의 『'남단' 미우라의 사람들 「南端」三浦の人びと』이나 작가 이시이 신지 いしいしんじ 씨의 『미사킷초 みさきっちょ』 등 미우라 미사키에 관련된 책 출판.

2. 장서실 카페 '혼토타무로 本と屯'를 거점으로 한 독특한 활동

잡화점 겸 이벤트 공간 'HAPPENING'이나 로컬 웹 미디어 〈goooone〉 등 미사키 문화의 '뉴 웨이브'. 요코하마시립대학의 학생 서클 '미우라반도연구회' 지원.

3. 전 미용사가 만들어가는 가나가와의 '지역 활성화'

혼토타무로 2층은 지역 주민이 이용하는 '하나구레미용실 花暮美容室'로, 2023년에는 '책과 미용실 本と美容室'을 마나즈루마치에 만들었다.

내 주변에 있었으면 하는 사람 미네 신고 씨는 '카리스마'를 동경한 전업 미용사라는 경력을 지닌 흥미로운 인물로 정말 다양한 일을 하고 있다. 흔하디 흔한 출판업을 하면서, 아침 5시부터 참치회를 먹으며 리포트하고, 항구 상점가에서 청바지를 판매하며, 근처 양품점 가게 주인에게 커피를 내준다. 또한 요코하마시립대학교 학생들에게 사무실을 빌려주고 '시부야의 라디오' 진행자를 맡기도 하며 지방에서 취재를 위해 눈보라 속을 뛰어다닐 때도 있다. 본래 붙임성이 있는 성격인 데다가 두뇌가 명석하고 활동적이며 매력이 넘치는 형 같은 존재. 그런 미네 씨는 요코하마시 아사히구 旭区 출신이다. 미용사로 4년, 미용 잡지 편집자로 2년의 시간을 거친 뒤, 리크루트에서 미용 사업 영업직으로 근무하면서 전국의 개성 넘치는 미용사에 주목한 미용 문예지 《머리와 나 髮とわたし》를 자비 출판했다. 퇴직 후에는 부인이자 디자이너인 미네 가요코 씨와 출판사 '아타시샤'를 설립. 이후 좋은 인연으로 미사키항에서 비어 있던 선박도구점을 발견해 굳은 결심을 하고 미사키로 이주했다. 그리고 지금까지 많은 사람에게 자극을 주면서 사무실에서 홈파티를 여는 등 하는 사이에 어느새 미사키에도 많은 동료가 생겼다. 사무실 1층을 장서 카페 '혼토타무로'로 동네에 개방하고 2층에는 미용사 스가누마 마사토 管沼政斗 씨와 '하나구레미용실'을 개업했다. 요코하마에서 출장 책방 'BOOK TRUCK'을 시작하면서부터는 일본 각지에서 지역 활성화와 관련된 활동가들도 끌어들이고 있다. 그런 편집자 미네 씨에게 모두가 푹 빠져 있다. (신도 히데토)

Atashisya.LLC
Shingo Mine

1. Representative and editor of Atashisya, a unique publishing office in Miura City

2. Innovative activities centered on the library cafe, "Books and Tamuro"

3. A former hairstylist involved in community development

Shingo Mine is not simply a former hairstylist working as a publisher. Following a career spanning four years as a hairstylist and two years as a beauty magazine editor, he worked in sales planning at Recruit Co., Ltd. He has established a publishing office, Atashisya, with his wife and designer Kayoko Mine in the city of Zushi. They moved their residence to Misaki after fatefully discovering an empty marine store in Misaki Bay. While their circle of friends have enlivened the area, they have also developed many friendships locally. The first floor of the office is home to a library cafe, while the second floor serves as a hair salon jointly operated with hairstylist Masato Suganuma. Shingo Mine's inexhaustible energy as an editor has drawn the involvement of people active in community development throughout Japan. (Hideto Shindo)

호소부치 다마키
細淵太麻紀
BankART1929

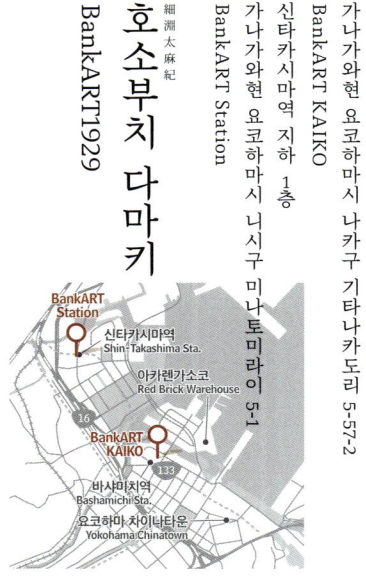

BankART Station
신타카시마역 지하 1층
가나가와현 요코하마시 니시구 미나토미라이 5-1

BankART KAIKO
가나가와현 요코하마시 나카구 기타나카도리 5-57-2

Tel: 045-663-2812
www.bankart1929.com

1. 요코하마의 전위적 아트 프로젝트 'BankART1929' 대표
2004년 설립한 뒤 기획 운영을 맡다가 2022년 전 대표의 갑작스러운 타계로 대표로 취임.

2. 요코하마에 거주하는 현대미술 작가로서도 활동
BankART에서는 아티스트를 코디네이터하거나 응원하는 위치에 있으면서 1996년부터 건축과 미술 집단 'PH 스튜디오'로 활동하는 등 자신도 아티스트로 경력을 가지고 있다.

3. BankART의 위치를 살린 새로운 시도
BankART Station의 역 구내 지하 공간에 문을 연 'BankART Station Theater'. 미나토미라이의 보행자전용통로 가운데 하나인 킹지쿠キング軸에 '킹지쿠 아트 테이블' 설치. BankART KAIKO의 상업 공간에는 'BankART Pop-up Store' 오픈.

신출귀몰 아트 팀 2019년 3월 미나토미라이선 신타카시마역 구내 지하 1층에 개설된 'BankART Station'. 최장 길이 약 90미터에 이르는 역이기 때문에 가능한 긴 전시 공간이 이곳의 특징으로 벽에 영상을 비추거나 지하만의 세계관도 가지고 있다. 마찬가지로 바샤미치역 지상에 1926년 건축된 '데이산소코帝蚕倉庫' 한 동을 복원해놓은 건물 1층에 2020년 10월 갤러리 'BankART KAIKO'를 개설했다. 약 620㎡의 공간은 다양한 용도로 사용이 가능해 'BankART Pop-up Store' 등 마켓 이벤트도 개최된다. 지금까지 한 이야기는 요코하마를 거점으로 활동하는 아트 프로젝트 'BankART1929'의 2023년 4월 현재의 활동 거점에 관한 이야기다. 곧 20주년을 맞이하는 BankART의 앞으로의 움직임은 대표 호소부치 다마키 씨도 예측불가능하다. 하지만 이것이야말로 그들의 강점이다. 호소부치 씨는 BankART의 설립 이전부터 지금은 고인인 전 대표 이케다 오사무池田修 씨가 가장 신뢰했던 팀원으로 기획 운영에도 관여해왔다. 자신도 현대미술 작가인 호소부치 씨는 2019년 'BankART AIR 오픈 스튜디오BankART AIR オープンスタジオ'를 진행하며 미나토미라이의 한 공터에서 '노방 피크닉路傍のピクニック'을 개최하는 등 직접 BankART나 요코하마의 매력을 제시해왔다. 국제적 전위 도시인 요코하마에서 이 아트 팀은 신뢰와 실적을 무기로 종횡무진 활동하는 '구세주'와 같은 존재다. 역사적 건축물들과 새로운 항구의 유휴 공간 또는 노게野毛지역이나 차이나타운 등 그 지역에 필요한 것이라면 바로 달려간다. 호소부치 씨는 요코하마의 앞날을 짊어진 아트 팀을 꾸려가는 아이디어 뱅크이자 침착하면서도 냉정한 디렉터다. (신도 히데토)

BankART1929
Tamaki Hosobuchi

1. Representative of Yokohama's avant-garde art project, BankART1929

2. A new project that leverages BankART's unique locations

3. Activities as a contemporary artist in Yokohama

In March 2019, BankART Station was opened in Shin-Takashima Station, while BankART KAIKO was opened in a former warehouse building in October 2020. These form the hub of activities for Yokohama's Yoko BankART1929 project underway in April 2023. BankART is now reaching its 20th year, and while representative Tamaki Hosobuchi cannot predict what will happen next, the sense of spontaneity is one of her team's strengths. Praised by its former representative, the late Osamu Ikeda, Tamaki was involved in management prior to BankART's launch. A contemporary artist herself, she has communicated the uniqueness of BankART and Yokohama through exhibits held in 2019's BankART AIR Open Studio. With a strong list of achievements, her team plays a vital role in supporting Yokohama as an international, avant-garde city. (Hideto Shindo)

나가이 히로시 永井宏

1. 하야마에 있던 'SUNLIGHT GALLERY'의 오너
생활 밀착형 아트를 제창하는 갤러리를 개설(1992년-1996년).
설립에는 현재 'fabric camp'로 활동하는 고야마 지카 씨도 참가.

2. '일상을 위한暮らし系' '생활을 위한生活系' 등의
표현을 이끌어온 미술 작가
잡지《BRUTUS》편집을 담당하면서 그림이나 제품 등의 작품을
제작. 잡지《ku:nel》《천연생활天然生活》그리고 출판사 '아노니마
스튜디오アノニマ·スタジオ' 등의 계기를 만든 사람.

3. 쇼난에서 활약하는 크리에이터들을 이끌어낸 사람
전시나 워크숍, 시 낭송 등을 통해 다양한 업종에서 활약하는
사람들을 소개.

쇼난의 '쇼난다움'을 만든 사람 고 나가이 히로시 씨는 도쿄에서 태어났다. 대학에서 미술을 공부한 뒤 지금까지 작가로서 다양한 작품을 만들고 발표해왔다. 1970년대에는 잡지《BRUTUS》의 편집에도 참여해 세계를 돌며 접한 문화에서 자극을 받고 소개하는 일을 했다. 그리고 1990년대에 접어들어 하야마라는 바닷가 마을 생활을 선택하게 된다. 이는 오래전 여행으로 방문했던 미국 캘리포니아에 대한 동경에서 비롯된 것이었다. 그곳에 사는 사람들은 저마다 생활을 위해 필요한 물건을 자유롭게 직접 만들어 품고 키워갔다. 그리고 거기에서 자연스럽게 드러나는 멋과 묘미를 즐기고 있었다. 이러한 '아메리카 포클로어American Folklore' 스타일이 나가이 히로시 씨가 보기에 하야마의 지역색과 아주 잘 맞아떨어졌다고 한다. 그가 하야마에 만든 'SUNLIGHT GALLERY'는 바로 그 '네오 포클로어Neo Folklore'(누구나 표현할 수 있다)의 실험의 장이었다. 그곳에는 프로나 아마추어 할 것 없이 자기 작품을 전시한다는 규칙이 있었다. 하지만 갤러리는 겨우 4년이라는 짧은 기간밖에 운영되지 못하고 문을 닫았다. 이후 그곳에서 활동한 많은 '표현자'와 그 장소를 공유한 동료들은 각자 나가이 씨의 품을 떠나 독립했다. 음악가, 플라워 아티스트, 책방, 카페, 자신을 표현하는 수단으로서의 커피 배전 그리고 'fabric camp'. 하야마와 가마쿠라를 비롯해 쇼난 지역에서 활약하는 사람들은 느긋하고 관대함을 몸에 지니고 나답게 살아가고 있다. 나도 그런 사람들과 만나 무엇과도 비교할 수 없을 정도로 편안하고 풍요로운 시간을 보냈다. 나가이 씨가 제시한 가치관은 많은 사람의 가슴을 울리고 공감을 얻어 느슨하고 따뜻한 '쇼난다움'으로 번져가고 있다. (신도 히데토)

Hiroshi Nagai

1. Owner of **SUNLIGHT GALLERY** in Hayama
2. An artist who pioneered a style expressing the natural simplicity of life
3. An inspiring mentor for a diverse range of artists on the Shonan coast

The late Hiroshi Nagai was born in Tokyo. In the 1970s, while involved in editing for the magazine *BRUTUS*, he was inspired by and introduced to different cultures throughout the world. In the 1990s, he moved to the seaside town of Hayama, adopting a new lifestyle inspired by a past trip to California. His American-folk style, which evoked a sense of freedom and a love of life based on simplicity and self-sufficiency, was perfectly suited to the character of the Hayama area. Hiroshi's SUNLIGHT GALLERY in Hayama became a home for artistic expression where everyone was welcome. Although the gallery closed after only four years, many artists and friends who shared the space took the next step in their journeys under Hiroshi's guidance. His values resonated with many people along the warm and laid-back Shonan coast. (Hideto Shindo)

편집부가 간다

편집부 일기

신도 히데토

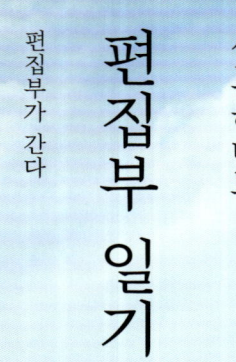

Editorial Diary: Editorial Team on the Go

By Hideto Shindo

가나가와 브랜드는 필요한가?

가나가와현은 국제도시 '요코하마'의 브랜드 이미지가 강하지만, 북으로는 단자와산지丹沢山地, 남으로는 사가미만, 동으로는 도쿄만, 서로는 하코네의 산이 있어 자연이 풍부한 현이다. 과거에는 무장이자 정치가 미나모토 요리토모가 가마쿠라에 무가 정권인 바쿠후幕府를 세우면서 일본에서 처음으로 정치가 간토로 이동했다. 이후 가나가와현은 역사의 정식 무대에 종종 등장하게 되었다. 그 정점이 1853년 '흑선내항黒船来航'(쇄국정책을 펴던 일본에 미국 해군 동인도 함대의 증기선 등 함선 4척이 내항한 사건)이다. 그때는 에도 바쿠후가 정권을 잡고 있었기 때문에 지금의 도쿄인 에도에 외국인이 들어오면 혼란을 초래한다는 이유로 평범한 어촌 마을이었던 요코하마가 개항장으로 선택되었다. 이후 가나가와현은 세계와의 창구로 시대의 최첨단을 달려왔다. 그런데 만약 도쿠가와가문徳川家이 "페리? 좋아, 들여보내지 뭐!" 하고 바로 에도를 개항했다면 어떻게 되었을까? 그리고 왜 '요코하마현'이나 '사가미현'이라고 이름 붙이지 않고 '가나가와현'일까? 실은 바쿠후와 페리가 미일화친조약을 맺은 장소가 현재의 가나가와구이고, 요코하마는 가나가와의 관할에 있어 그 일부에 지나지 않았다. 하지만 이러한 배경 이상으로 요코하마는 물론 공업 지대 가와사키, 군항 요코스카, 어항 미사키, 옛 도읍지 가마쿠라, 쇼난의 후지사와와 지가사키, 조카마치(영주의 성을 중심으로 형성된 시가지) 오다와라, 온천지 하코네 등등 개성이 넘치는 지역 브랜드가 가나가와현에 이름을 올리고 있다.

1 가와사키 지역

가나가와현은 옛 지역 명칭으로 이야기하면 사가미국相模国에 무사시국武蔵国 일부가 포함되어 있다. 도쿄, 사이타마埼玉와 함께 구 무사시국(의 남쪽)에 속하는 가와사키시는 도쿄 주민에게도 친근한 도시다. 특히 정월 첫 참배의 발상지로 알려진 '가와사키다이시'의 참배객 수는 일본에서 3위를 자랑할 정도다. 나도 올해가 날삼재였기 때문에 액막이에 도움이 될까 해서 참배하러 갔다.

가와사키다이시에서 참배를 마치면 나카미세도리仲見世通り에 있는 '가와사키다이시 산몬마에 스미요시川崎大師 山門前 住吉'에서 명물인 '구즈모치떡'을 먹는다. 칡뿌리 가루인 구즈코葛粉로 만들어서 이런 이름은 아니고, 그저 이름이 '구즈모치久寿餅'다. 구즈모치는 가와사키 주변이 보리의 산지였던 에도시대, 규

1. Kawasaki Area

After a visit to Kawasaki Daishi temple, I snacked on some of Nakamise Street confectioner Sumiyoshi's famous *kuzumochi*. Despite the name, they're not actually made from *kuzu* flour. Their origins lie in the Edo period, when a villager named Kyubei got some wheat in his storehouse wet, accidentally creating a kind of fermented starch that, when boiled, took on a *mochi*-like consistency. The priests at Kawasaki Daishi loved it, and a legendary treat was born.

These days, there's a growing movement across Japan to renovate and repurpose antique Japanese-style houses, and Nokutica is a prime example. Established by real estate company N-ASSET as part of its urban renewal efforts, Nokutica's first project was refurbishing a 90-year-old medical clinic into shared office space.

Kawasaki City Central Wholesale Market Northern Market is popular for its "market food," both Japanese and international. Most striking from a design perspective is Chorishitsu Ikeda, where the counters are laden with seasonal homemade Western treats. If you're looking for

베이久兵衛라는 촌민이 실수로 창고에 보관한 밀가루를 비에 젖게 하면서 우연히 생긴 발효 전분이 그 시작이다. 그 발효 전분을 쪄서 떡처럼 만들었더니 가와사키다이시의 대사가 마음에 들어해 규베의 '久(오랠 구)' 자와 무병장수를 기원하는 '寿(목숨 수)' 자를 합쳐 '구즈모치'라고 이름 붙였다고 한다. 그 유래도 흥미롭고, 맛도 담백하고 기품 있으면서 식감도 독특해 1년에 한 번이 아니라 몇 번이라도 먹고 싶다.

최근에는 옛 민가를 새롭게 단장해 여러 방식으로 활용하는 시도가 전국적으로 늘고 있다. 다카쓰구高津区 미조구치溝口에 있는 'nokutica 노쿠치카 nokutica ノクチカ'가 그 좋은 예다. 부동산 산업 회사 '엔아세트 N-ASSET'가 관리하는 건물에서 시작하는 '마치즈쿠리 まちづくり (마을 재생)'의 일환으로 먼저 지은 지 약 90년이 된 진료소를 공유 오피스로 만들었다. 우리 편집부도 어떤 면에서는 디지털 노마드가 되고 있기 때문에 진지하게 내부를 살펴보았다. 급격하게 변하는 시대에 발맞춘 디자인으로 현재는 임대 오피스와 함께 임대 공간, 코워킹 스페이스, 커피 스탠드 '두 평 킷사 아베 커피 二坪喫茶アベコーヒー', 공유 라운지가 있다.

아침형 인간이라면 '가와사키시중앙도매시장 북부시장 川崎市中央卸売市場北部市場'에 가보기를 추천한다. 도메가와사키 IC에서도 가깝고 베드타운이 펼쳐지는 지역이기 때문에 가와사키 식문화의 유통 거점이 되고 있다. 시장은 관계자의 출입이 잦아드는 8시부터 일반인도 이용이 가능하다. 일식, 양식 등 뭐든지 다 있는 '시장밥'도 인기다. 특히 눈길을 끄는 디자인이 있었던 곳이 식당 '조리실이케다 調理室池田'였다. 이곳의 조리대에는 유럽과 미국 가정에서 먹는 제철 과자가 가득 진열되어 있다. 샌드위치는 도매시장에서 들어온 참치를 직접 가공해 만든 '튜너 멜트 ツナメルト'가 대표 메뉴이며 이외에 매일 내용물을 바꾸어 제공하는 샌드위치도 있다. 여기에 점심은 생선과 고기 요리 중에서 고를 수 있는데 그것도 시장 안에서 들어온 신선한 식재료를 사용한다. 2층은 갤러리로 식사 전후에 올라가서 관람해도 좋다. 연말에는 '북부 골동제 北部骨董祭'를 개최해 오너가 직접 수집한 앤티크 물건들을 선보인다.

일본 최대 공업지대의 중추 역할을 맡고 있는 가와사키시에서는 지역 공장도 활기가 넘친다. '아이와시보리공업 相和シボリ工業'은 스피닝 spinning 기술을 활용해 다양한 금속 제품을 제작한다. '스피닝'이란 스테인리스나 알루미늄 등 금속판을 원반 형태로 잘라 선반으로 회전시키면서 주걱으로 밀듯이 늘려 원추나 원뿔, 반구체 등의 형태로 가공하는 기술이다. 완성품은 다양한 공업 제품의 내부 부품으로 사용되는데 분명 간접적으로는 일본의 근대사회를 지탱해왔을 것이다. 실은 그 유명한 요코하마스타디움 横浜スタジアム의 조명 반사갓 등도 맡아, 위성 방송 안테나에서 로켓의 선단부까지 상상을 초월하

a sandwich, their tuna melt—made with fresh tuna from the market—is a house favorite, and they have daily sandwich specials as well.

Aiwa Shibori is a company that makes a variety of metal products using the *herashibori* technique, where steel or aluminum sheets are cut into discs, turned on a lathe, and stretched into conical, cylindrical, and hemispherical shapes. Together with designer Yoshiki Yamazaki, the company has launched Onami, a line of *herashibori* household products such as tumblers, mirrors, and plates. The aluminum-finish plates are designed to be intentionally scratch-prone to give them an antique feel the more they're used.

2. Yokohama Area
Utsukushigaoka, in Aoba-ku, is home to eyeglass shop LOCAL and its sister store PLACE. LOCAL is a great place to buy glasses, to be sure, but it's worth checking out their other products as well, hand-selected by owner Daisuke Yada. Their eyeglass cleaning kits, for example, feature elegant designs courtesy of Tsuzuki-ku dry cleaner LIVRER. Yokohama is

는 기술이 가와사키시 지역 공장에서 탄생하고 있다. 그런 '아이와시보리공업'은 디자이너 야마자키 요시키山崎義樹(Design / yamazaki yoshik.) 씨와 함께 스피닝으로 단드는 생활 도구 브랜드 '오나미Onami'를 시작해 텀블러, 거울, 플레이트 등을 제안한다. 알루미늄으로 만든 쟁반은 일부러 상처가 쉽게 생기도록 해 사용할수록 골동품과 같은 멋을 느낄 수 있다.

2 요코하마 지역

북부시장에서 남쪽으로 내려오면 바로 아오바구青葉区 우쓰쿠시가오카美しが丘가 나온다. 과거 요코하마 아오바구의 모토이시카와초元石川町에 속해 있던 지역으로 미국 뉴저지주의 전원도시를 모티브로 약 70년 전에 개발된 도큐덴엔도시東急田園都市의 모델 타운이다. 중심지인 다마프라자역たまプラーザ駅에서는 시부야까지 약 20분, 요코하마까지 약 30분 걸리는 등 도심으로의 접근성이 좋고, 하네다공항이나 나리타공항으로 향하는 직통버스로 있다. 또한 지반이 안정되어 있어 지진이나 산사태 등 자연재해도 적어 현대인에게도 매우 인기가 있다. 그런 도시 생활을 더 만족스럽게 해주는 것이 안경점 'LOCAL optical shop'과 그 자매점 'PLACE shop&gallery'다. LOCAL에서는 물론 안경 구입도 추천하지만, 주인인 야다 다이스케矢田大輔 씨가 선별하는 '안경 이외의 제품'에도 꼭 주목하기를 바란다. 먼저 안경 클리닝 세트. 쓰즈키구都筑区에 있는 세탁소 '리브레

actually the birthplace of Western-style dry cleaning, and next door at PLACE, you can buy ordinary laundry detergent from LIVFER. Moreover, LOCAL's collection of eyeglasses and sunglasses is stored in beautifully designed composite cases by Tsuzuki-ku's FLANGE Plywood that are reminiscent of Hakone marquetry; photo frames and flower vases of the same design can be found in PLACE. Today, LOCAL has become the epicenter of a new local culture in Utsukusigaoka.

I ate lunch at Hungry Tiger in Hodogaya, built to attract Japan's growing population of motorists back in the days when cars were still a rarity in the country. You'd be hard-pressed to get to the restaurant

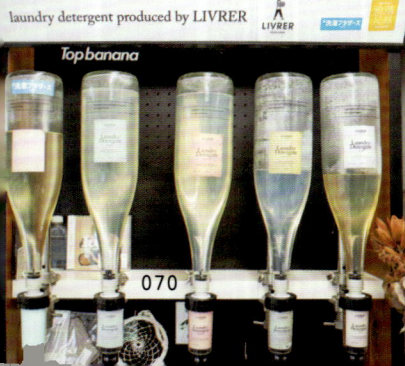

LIVRER'와 협업한 디자인성이 높은 키트다. 사실 요코하마는 서양식 세탁소의 발상지로, 인접한 PLACE에서는 리브레의 의류용 세탁세제도 구입할 수 있으며 그 종류도 다양하다. 안경이나 선글라스가 진열된 진열대는 쓰즈키구에 있는 매장 'FLANGE plywood'의 합판 케이스다. 하코네요세기세공이 연상되는 아름다운 디자인으로, 'FLANGE plywood'는 사진액자나 꽃병 등의 일반 제품도 제작하며 이들 제품은 마찬가지로 PLACE에 모두 갖추어져 있다. 아티스트가 안경을 구입하러 온 일을 계기로 PLACE에서 개인전을 여는 등 새로운 우쓰쿠시가오카의 문화가 안경점을 중심으로 펼쳐지고 있다.

도메가와사키 IC에서 고속도로를 타고 해안 지역까지 차로 한 번에 날아가면서 일본이 자동차 사회가 되어 얼마나 편리해졌는지 새삼 놀랐다. 아직 자동차가 보급되지 않았던 시절, 나중에 일본에 자동차 사회가 도래할 거라고 예상해 만들었다는 레스토랑 '헝그리타이거 호도가야본점ハングリータイガー保土ヶ谷本店'에서 점심을 먹었다. 차가 없으면 갈 수 없을 듯한 그런 장소에 요코하마신도横浜新道 쪽으로 튀어나오듯이 건물이 서 있다. 헐리우드 영화에라도 나올 듯한 천장이 높은 목조 건물의 매장 중심에는 거대한 토템 폴totem pole이 서 있다. 인기 메뉴인 오리지널 함박스테이크는 편집부도 푹 빠질 정도로 맛있었다. 지금이야 자주 볼 수 있는 뜨거운 철판에 음식을 제공하는 방식은 사실 이 가게가 원조라고 한다. 주변 손님이 하는 모습을 보고 따라서 전용 종이 냅킨의 양 끝을 들고 준비한다. 드디어 함박스테이크가 나오고 눈앞에서 먹기 좋게 잘려 철판에서 마지막으로 조리된다. 지글지글하는 소리를 들으며 60초 정도 기다린 후, 외식 산업의 역사를 입 안 가득 넣었다.

바쿠후 말기에 개항해 간토에서 생산된 생실의 수출로 수많은 외국 자본을 끌어들인 요코하마. 정원 '산케이엔三溪園'은 생실 무역으로 부를 손에 넣은 사업가 하라 산케이原三溪가 조성해 1906년 공개한 초록이 풍성한 일본 정원이다. 광대한 정원에는 가마쿠라나 교토 등에서 이축한 역사적 건조물이 곳곳에 들어서 있다. 산케이는 미술품을 수집하고 예술가를 지원, 육성했으며, 간토대지진 후에는 황폐해진 요코하마의 부흥에 힘을 쏟았다고 한다. 참고로 정원에서 맛볼 수 있는 명물 '산케이소바三溪そば'도 흔히 먹기 어려운 음식이므로 궁금한 분은 꼭 드셔보기를 바란다.

외국 자본이 들어오자 시내에는 외국상사가 줄지어 들어섰다고 한다. 현재도 서양 근대 건축의 역사적 건조물이 많이 남아 있어 야마테의 옛 외국인거류지는 관광지가 되었다. 건축된 순서대로 '1번관' '2번관' 등이라고 불리는 이들 건축군은 '요코하마야마테서양관横浜山手西洋館'으로 관광할 수 있다. '블러프 18번관ブラフ18番館'은 오스트레일리아 무역상 R.C. 바우덴R.C. Bowden 씨의 주택으로 간토대지

without a car, as it sits flush against the Yokohama Shindo highway. The wooden interior is like a scene out of a Western with a high ceiling and a giant totem pole in the center. Their signature Original Hamburger Steak was a captivating experience.

The port of Yokohama was opened at the end of the Edo period and soon became a magnet for foreign capital thanks to exports of Kanto-produced silk. In 1906, one merchant, Sankei Hara, used the riches he made in the silk trade to open Sankeien, a verdant Japanese-style garden

Along with the foreign capital came a slew of foreign trading companies setting up shop in the city. Even today, Yokohama boasts numerous examples of modern Western architecture. The old Foreigners' Quarter in Yamate features a cluster of Western-style mansions, named for the order in which they were built (No. 1, No. 2, etc.), that are open to tourists. Bluff No. 18, for example, was built after the Great Kanto Earthquake as a residence for Australian trader R.C. Bowden. And Yamate No. 111, a Spanish-style villa, was designed by American J.H. Morgan.

1958 saw the opening of MOTOMACHI Union, a supermarket

진 이후 야마테초에 지어졌다. '야마테 111번관山手111番館'은 스페인풍의 서양관으로 설계는 미국인 J.H 모건J.H Morgan이 맡았다. 모건은 영국인 무역상 B.R 베릭B.R Berrick 씨의 저택(현재의 '베릭 홀')이나 응회석인 오야돌을 사용한 노르만양식의 성당 '야마테성공회山手聖公会', 일본의 첫 서양식 경마장 '네기시경마장根岸競馬場' 등 수많은 건축물을 남겼다. 이어 '에리스만 주택エリスマン邸'은 생실 무역상사의 요코하마지배인 자격으로 활약한 프리츠 에리스만Fritz Ehrismann 씨의 주택이다. 설계는 '근대 건축의 아버지'라고 알려진 미국인 건축가 안토닌 레이먼드Antonin Raymond가 맡아 심플하고 모던하다. 각각 카페나 갤러리도 병설되어 있어 당시 생활상을 전한다.

1958년에는 외국인을 대상으로 한 슈퍼마켓 '모토마치유니온もとまちユニオン'이 탄생했다. 창업자는 십 챈들러シップチャンドラー(선박 납입 업자)의 경험을 살려 그 무렵에는 아직 일본에 없던 호박 주키니나 머시룸 등 신기하고 신선한 식재료를 들여왔다고 한다. 일본 슈퍼마켓 에코백의 선구자격인 '유니온백'은 반세기 이상 사랑 받는 롱 라이프 디자인이다. 서비스 카운터에서는 구입한 제품을 지금은 타계한 지역 일러스트레이터 야나기하라 료헤이가 디자인한 포장지로 포장해주니 기분이 좋다.

일본 3대 차이나타운 중 한 곳인 '요코하마 차이나타운'은 그저 단순히 '중국의 거리'를 요코하마에 그대로 옮겨놓은 게 아니다. 이곳은 지역 관광에 중요한 역할을 담당해왔다. 전후에는 암시장으로 번성했으며 그 이후 외국인 선원이나 미군 병사를 대상으로 한 외국인 바의 거리가 되었다. 중국인에게 물어보면 이런 동네는 중국에도 없는 듯하다. 사실 이곳에는 많은 '요코하마다움'이 숨 쉬고 있다. 그렇다면 애초에 요코하마 차이나타운은 어떻게 조성되었을까? 이것도 요코하마 개항과 관련 있다. 일본인이 서양인과 무역을 진행할 때 통역으로 활약한 사람들이 중국 출신 이주자인 화교였다. 그들은 한자를 이해하고 서양의 말도 할 수 있었기 때문에 다양한 무역에서 중계 역할을 맡았다. 그리고 그들의 전통문화를 유지하면서 요코하마에서 일본 사회에 적응해왔다. 그런 화교가 운영한 곳은 무역이나 식당만이 아니었다. 서양식 건축, 페인트 도장, 서양 가구, 영문 인쇄, 양재 등 당시 최첨단 분야에서 활약했다. 차이나타운에는 일찍부터 일본인도 생활하고 있었기 때문에 새로운 기술이 전해졌고 일본만의 '중화요리'도 탄생했다. 편집부가 좋아하는 가게나 요리는 다른 꼭지(112쪽)에서 소개하겠다.

그런 요코하마 차이나타운에서 중화요리를 만드는 데 빼놓을 수 없는 조리기구가 바로 타출식 편수 냄비다. 달그락달그락 리드미컬한 소리가 들려오는 차이나타운 가게의 무려 80퍼센트 이상이 가나자와구金沢区에 있는 '야마다공업소山田工業所'의 편수 냄비를 사용한다. 약 5,000번(!?)이나 하나하나

catering to foreigners. Founded by a former ship chandler (a dealer in supplies for ships), it stocked high-quality goods such as zucchini and mushrooms that were unknown in Japan at the time.

Yokohama Chinatown, one of the three largest in Japan, is not simply a "Chinese town" transplanted to Yokohama. It plays a key role in the city's tourist industry. But how did it come to be in the first place? The answer lies in the early days of the port of Yokohama. Back then, Chinese migrants served as interpreters in negotiations between Western traders and their Japanese counterparts. Since they could both read Japanese writing and speak Western languages, they were ideal go-betweens for all kinds of trade. Over time, the Chinese of Yokohama integrated into Japanese society while preserving their own traditional culture. From its beginnings, Chinatown was also home to many Japanese, who helped introduce new technologies and a uniquely Japanese type of Chinese cuisine.

Indispensable to making all that delicious Chinese food is the iconic Chinese wok. You can hear them clanging

망치로 두들겨 형태를 만들어가는 타출식 편수 냄비는 부분별로 두께를 달리해 열전도율도 좋고 표면 요철이 기름이 잘 퍼지게 해 화력이 중요한 중화요리에 안성맞춤이다. 지금은 일본 전국의 요리인이 주문하는 야마다공업소의 타출식 편수 냄비와 프라이팬이지만, 전후에는 드럼통을 만들고 남은 조각을 재료로 땅을 파서 망치로 두들겨 만든 것이 그 시작이었다고 한다. 정말 튼튼하고 사용하면 사용할수록 검은빛을 띠면서 멋있어진다(매일 사용합니다). 차이나타운의 도구죠(또는 D&DEPARTMENT 온라인 숍)에서도 구입 가능하므로 꼭 전용 국자와 함께 써보기를 바란다.

'요코하마항오산바시국제여객선터미널横浜港大さん橋国際客船ターミナル'은 바다의 현관으로서 관광지이기도 하지만, 일본의 문명개화에 중요한 역할을 했다. 요코하마항은 1859년 개항한 이래 무역량이 급증했는데 직접 안벽에 접안해 하역을 하는 시설이 없어 큰 배가 들어와도 소형선이 먼바다까지 맞으러 나가야 했다. 그리고 1894년 드디어 현재의 오산바시의 전신인 '뎃산바시鉄桟橋'가 완성되었다. 이래 6차례의 증개축을 거쳐 현재에 이른다. 참신하고 독특한 건축 디자인은 미국 건축가 알레한드로 자에라 폴로Alejandro Zaera-Polo 씨와 파시드 므사비Farshid Moussavi 씨의 작품으로, 2002년 국제디자

rhythmically in every restaurant in Chinatown. Believe it or not, fully 80 percent of them come from Yamada Kogyosho in Kanazawa Ward. These woks, which are beaten into shape through about 5000 (!) hammer strokes, have bumpy surfaces that vary in thickness from place to place, which improves heat transfer and helps oil spread more evenly—perfect for high-heat Chinese cooking.

Yokohama's Osanbashi International Passenger Terminal is a popular tourist spot, known as the "Gateway to the Sea," but it also played an important part in westernizing Japan. When the port of Yokohama opened in 1859, the shoreline was a sheer wall, with no facilities for handling the rapidly growing volumes of cargo; any large ships that arrived had to be met out at sea by tugboats. At last, in 1894, Tessanbashi—the predecessor of today's Osanbashi—was completed. It's been expanded and rebuilt six times since then and the current 7th generation's unique, innovative architectural design, by Alejandro Zaero-Polo and Farshid Moussavi, won an international design prize in 2002. The roof of Osanbashi—nicknamed the "Whale's Back"—offers panoramic

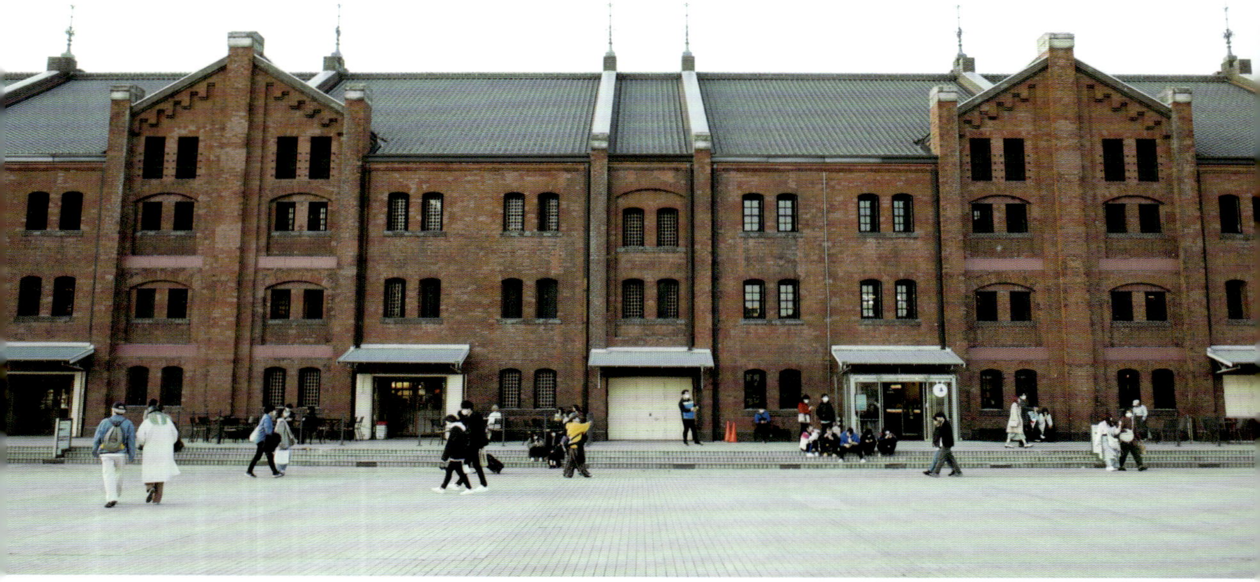

親仁善鄰

HAIYIN BRIDGE
阳江豆豉
YANG JIANG
SALTED BLACK BEANS
台湾啤酒
TAIWAN BEER
TOEI
EGG NOODLE
全蛋麵

木

諸星
ビール

シウマイ
崎陽軒

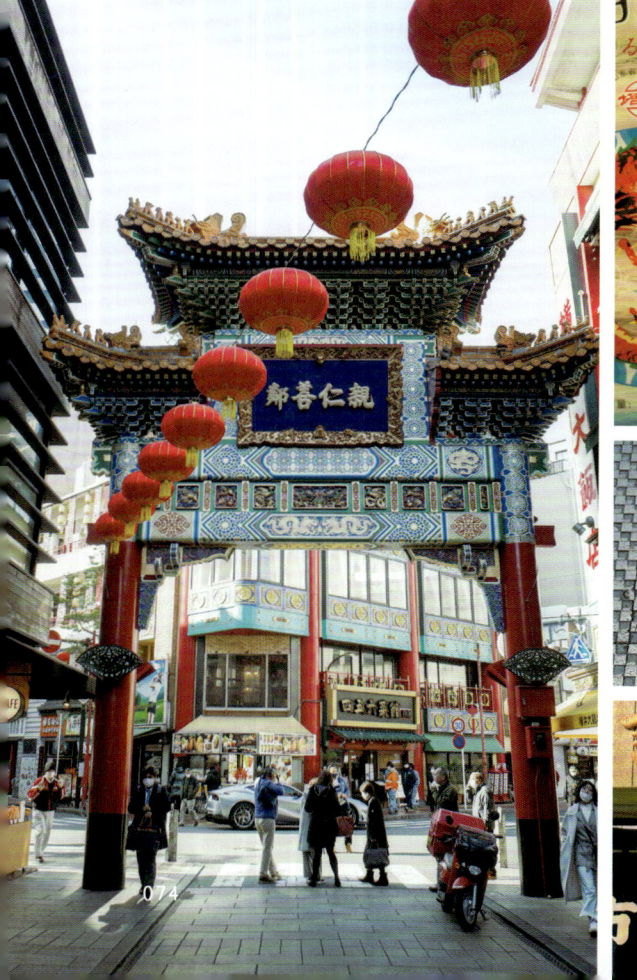

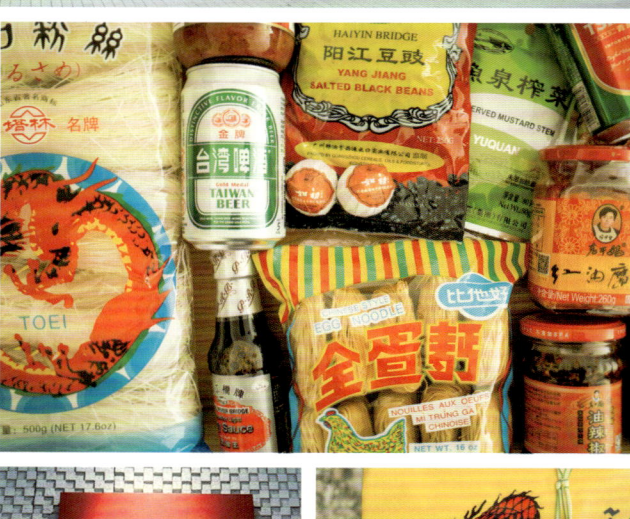

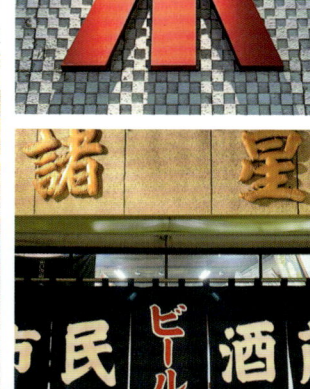

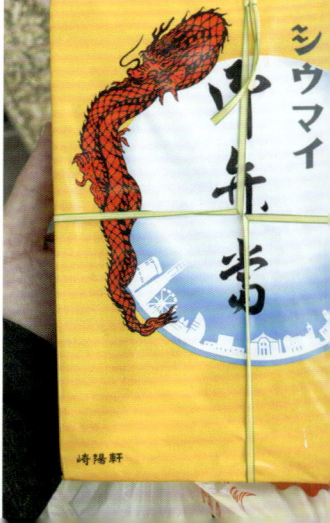

인콩쿠르 최우수 작품상을 받았다. 고래의 등이라는 뜻의 '구지라노세나카くじらのせなか'라는 애칭으로도 친숙한 오산바시 옥상에서는 요코하마항을 한눈에 담을 수 있다.

가나가와현청이나 가나가와현경찰본부 등 행정이 집중된 간나이지구関内地区. 2004년 문을 연 미나토미라이선의 니혼오도리역日本大通り駅에서 바로 연결되는 '뉴스파크ニュースパーク(일본신문박물관)'에서는 이번에 이 책《가나가와호》의 킥오프 이벤트를 열었다. 뉴스파크의 건물은 간토대지진 후 복구 사업으로 1929년 세워진 중후한 느낌의 '구 요코하마상공장려관旧·横浜商工奨励館'이다. 이곳은 철거된 일부 건물을 제외하고 중요한 내부 인테리어를 포함한 옛 건물이 보존되어 '요코하마다운 풍경'으로서 은행나무 가로수와 함께 그림과 같은 장면을 연출한다. 요코하마가 일간 신문의 발상지이기도 해서, 일본신문협회가 운영하는 뉴스파크에서는 신문의 역사 등을 알기 쉽게 배울 수 있다.

본래 '간나이'라는 말에는 '관문의 안쪽'이라는 의미가 있다. 개항 이래 외국인과 일본인 사이에 문제가 생기는 일을 막기 위해 요코하마는 '관문関門'을 설치했다. 그 장소가 현재의 이세자키초伊勢佐木町와 바샤미치 사이에 있는 '요시다다리吉田橋'이다. 이 다리를 경계로 관문의 바다 쪽을 '간나이関内', 육지 쪽을 '간가이関外'라고 칭했다. 개발이 진행되는 간나이와는 달리 간가이에는 과거 좋은 시절의 요코하마를 상징하는 번화가가 남아 있다.

이세자키초의 레트로한 상점가 '이세자키몰イセザキモール'을 산책하다 보면 안토닌 레이먼드 설계의 '후지야레스토랑不二家レストラン'이나 전후 미국군의 비행장으로 사용된 장소에 세워진 '시네마 잭앤드베티シネマ·ジャック&ベティ'(구 요코하마명화좌旧·横浜名画座) 등에서 개항 시절의 흔적을 느낄 수 있다.

대중 주점의 성지인 노게초野毛町에는 역사적 건조물 '노게미야코바시상점가빌딩野毛都橋商店街ビル' 등이 있다. 이곳은 작은 가게가 빼곡하게 들어서 있어 하모니카요코초ハーモニカ横丁라는 이름으로도 불린다. 그곳에서 밤이 깊어질 때까지 여러 주점을 다니며 즐겼다. 그런데 역시 약 2개월 동안의 취재로도 시간이 부족했다. 서민의 정취가 물씬 풍기는 하마노시타마치ハマの下町 여행은 앞으로도 계속될 듯하다.

3 요코스카, 미우라지역

요코스카는 요코하마와 마찬가지로 세계를 향해 열린 항구도시이지만 그 경위는 다르다. 미국의 배흑선이 들어올 위기를 느낀 바쿠후는 제대로 된 조선소를 만들기 위해 프랑스에 협력을 요청하고 장

views of the port.

Kannai is the administrative heart of Kanagawa, home to the prefectural government office and police headquarters. The Newspark (Japan Newspaper Museum), which opened in 2004, occupies the old Yokohama Chamber of Commerce, built in 1929 as part of recovery efforts after the Great Kanto Earthquake. Although the stately building has been partially demolished, the main interior elements have been preserved. Together with the surrounding gingko trees, it forms a quintessentially Yokohama scene. Japan's first daily newspaper was published in Yokohama, and Newspark—operated by the Japan Newspaper Society—is the perfect pace to learn about the history of newspapers.

A stroll through Isezaki-cho's retro Isezaki Mall will bring you face to face with traces of Yokohama's early days. There's the original Fujiya Restaurant, designed by Antonin Raymond, and Jack & Betty Cinemas (formerly Yokohama Meigaza), which stands on the site of an old US Army airfield. In nearby Nogecho, I enjoyed nightly pub crawls through places like the historic Noge Miyakobashi Shopping Arcade, better

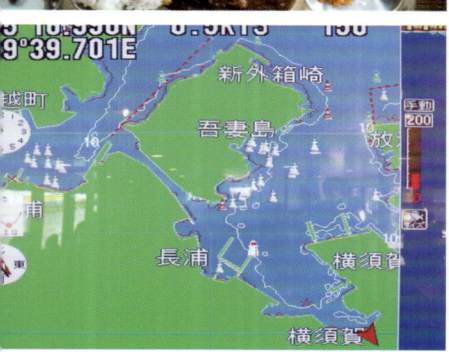

소를 물색했다. 그 결과 프랑스 군항의 지형과 비슷한 요코스카만横須賀湾이 선택되었다. 조선소는 증기기관을 원동력으로 한 일본 최초의 공장이었기 때문에 당시 요코스카는 '산업 혁명의 땅'이라고 불리며 이세 지역, 오야마마이리와 나란히 관광 명소가 되었다. 마치 현대의 테마파크와 비슷해 외국인을 포함해 하루에 수백 명의 사람이 방문할 정도였다고 한다. 전후에는 미국 해군과 해상자위대의 기지가 되었다. 일본 최초의 '산업 관광'은 현재도 크루즈 투어 '요코스카 군항순례YOKOSUKA軍港めぐり'로 이어지고 있다. 해상자위대의 잠수함이나 호위함, 미 해군의 이지스함을 볼 수 있으며 시간만 잘 맞으면 항공모함이나 쇄빙함(남극관측함)도 볼 수 있다. 나는 거대한 배들을 직접 보고 멋있다면서 아이처럼 흥분했다. 투어 중에는 안내인이 배의 이름과 역할, 역사를 알기 쉽게 설명하고 관광 안내도 해주었다. 그중에서도 명물 '요코스카 해군카레'의 탄생 일화가 흥미로웠다.

도부이타도리상점가는 군항으로 발전하기 시작한 메이지시대, 길에 도랑이 흐르고 있어 통행에 방해가 되었기 때문에 해군에게 두꺼운 철판을 얻어 뚜껑으로 덮어 사용하면서 이런 이름으로 불리게 되었다고 한다(도부ドブ는 도랑, 이타板는 판이라는 뜻). 길을 지나는 사람 중에는 체격이 좋은 미군 병

known to locals as Harmonica Alley. Two months was far too short a time to see all there.

3. Yokosuka / Miura Area
Yokosuka is a cosmopolitan port town like Yokohama, but its origins are very different. As the story goes, the Tokugawa shogunate, alarmed by Commodore Perry's arrival, turned to France for help in finding the ideal place to build a shipyard. They settled on Yokosuka Bay, whose terrain resembled that of a French military port. Because the shipyard had Japan's first steam-powered factory, Yokosuka is known as the birthplace of Japan's industrial revolution. For a time, it was a tourist attraction on par with Ise or Oyama Temple, receiving hundreds of visitors a day. Even today, as a base for the US Navy and the Japanese Maritime Self-Defense Force, this former center of "industrial tourism" is still a sightseeing spot, with cruise ships offering tours of the military port.

MIKASA, on Dobuita Street, specializes in souvenir jackets called *suka-jyan* (Yokosuka jumpers). MIKASA

사도 있었고, 마침 이날이 성인의 날이어서 일본 전통 복장을 한 미국인 여성 등도 볼 수 있어 이국 정취가 물씬 풍기는 광경에 동요했다. 하지만 이것도 요코스카다움이다.

그런 도부이타도리에 있는 '미카사 MIKASA'는 스카잔(요코스카 점퍼) 전문점이다. 메이지시대에 술집으로 그 역사를 시작했지만, 전후에 요코스카에 기항한 미군 병사를 위해 기념품 판매점을 열었다. 그때 취급했던 것이 특산품 재킷이었다. 스카잔의 기본은 리버서블(알고 있었는지?)이다. 미카사에서는 '테일러 도요 テーラー東洋'의 스카잔은 물론 오리지널 스카잔도 취급하고, 화가와의 협업으로 그림 도안 단계부터 오더가 가능하다. 또한 지금까지 판매한 제품의 재고도 보유하고 있어 스카잔 역사와 함께 걸어온 곳이라고 하겠다. 주인인 히토모토 가즈요시 一本和良 씨는 스카잔은 물론 도부이타도리의 문화도 사랑해 항공모함이 기항했을 때의 북적이던 모습에 대해서도 이야기해주었다. 또한 카페도 운영하고 있어 '소해정 하쓰시마 掃海艇はつしま'의 레시피를 바탕으로 한 '가이지 카레 海目カレー'도 일품이다. 그런 히토모토 씨가 간절히 원해 기획한 것이 2022년 요코스카미술관에서 열린 전시 《스카잔 전》이었다. 자세한 내용은 d mark(22쪽)에 소개했지만, 나는 처음으로 이 가게에서 스카잔을 기념품으로 구입했다.

got its start in the Meiji era as a liquor store; after World War II, it transformed into a souvenir shop catering to visiting US servicemen. An essential feature of *suka-jyan* is that they're reversible (bet you didn't know that). MIKASA's selection includes Taylor Toyo products as well as original designs, and the store even partners with artists to offer special-order items with custom artwork. It also carries unsold leftovers from older designs, offering a glimpse into the history of *suka-jyan*.

After perusing the shopping district, I stayed the night at B&B Ichi. This storied 80-year-old Japanese-style house was once a lodging for sailors visiting the port of Misaki, and later served as the residence of author Shinji Ishii. It offers delicious breakfasts (Japanese and Western) featuring plenty of Misaki delicacies, like tuna *teriyaki*.

4. Kamakura / Shonan Area

If the Tokyo/Yokohama area is Japan's equivalent of New York or Washington DC, then the Kamakura/Shonan area is Portland or San Francisco. The vibe here is completely

미우라반도의 최남단, 미사키. 이곳도 항구 마을이지만, 일본 굴지의 어항이다. 무로마치시대에 어업이 시작되어 쇼와시대 초기에 참치잡이가 성행하면서 지금은 누구나 다 아는 참치어선의 일대 거점이 되었다. 그런 미사키항에서는 B&B 'ichi'에서 하룻밤을 묵었다. 지은 지 80년이 된 낡은 일본 가옥을 민박집으로 단장한 곳으로, 그 옛날에는 미사키항에 내린 선원을 위한 하숙집으로, 이후에는 작가 이시이 신지 씨의 주거지로 사용되었다. 참치 데리야키 등(일식, 양식 중 선택 가능) 미사키의 식재료를 아낌없이 사용한 정성스러운 조식이 맛있다. 주인인 나리아이 오사무成相修 씨는 네이처 가이드이자 프로 낚시꾼이기도 해서 낚시나 갯벌 체험, 트레일 하이크trail hike 등 미사키만의 액티비티도 즐길 수 있다.

4 가마쿠라, 쇼난지역

하야마에는 황실의 별장도 있어서 그런지, 가마쿠라와 쇼난 지역은 언제나 한적하고 편안한 분위기가 감도는 느낌이 든다. 도쿄, 요코하마 등의 도심 지역이 뉴욕이나 워싱턴이라고 하면 가마쿠라, 쇼난지역은 포틀랜드나 샌프란시스코와 같은 해안가로, 분위기가 전혀 다르다. 그런 쇼난다움을 상징하는 가게가 'SUNSHINE + CLOUD'다. 시대 흐름에 구애받지 않고 자신들이 생각했을 때 편안한 것, 멋있는 것을 바탕으로 세심하게 제품을 만드는 의류 브랜드다. 찾아갈 때마다 늘 열린 사고로 대해주니 기분도 좋다. 오너인 다카스 유토高須勇人 씨는 미술작가 나가이 히로시 씨가 운영한 'SUNLIGHT GALLERY'를 계승하듯이 1995년 같은 자리에서 가게를 시작했다. 현재는 휴양소였던 건물로 이전해 카페 'OVER EASY'도 함께 운영하고 있어 느긋하게 차를 마시고 식사할 수 있다. 참고로 SUNSHINE + CLOUD의 카탈로그에는 시즌마다 일반 시민을 대상으로 공모해 모집한 문장이 실려 있는데 그것도 매력적이다. 자신들이 전부가 아니라 모두와 공유하며 만들어가는 재미가 있다.

1951년 일본에 처음으로 공립근대미술관으로 개관한 '가나가와현립근대미술관神奈川県立近代美術館'의 구 본관(현 가마쿠라문화관鎌倉文華館)은 건축가 사카쿠라 준조坂倉準三가 설계했다. 쓰루가오카하치만구의 경내에 있으면서 히라쓰카연못平家池에 돌출되듯이 서 있던 그 건물은 마치 연못 위에 떠 있는 것처럼 보여 전통이 있는 옛 도읍지 가마쿠라의 역사, 자연과 조화되어 아름다웠다. 일본의 모더니즘 건축을 대표하는 명건축이었지만, 아쉽게도 2016년에 노후화로 폐관했다. 건축가 오타카 마사토大高正人가 설계해 1984년 완성한 '가마쿠라별관鎌倉別館'과 2003년 잇시키해안一色海岸에 탄생한 '하야마관葉山館'

different, and there's no better symbol of that local flavor than apparel shop SUNSHINE+CLOUD, where the focus is on quality craftsmanship and what feels and looks good, rather than on what's trendy. Owner Hayato Takasu opened the shop in 1995 in what was formerly the SUNLIGHT GALLERY, following in the footsteps of the gallery's previous owner, the late artist Hiroshi Nagai.

The old main building of the Kanagawa Museum of Modern Art (now the Kamakura Bunkakan), opened in 1951 as Japan's first public modern art museum, was designed by Junzo Sakakura. Located on the grounds of the Tsurugaoka Hachimangu Shrine, it looms so close over the Heike Pond that it almost seems to float on top of it, creating a striking harmony between Kamakura's natural beauty and its history as the old capital of Japan. Sadly, this leading example of Japanese modernist architecture closed in 2016 due to the building's deteriorating condition. But the museum itself carries on at the Masato Otaka-designed Kamakura Annex, completed in 1984, and the new main building in Hayama, opened in 2003 on Isshiki Beach. The old building's sculpture

은 지금도 운영하고 있다. 구 본관에 있던 조각 작품은 하야마관에 이설되었는데 본관의 상징으로 사랑받아온 조각가 이사무 노구치 イサム・ノグチ의 작품 〈고케시こけし〉가 하야마관의 중정에서 관람객을 맞아준다. 사가미만이 한눈에 보이는 레스토랑에서는 쇼난 등심으로 만든 소테나 미사키항에서 잡아 올린 생선으로 만든 부야베스 등 이 지역만의 식사도 즐길 수 있어 소란스러움에서 벗어나 쇼난다운 시간을 천천히 즐길 수 있다.

전통 있는 옛 도읍지 가마쿠라에는 대중교통으로 가기를 추천한다. 지금은 많은 관광객이 모이는 가마쿠라지만, 미나모토 요리토모가 세운 무가 정권 시대 이후, 이렇게 사람이 모이게 되리라고 누가 예측할 수 있었겠는가. 카페 붐을 시작으로 영화와 드라마, 애니메이션 성지 순례 등으로 연일 많은 사람이 방문해 도로 정체는 일상이 되었다. 주차비도 꽤 들어서 솔직히 처음에는 가마쿠라에 가는 일 자체가 별로 내키지 않았다(죄송합니다). 하지만 가마쿠라 출신 일러스트레이터 요코야마 간타 씨와 만나 한 잔 기울이며 '가마쿠라의 진정한 매력'에 점차 빠지게 되었다.

간타 씨의 큰할아버지는 만화 《후쿠짱 フクちゃん》을 그린 고 요코야마 류이치 横山隆一다. 슈마이로 유명한 기요켄 崎陽軒의 캐릭터 '효짱 ひょうちゃん' 얼굴을 그린 초대 인물로 가마쿠라역 지하도에는 벽화도 있어 이 지역에서는 모르는 사람이 없을 정도다. 오나리마치 御成町에 있는 아틀리에 겸 자택은 현재 음식점과 갤러리로 바뀌어 시민에게 사랑받고 있다. 아틀리에였던 건

collection has been moved to the Hayama building, where Isamu Noguchi's "Kokeshi," long a beloved symbol of the museum, now greets visitors in the courtyard.

It was Kamakura-born illustrator Kanta Yokoyama who helped me discover the city's true charm. His great uncle was the late Ryuichi Yokoyama, creator of the manga series "Fuku-chan." Ryuichi also drew the first "Hyo-chan" faces for the soy sauce bottles of shumai maker Kiyoken, and there's not a single person in Kamakura who hasn't seen his murals underneath Kamakura Station. His former studio-cum-residence in Onarimachi has been reborn as restaurants

물은 새롭게 단장되어 'GARDEN HOUSE Kamakura'가 되었다. 요리는 지역 가마쿠라에서 110년 역사를 지닌 햄 가공회사 '가마쿠라햄 도미오카상회鎌倉ハム富岡商会'와 협업해 쇼난의 제철 식재료로 만드는 북캘리포니아 스타일이다. 계절에 맞는 오리지널 '가마쿠라 맥주'도 마실 수 있다.

자택이었던 곳은 '스타벅스커피 가마쿠라오나리마치점'으로 완전히 탈바꿈했다. 하지만 요코야마 류이치가 사랑한 벚나무나 등나무 선반, 수영장과 같은 흔적은 소중하게 그대로 남아 역사가 있는 동네 풍경과 조화를 꾀하며 서 있다. 《후쿠짱》의 네 컷 만화 원화도 전시되어 있으니 가마쿠라에 가면 꼭 이용해보기를 바란다.

잡지 《BRUTUS》나 《dancyu》 등 잡지 삽화도 그리는 간타 씨의 작업도 흥미롭다. 가마쿠라 주변 지역에 있는 본격 마파두부의 가게 '가칸かかん'이나 요리인이 이용하는 '호에이도제면邦栄堂製麵' 등은 간타 씨가 직접 로고 등을 디자인했다. 오후나大船에 있는 1950년 창업의 한방 약국 '스기모토약국'의 3대 사장 스기모토 가쿠로杉本格朗 씨와도 사이가 좋아 스기모토 씨의 책 『마음 한방こころ漢方』이나 약선 수프, 약초탕 등의 제품 일러스트도 그렸다. 참고로 스기모토 씨는 생약 조합이나 환자의 한방약 상담과 병행해 가게에만 머무르지 않고 다양한 협업을 한다. 'PARADISE ALLEY BREAD & CO.'와는 실험적으로 약선 빵을 만들거나 'hotel aiaoi'에서는 카페에서 제공하는 차 레시피를 고안하고 시부야에 있는 'eatrip soil'에서는 '스기모토한방당 Soil'로서 한방 상담소를 비정기적으로 여는 등 한방을 문화로 만들기 위해 정력적으로 활동한다. 오후나도 그렇지만 대형 드럭스토어drug store가 늘어나는 세상에서 개인 약국의 역할은 약 처방만은 아닐 터다. 한 사람, 한 사람과 상담하다 보면 서로를, 개인을 둘러싼 '마을의 건강 상태'가 보인다. 약의 효능 이상으로 '한방이라는 생활 스타일'이 현대 사회에 필요할지 모른다.

참고로 해부학자 요로 다케시養老孟司도 가마쿠라 출신인 데다가 간타 씨와 함께 엄청나게 곤충을 좋아해 공저로 그림책 『'나'의 이야기「じぶん」のはなし』를 출간했는데 아이도 어른도 즐길 수 있는 내용이므로 추천한다.

해수욕장 발상지 오이소마치大磯町. 지금은 많은 서퍼가 방문하는 곳으로, 산과 바다 사이에 있는 작은 항구 마을이다. 고령화로 상업뿐 아니라 어업, 농업도 쇠퇴하던 중 오이소의 장점을 남겨 젊은 세대도 활약할 수 있은 활기 있는 장소로 만들자며 2010년부터 '오이소시장大磯市'이 시작되었다. 매월 셋째 일요일 오이소항을 도전의 장으로 개방하고 마을 점포나 갤러리 등과도 연계해 오이소 전체를 '시장'으로 만든다. 가나가와현 안에서도 최대급인 아침 시장에 참가하는 작가를 위해 상설점으로

and galleries and is still a popular spot among residents. The renovated studio building is now GARDEN HOUSE Kamakura, which serves Northern California-style cuisine with seasonal Shonan ingredients in partnership with Tomioka Shokai, a 110-year-old local Kamakura ham company. They also offer original seasonal Kamakura beers to quench your thirst.

Ryuichi's residence is now a Starbucks coffee shop, but it's designed to preserve the appearance of the original house—his beloved cherry trees, wisteria trellises, and pool remain intact, and the walls are adorned with original art from the "*Fuku-chan*" manga. I was a frequent patron during my visits to Kamakura.

Kanta's work is fascinating in its own right. In addition to illustrations for magazines such as "*BRUTUS*" and "*dancyu*," his art can be found in many places around Kamakura, including the Szechuan-style tofu restaurant Kakan and Houeidou Noodle Factory, a favorite among professional chefs. He's also good friends with Kakuro Sugimoto, the third-generation owner of Sugimoto Pharmacy, a traditional Chinese medicine

설립한 것이 '쓰키야마つきやま'다. 2021년에는 도이소 마을 안의 빈집을 활용해 '쓰키야마- Books'로 다시 문을 열었다. 지금은 활판이나 출판, 그릇, 갤러리, 카페, 빵집, 와인바 등이 모인 '자야마치골목'에 많은 사람이 방문하고 있다. 다양한 기능을 겸비해 앞으로의 오이소를 형성할 장소다.

오이소역에서 걸어서 'TE HANDEL home / gallery'로 향했다. 도카이도東海道(에도시대에 에도에서 태평양을 따라 교토에 이르던 길로 지금은 대부분 국도 1호선에 해당한다)의 오이스역참이 있던 역참 마을터로 분위기가 좋은 주택가에 자리하고 있다. 건물 설계는 프랑스 파리를 거점으로 활동하는 건축가 다네 쓰요시田根剛 씨가 맡았다. 비정기적으로 문을 여는 이곳은 1층에는 작은 카페와 매장이 함께 마련되어 있고, 2층은 전시회나 음악회, 차회, 워크숍 등을 개최하는 'gallery case 5'가 있다. 북유럽과 일본을 융합한 독자적인 티 스타일을 전하고 있으며, 내가 방문했을 때는 쇼난의 산에서 나무꾼으로 살았다는 현대미술가 고 구라하시 모토하루倉橋元治의 작품전이 열리고 있었다. 그리고 유가와라의 화가 다지마 히로에たじまひろえ 씨 등 다양한 아티스트와 협업하는 '도쿄 인롱 차통 캔東京印籠茶筒缶'도 인기였다. 테이크아웃이라면 역 앞에 있는 'platform'도 추천한다.

shop in Ofuna opened in 1950, where Kanta's illustrations adorn packages of soup and herbs as well as Sugimoto's book "*Kokoro Kanpo*." Incidentally, besides preparing medicines and advising patients in his own shop, Sugimoto is an energetic promoter of Chinese medicine through partnerships with other businesses. For example, he's created an experimental medicinal bread for Paradise Alley Bread & Co., come up with new tea recipes for Hotel Aiaoi, and even opened an ad-hoc Chinese medicine clinic at Shibuya's Eatrip Soil.

5. West Kanagawa

The small port town of Oiso, nestled between the mountains and the sea, is the site of Japan's first swimming beach and a surfing mecca. With industry, fishing, and agriculture on the decline due to an aging population, Oiso needed a breath of new life to preserve its best qualities and make it a place where young people can thrive. And so, in 2010, the Oiso Market was born. On the third Sunday of every month, the port of Oiso becomes an open space where stores and galleries partner to transform the whole town into one big

5 가나가와현 서쪽 지역

오다와라는 조카마치 그리고 도카이도의 오다와라 역참 마을로 번성했으며 하코네 바로 전에 위치해 있어 현재도 가나가와현 서쪽 지역의 관광 거점이다. 오다와라를 대표하는 건물이라면 '다루마요리점 だるま料理店'을 꼽을 수 있다. 신사와 절이 연상되는 당나라풍 박공널과 팔작집 지붕이 인상적인 곳이다. 사가미만에서 잡아 올린 어패류로 만든 튀김이나 회 등의 구성은 오다와라이기 때문에 맛볼 수 있는 요리로 지역 주민은 물론 관광객에게도 인기다. 창업 당시부터 지금까지 이어져온 명물 튀김 덮밥은 참기름 회사 이와이노고마부로岩井の胡麻油의 특제 참기름으로 튀겨 향이 풍성하고 튀김옷은 바삭하며 살은 폭신하고 부드럽다. 나라의 등록유형문화재로 지정된 건물은 간토대지진으로 창업 당시의 본채는 무너졌지만, 재건을 통해 가게 안에서 지금도 역사를 느낄 수 있다. 휴일이 되면 여행자가 낮부터 술을 마시고 있는 평화로운 분위기도 이 가게의 매력이다.

오다와라의 의외의 명물은 '우이로'다. 우이로라고 하면 대부분 나고야나 야마구치 지역을 떠올릴

morning market, the biggest in Kanagawa. Artists participating in the market have a permanent space, Tsukiyama, to exhibit their works. In 2021, Tsukiyama took advantage of an empty building in the middle of town to reopen as Tsukiyama Books. It's now known as Chayamachi Roji, a multipurpose facility with a printing/publishing shop, a pottery store, an art gallery, a café, a bakery, and a wine bar.

TE HANDEL home / gallery, just steps from Oiso Station, is located in a pleasant residential neighborhood along the old Tokaido road. The building was designed by Tsuyoshi Tane.

Open on an ad-hoc basis, it features a small café and retail shop on the first floor, while the second floor hosts Gallery case5, a space for art exhibitions, music performances, tea parties, and workshops.

Perhaps no building in Odawara is as iconic as Daruma Restaurant, whose undulating gabled roof resembles that of a shrine or temple. It's a popular spot for both locals and tourists, serving up a range of uniquely Odawara dishes like sushi and tempura made with seafood straight out of Sagami Bay. Its famous *tendon*, a mainstay since it first opened, is

것이다. 하지만 우이로를 탄생시킨 가문이 오다와라에 있다. 약국을 운영하던 우이로가문의 한방약 '도진코'가 만병통치약으로 소문이 나면서 가문의 이름보다 '우이로'라는 애칭으로 불리게 되었다. 그 우이로가문이 무로마치시대에 국빈에게 대접한 쌀가루로 쪄서 만든 과자도 인기를 얻었는데 그것이 '과자 우이로お菓子のういろう'의 시작이었다. 지금도 25대에 걸쳐 만들고 있는 약과 과자는 기본 오다와라에서만 판매한다. 약 우이로는 증상에 맞는 사람에게 대면 판매하고 있어 나도 긴 여행길에 대비하기 위해 한 상자 구입했다. 가게 안쪽에는 창고를 활용한 작은 박물관이 있으니 우이로가문의 역사는 그곳에서 확인해보자.

멋진 중정이 있는 갤러리 '우쓰와나노하나うつわ菜の花'는 메이지시대부터 이어져온 화과자 가게 '화과자 나노하나和菓子 菜の花'의 점포였던 상가를 새롭게 단장해 문을 연 곳이다. 건축가 나카무라 요시후미中村好文 씨가 설계했으며 이후 디자이너 고이즈미 마코토小泉誠 씨가 리노베이션했다. 내가 갔던 2022년 12월에는 유가와라에 사는 도예가 호소카와 모리미쓰細川護光 씨와 교토에 사는 조각가 기시노 쇼岸野承의 《여행 찻잔과 목각旅茶碗と木彫》 기획전이 열리고 있었으며 그다음에는 미에현에 사는 도

cooked in special Iwai sesame oil, making it crispy on the outside and tender on the inside. The building, a Registered Tangible Cultural Property, was rebuilt after the Great Kanto Earthquake. Even today, you can still feel the history inside the restaurant, where travelers gather on weekend afternoons to drink and relax.

Surprisingly, Odawara is also known for its *uirou*. Most people associate these *mochi* like sweets with Nagoya or Yamaguchi, but they actually originated here. In the Muromachi period, the Uirou family's steamed rice cakes were served to state guests, and thus *uirou* became synonymous with sweets. There's a small museum in the back of the Uirou shop where you can learn more about its history.

Utsuwa Nanohana occupies a renovated townhouse with a splendid courtyard. The house was selling a Japanese sweet popular since the Meiji era. It was originally designed by architect Yoshifumi Nakamura, and renovated by designer Makoto Koizumi. When I visited in December 2022, it was hosting "Tabi Chawan to Mokucho," a joint show by Yugawara-based ceramic artist Morimitsu Hosokawa and Kyoto-based

예가이자 조형 작가 우치다 고이치內田鋼一 씨의 《우치다 고이치의 찻잔 전內田鋼一の茶碗展》을 개최했다. 오다와라는 에도시대에는 역참 마을로, 메이지시대에는 별장이나 거주지로 정치경제인, 문화인에게 사랑받았다. 대대로 이어져온 나노하라의 과자는 '문 카페ムーンヵフェ'나 화과자점 '룻카의 숲ルッカの森' 등에서도 판매하며 현에서 생산된 감귤을 사용한 양과자도 맛있어 이용자층이 폭넓다. 쟁쟁한 아티스트들에게 가장 신뢰받는 갤러리로서 앞으로도 오다와라의 문화를 이끌어갈 것이다.

오다와라는 이외에도 더 매력적인 가게도 많으니 규미후쿠부동산旧三福不動産에서 발행하고 있는 〈오다와타, 기분 좋은 맵小田原ごきげんマップ〉을 한 손에 들고 오다와라역 주변을 돌아보는 것도 좋다. 규미후쿠빌딩旧三福ビルヂング에는 코워킹 공간도 있어 이주를 생각하는 사람들은 꼭 상담받으러 가보기를 바란다. '느슨한' 부동산이기 때문에 오다와라에는 앞으로도 더 '재미있는 장소'가 탄생할 것이다.

하코네는 일본을 대표하는 온천 관광지로 부동의 인기를 자랑한다. 하지만 에도시대에 온천지로서의 평가는 달랐다. 온천을 스모 선수처럼 급으로 나눈 '온센반즈케温泉番付'에 의하면 위에서 네 번째 급인 마에가시라前頭격이었다고 한다. 전후에는 하코네야마전쟁箱根山戦争으로도 비유되는 관광 개발 경쟁으로 급속하게 발전했다. 또한 정월마다 열리는 스포츠 대회 '하코네에키덴'이 텔레비전으로 중계되는 덕분에 하코네는 간 적은 없어도 본 적은 있는 지역이 되었다. 개인적으로는 도쿄메트로 지요다선東京メトロ千代田線의 노선까지 들어갈 수 있는 '지하철 철로를 달리는 고속열차 로망스카'의 인상이 강하다(한 번은 타보고 싶다).

하코네와 유가와라는 관광객을 위한 숙박시설과 함께 간토의 기업이나 행정에서 소유하고 있는 휴양 시절이 많은 것도 특징이다. 《d design travel》에서도 많은 도움을 받은 출판판매회사 '닛폰출판日本出版'은 하코네에 소유한 휴양소를 새롭게 단장해 2018년 북 호텔 '하코네혼바코箱根本箱'를 오픈했다. 레스토랑(예약 필수), 매장도 갖추어 숙박객은 물론 숙박하지 않는 사람도 책에 둘러싸여 느긋한 시간을 보낼 수 있다. 본래 있던 대욕장도 멋있게 단장하고 호텔 객실에도 노천탕을 설치해 하코네의 산들을 보면서 온천물에 몸을 담글 수 있다. 신간과 고서, 양서 합쳐 약 1만 2,000권. 라운지와 레스토랑, 통로에도 책을 비치해두었고 관내에서 모든 책을 구입할 수 있다. 물론 책 큐레이션은 닛폰출판에서 직접 한다. 관광지 하코네의 소란스러움도 온천 거리를 벗어나면 사라진다. 그곳에는 오직 정적만이 흐르는 산. 풍성한 초록에 둘러싸여, 책에 둘러싸여 잠깐의 '비일상'을 맛보기를 바란다.

sculptor Sho Kishino. The traditional Japanese sweet can now be found in places like Moon Cafe and Rukka no Mori, where you can also enjoy delicious Western sweets made with Kanagawa citrus fruits.

Alongside their hotels and inns, Hakone and Yugawara are also home to a large number of corporate- and government-owned retreats. Our publisher Nippan renovated its own Hakone retreat into the book hotel Hakone Honbako, opened in 2018. Hotel guests and visitors alike can relax surrounded by books at the hotel's restaurant (reservations only) and shop. Besides the lovely public bathing area, guest rooms are furnished with their own open-air hot spring baths offering views of the Hakone mountains. The hotel's book collection—curated by Nippan, naturally—contains about 12,000 volumes, old and new, Japanese and foreign, all of which are available for purchase. Even the corridors are lined with books.

가나가와 문양

그 지역의 디자인

그러한 가나가와현의 디자인을 찾아보았다. 디자인을 한다면 무엇을 힌트로 삼겠는가? 만약 여러분이 가나가와현에서 다양한 「문양」을 디자인 한다면 무엇을 힌트로 삼겠는가? 만약 여러분이 가나가와현에서 목공, 회화, 글자, 예능, 축제, 식, 자연 등 있다. 그것은 종이, 천, 도자기, 유리, 금속, 「그 지역만의 디자인」을 곳곳에서 발견할 수 일본 전역을 여행하다 보면 그곳에만 있는

Designs of the land

KANAGAWA patterns

As you travel around Japan, you will come across designs unique to the land that can only be found there. Patterns like paper, cloth, pottery, glass, metals, woodwork, paintings, calligraphy, performing arts, festivals, food, animals and nature. If you are a designer in Kanagawa, where can you get hints? We searched for Kanagawa designs that can serve as hints.

088

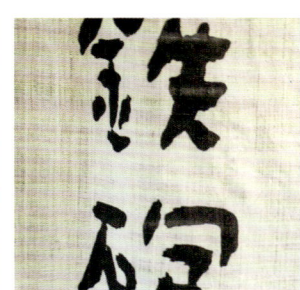

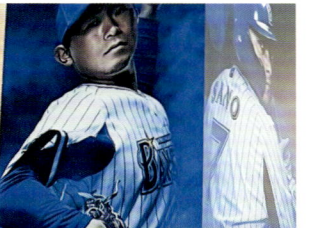

마나즈루마치의 『미의 기준』

가와구치 슌 (마나즈루출판)

가나가와현다운 풍경에서 배우다

Learning from a Uniquely Kanagawa Landscape

Beauty Standards — Design Code in Manazuru-machi

By Shun Kawaguchi (Manazuru Publishing)

가와구치 슌 마나즈루출판 대표, 잡지 《일상》 편집장. 1987년 야마구치현에서 태어났다. 대학교 졸업 후 IT 기업에서 일하며 독립출판 매거진 《WYP》 발행. '일하는 것'을 테마로 인도, 일본, 덴마크 젊은이의 인생관을 취재했다. 2015년 가나가와현 마나즈루마치로 이주. 묵을 수 있는 출판사를 콘셉트로 마나즈루출판을 설립해 출판을 담당하고 있다. 지역 정보를 전하는 출판물을 만든다. LOCAL REPUBLIC AWARD 2019' 최우수상을 받았다.

Shun Kawaguchi Kawaguchi is director of Manazuru Publishing and editor-in-chief of the *Nichijo* magazine. Born in Yamaguchi Prefecture in 1987. Kawaguchi moved to Manazuru in Kanagawa Prefecture in 2015, and in the same year he launched Manazuru Publishing as a publishing house where guests can stay over. Since then, he has taken charge of publishing operations, releasing publications that feature regional information. In 2019, the company won first prize at the Local Republic Award.

©山田将志

정겨움이 남아 있는 동네

도쿄 옆에 위치한 가나가와는 좋든 싫든 독자적인 문화가 남기 어려운 환경일지 모른다. 출퇴근하기 편해 맨션이 여기저기 우후죽순 생기는 데다가 문화가 남아 있는 곳도 몇 안 되는데 방문하기 편하다는 이유로 관광지화되기 쉬워 그곳에는 그곳대로 자본의 파도가 밀려온다.

내가 8년 전 이주한 마나즈루마치도 자동차를 타고 지나간다면 어디에서나 볼 수 있는 흔한 작은 항구 마을이라고 느끼는 사람도 많을 터이다.

단, 자동차에서 내려 골목길을 걷고 조금 더 마을 안쪽으로 들어가면 '정겹다'고 느끼는 사람이 많다. '전에 방문한 ○○ 동네와 비슷하다.'고 말하는 사람도 있다. 이는 일본인뿐 아니라 외국인도 마찬가지다. 저마다 지닌 기억의 문을 여는 스위치가 마나즈루 어딘가에 숨어 있을지 모른다.

나는 이곳에서 '마나즈루출판'이라는 이름으로 출판업과 숙박업을 운영한다. 마나즈루출판의 활동의 근간에는 마나즈루에서 약 30년 전에 만들어진 마치즈쿠리조례, 통칭 'ㅁ의 조례'가 있다. 미의 조례는 세계적으로 유례를 찾아볼 수 없는 '생활 풍경을 지키는 조례'다.

일상을 만든 돌과 귀중한 물

미의 조례가 탄생한 배경을 설명하려면 마나즈루의 풍토에 대해 먼저 설명해야 한다. 마나즈루가 다른 동네와 다른 점은 '돌'과 '물'이다. 가나즈루는 수십만 년 전 화산 분화로 생긴 용암 기반을 가지고 있어, 헤이안시대 말기부터 석재업이 발달했다. 마나즈루에는 평평한 토지를 거의 찾아볼 수 없다. 대신 돌 쌓기 기술을 지닌 덕분에 돌담을 만들어 좁은 골목길을 빙 둘러 그곳에 집을 지을 수 있었다. 경사면에 무리해서 집을 지었기 때문에 필연적으로 집들은 모두 작다. 그렇게 길과 정원을 공유하고 주변 사람을 배려하면서 일상이 완성되었다. 산에서부터 이어지는 돌담, 정원에는 귤나무. 바다에서 잡은 물고기와 수확한 김을 말리고 밤에는 항구에 두둥실 뜬 달을 본다. 마나즈루를 정겹다고 느끼는 데는 중세시대부터 변하지 않는 마을 풍경이 그대로 남아 있기 때문일 것이다.

마나즈루는 바다로 둘러싸인 반도라는 특징을 지니고 있지만, 수원이 부족한 지역이다. 이것이 이유가 되어 1980년대 후반 거품경제시기에 맨션 건설반대운동이 일어났다. 당시 리조트법에 의한 규제

A Town of Familiar Elements

I moved to Manazuru eight years ago. For those driving through, Manazuru might look like any other small port town However, when walking through its backstreets and going further into the center, for many people, there will no doubt be familiar elements. It might be that somewhere within the town there is a switch that opens the door to old memories. The town also has its own unique beauty ordinance — Design Code — specifically, an ordinance to protect the community landscape.

Lives Shaped by Stone and Valuable Water Sources

When compared to other towns, Manazuru is distinctive for its stone and water. The town sits on a lava plateau due to a volcanic eruption hundreds of thousands of years ago, and it has maintained a flourishing stone industry. Manazuru has almost no flat land, and so it is thanks to this expertise in stone masonry that it has been able to build stone walls, narrow backstreets, and houses in between. There was no choice but to build these houses on slopes, and so inevitably they are small in size. Locals have shared roads and gardens

완화로 전 국토가 개발되어 마나즈루에도 43동의 맨션 계획이 세워졌는데 '이 정도로 많은 맨션이 새로 생기면 물 부족이 일어날 것이다.'라는 소문이 퍼졌다. 몇몇 마을 주민을 중심으로 시작한 맨션건설 반대운동이 점차 확산되어 부동산 개발업자와 마을 주민 사이에 끼어 진퇴양난이던 당시 이장이 퇴진했다. 이후 그를 대신해 미키 구니유키三木邦之 씨가 이장을 맡아 지식인 3인과 협력해 완성한 것이 바로 미의 조례이다.

마나즈루다움을 언어화하다

1993년 제정되어, 다음 해부터 시행된 미의 조례 가운데 가장 큰 특징은 『미의 기준』이라는 책자다. 『미의 기준』에서는 마나즈루의 아름다운 면을 69개 키워드로 정리해 언어와 일러스트, 사진으로 설명한다. 그것도 '조용한 뒷문' '만질 수 있는 꽃' '열매를 맺는 나무' '성스러운 장소' 등 시 같은 표현들이 이어진다. 일부러 수치를 사용하지 않았기 때문에 이를 받아들이는 사람에게 상상할 여지를 준다. 가령 '어울리는 색'이라고 했을 때, 사람에 따라 그 생각은 달라진다. '마나즈루에, 이 토지에 어울리는 색은 무엇인가?' 이처럼 『미의 기준』은 생각할 수 있는 행위 자체를 돕는다.

또한 『미의 기준』에서 '미'는 새롭게 창조된 것이 아닌, 본래 지니고 있던 마나즈루의 장점이다. 이는 전통 건축과 같은 '양식미'가 아니다. 앞에서 이야기했듯이 옛날부터 이어져온 '생활 풍경'이다. 『미의 기준』을 만든 미키 씨는 "『미의 기준』은 조례에 마음을 담는 것."이라고 말한다.

변해가는 『미의 기준』의 역할

마나즈루출판에서는 『미의 기준』을 널리 알리는 것은 물론, 숙박 시설에 묵으러 오는 손님에게도 '동네 걷기'라는 투어를 통해 『미의 기준』이 생기게 된 이야기를 전한다.

제정 당시 미의 조례가 만들어진 목적은 개발을 조절하기 위한 것이었다. 조례 안에서도 『미의 기준』은 점점 팽창해가는 사회 속에서 풍요로운 생활을 지키기 위한 지침이었다. 하지만 지금은 그때와 비교해 인구는 감소하고 빈집도 늘어나고 있다. 사람도 건물도 증가하기만 하던 당시와는 완전히 반대의 상황에 놓여 있기 때문에 이러한 상황에 맞추어 『미의 기준』의 역할도 달라지고 있다고 생각한다.

and lived their lives with careful consideration for those around them.

Although the peninsula is surrounded by seawater, the town in fact has a distinct lack of water sources. As a result, in the 1980s, the townspeople led a campaign against the construction of apartment blocks in the area. At the time, the lifting of restrictions saw apartment blocks pop up throughout Japan, and plans were put forward for 43 blocks in Manazuru. Naturally, the town's citizens became worried about water shortages. What started as a campaign led by a small number of citizens gradually grew bigger resulted in the town mayor's resignation. Kuniyuki Miki took his place and came up with the Design Code.

Putting the Town's Unique Features into Words

The Design Code was formulated in 1993 and enacted the following year, with its most distinctive feature being a booklet of Beauty Standards – Design Code. The stunning elements of Manazuru were summarized into 69 keywords, and the booklet describes them through text, illustrations,

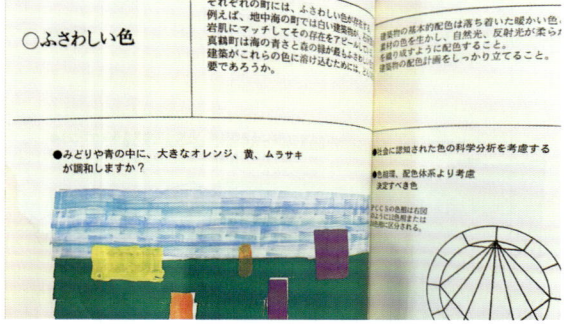

그 첫 번째는 '마나즈루다움'을 정리한 『미의 기준』을 널리 알려 관광객이나 이주자 등 외부에서 오는 사람과 지역과의 간극을 줄이는 것이다. 지금 마나즈루에는 이주자가 늘어나고 있는데 주로 『미의 기준』에 공감해 이주한 사람이 많다. 신기하게도 그런 사람들은 편리성보다도 문화를 추구하는 일이 많아 지역에 애착을 지닌 사람들이 모이게 된다. 또 하나는 『미의 기준』을 참고로 마나즈루에서의 생활 방식을 계승해가는 것이다. 이렇게 적극적으로 『미의 기준』의 좋은 점을 알리고 생활에 활용하다 보면 획일화되어가는 지역들 속에서 개성을 창조해나갈 수 있다고 생각한다.

2024년 『미의 기준』은 시행 30주년을 맞이한다. 만약 이대로 몇십 년 이상 지금의 마나즈루를 지킬 수 있다면, 도쿄에서 1시간 반 거리에 이런 장소가 남아 있다면, 그것은 '독자적인 문화'라고 할 수 있지 않을까?

and photographs.

The Changing Role of the Town's Beauty Standards
The initial purpose of the Design Code was to limit developments in the area, while the beauty standards functioned as a set of guidelines to protect lifestyles in the ever-growing community. However, the population has since declined. With contrasting conditions to when the ordinance was first enforced, it feels as though the role of the beauty standards has started to change.

First, by widely communicating these beauty standards, it may be possible to eliminate any discord between those visiting from outside and the town itself. The number of people moving to Manazuru is increasing, and many are doing so because of these beauty standards. Interestingly, these individuals prioritize culture over convenience, boosting the number of people who gather in the town with a sense of attachment. Second, using these beauty standards, it will be important to maintain and carry on the Manazuru way of life.

항구

가나가와현의 민예

다카키 다카오(공예 후고 대표)

Mingei (Arts and Crafts) of KANAGAWA

Port

By Takao Takaki (Foucault)

다카키 다카오 '공예 후고' 대표. 고치에서 태어나 후쿠오카에서 자랐다. 교토대학교 경제학부를 졸업했으며 2004년 공예 후고를 설립했다. 규슈대학교대학원 예술공학부 박사과정 단위 취득 수료. 전문은 야나기 무네요시를 비롯한 민예운동을 중심으로 한 일본 근대 공예사다. 일본민예협회 상임이사, 잡지 《민예》 편집장이다. 지은 책으로는 『알기 쉬운 민예』가 있으며 공저로는 『공예비평』 등이 있다.

Takao Takaki Owner of "Foucault". Born in Kochi and raised in Fukuoka. Graduated from Faculty of Economics, Kyoto University. Established "Foucault" in 2004. Conducted research on history of modern technical art with Muneyoshi Yanagi and folk art movement as the subjects. Completed the PhD program in Graduate School of Design, Kyushu University. Secretariat of Fukuoka Mingei Kyokai. The permanent director of Japan Mingei Kyokai. Editorial board member of Shinchosha "Seika no Kai".

세계 각지에서 탄생한 민예의 물건들을 칭하는 '제국민예諸國民藝'라는 표현이 있다. '포크 아트folk art'와 비슷한 의미로 사용되는 일도 많지만, 실제로는 조금 다르다고 필자는 생각한다.

예나 지금이나 사람들은 당연한 일상을 영위하기 위해 부자든 아니든 자신들이 사는 지역의 풍토가 제공하는 소재를 살리고 일상의 도구와 기원의 형태를 만들어왔다. 그런 물건들 가운데 가끔 장소도 시대도 멀리 떨어진 곳에 사는 사람들이 탄생시킨 물건인데도 불구하고, 지금을 사는 우리와 똑같은 기쁨과 슬픔을 안고 살아가는 사람들의 숨결을 느끼게 해주는 것이 있다. 그리고 이 세상도 아직 살 만하다고 생각하게 하는 물건과 만난다. 그런 우리의 감정을 직접적으로 뒤흔드는 물건이야말로 '제국민예'라고 불러야 할 것이다. 그저 에스닉 아트ethnic art, 해외 잡화, 특산품과는 다르다.

가나가와의 '민예'라고 하면 가장 먼저 떠오르는 곳이 요코하마시 나카쿠 야마테초에서 말 그대로 '제국민예'를 취급하는 '고게이샤'다. 현재 가게를 운영하고 있는 오가와 노리에 씨, 작년에 타계한 동생 오가와 야스노리小川泰範 씨는 두 사람의 부모님 시절부터 부모님과 함께 민예운동에 참가한 인물들과 교류하며 새로운 물건들을 전달해왔다. 당시부터 교류한 이들을 꼽자면 세리자와 게스케芹沢銈介, 하마다 쇼지濱田庄司, 요시다 쇼야芦田璋也, 도노무라 기치노쓰케外村吉之介, 다케우치 세지로武内晴二郎, 후나키 겐지舩木研児, 마루야마 다로丸山太郎, 유노키 사미로 등 아주 쟁쟁하다. 고게이샤가 지금까지 아시아, 아프리카, 라틴 아메리카에서 발견한 물건들을 정리해 2021년에 발간한 서적『세계의 아름다운 민예世界の美しい民藝』에는 만남의 기쁨이 넘친다. 그리고 지금도 고게이샤에 가면 신선한 놀라움, 기쁨과 만나게 된다.

There is a term "*shokoku mingei*" that refers to folk art produced in various parts of the world. It's often used in the same way as "folk art," but I still think they are somewhat different.

Regardless of whether they have money or not, people have always made use of the materials produced by the climate of the land they live on in order to lead a normal live, which has shaped their daily tools and prayers. From time to time, some of these items – despite the fact that they were created by people living in far removed places and times – remind us of their lives and that they lived with the same joys and sorrows as we do today. Some mingei items may make us think, "This world is not so bad after all," and such items that directly stir our emotions should be called "*shokoku mingei*."

The first place that comes to mind when one mentions mingei in Kanagawa is "Kogeisha," a shop in Yamate-cho, Naka-ku, Yokohama City, that literally deals with "*shokoku mingei*." Ever since the shop was established – in the days of Norie Ogawa's parents (Norie took over from her younger brother, Yasunori Ogawa who recently passed away) – they

have mingled with prominent people (like Keisuke Serizawa, Shoji Hamada, Shoya Yoshida, Kichinosuke Tonomura, Seijiro Takeuchi, Kenji Funaki, Taro Maruyama and Samiro Yunoki) of the mingei movement and provided them with new *mingei*. "*Sekai no Utsukushii mingei*," authored by Kogeisha and published in 2021 by Graphic-sha, is a compilation that speaks of the joys of the mingei items Kogeisha discovered in Asia, Africa, and Latin America. A visit to Kogeisha will surely still spark joy and bring new surprises.

It is certainly no coincidence that Kogeisha is located in the port town of Yokohama. Ports always open their doors to the different, outside world and one will always find joy in encounters in a port town. *mingei* in Kanagawa literally brings new joys fresh off the port. That said, before Muneyoshi Yanagi and others coined the term "*mingei*," they were editing the literary and art magazine, "*Shirakaba*" with the works of the sculptor, Auguste Rodin (who also accounted for the popularity of the magazine), that were, needless to say, brought in from Yokohama. Muneyoshi Yanagi wrote a detailed account of his joys in an essay entitled, "*Rodin

고게이샤가 요코하마라는 항구 도시에 가게를 내게 된 것은 분명 우연이 아니다. 항구는 언제나 다른 세계 즉 '외부'로 향하는 문으로 항상 열려 있으며 항구 도시에는 언제나 만남의 기쁨이 자리하고 있다. 가나가와의 '민예'는 '항구'를 통해 사람들에게 전달되는 신선한 기쁨 그 자체다. 그러고 보니 야나기 무네요시와 그 동료들이 '민예'라는 말을 만들어내기도 전에, 1910년 창간된 문예지 《시라카바白樺》가 프랑스 조각가 오귀스트 로댕Auguste Rodin의 작품을 통해 세상에 널리 알려지게 되었는데 로댕의 그 작품도 요코하마를 통해 들어왔다. 야나기 무네요시는 〈로댕 조각 도쿄 입성기ロダン彫刻入京記〉라는 글에서 그때의 기쁨을 생생하게 보여준다. 다음은 그 글의 일부다.

12월 22일 저는 더 이상 기다리지 못하고 혼자 아침 8시 반 기차로 요코하마로 향했습니다. (중략) 요코하마에 지금 로댕의 조각이 있다고 생각하니 기분이 조금 이상합니다. 게다가 제가 지금 그 조각을 수령하러 왔다고 생각하니 기분이 더 묘해집니다. (중략) 검사를 마친 짐이 있는 장소에 가서 수령 번호를 조회하고 그 짐을 발견했을 때는 제정신이 아니었습니다. '오스트레일리언'이라는 표시가 찍혀 있는 길이 3자, 너비 2자 정도의 상자를 발견했을 때, 그 상자에 달려들고 싶었습니다. 오후 2시 무렵 이런저런 귀찮은 절차를 다 밟은 뒤 그 상자가 최종적으로 세관의 문을 빠져나왔을 때 저는 그제야 안심할 수 있었습니다.

요코하마의 기차역으로 차를 타고 갔을 때는 4시 가까이 되어 있었습니다. 로댕을 품에 안고 거리를 달릴 때는 한 번도 경험한 적 없는 든든한 기분을 느꼈습니다. (중략) 어쨌든 나는 로댕과 함께이니 어떤 놈이 달려들어도 이길 자신이 있었습니다.

기차가 달리는 속도가 성에 차지 않았지만, 그보다도 이 조각을 빨리 보고 싶다는 유혹에 휩싸였습니다. 하지만 혼자 먼저 보면 여러분에게 너무 미안할 것 같았습니다. 그런데도 아담과 이브가 금단의 과실에 손을 대었듯이 그 유혹을 억누르지 못하고 가장 작은 짐을 기차 안에서 열고 말았습니다. 저는 조각이라는 개념을 그리스시대의 것으로 머릿속에 어렴풋이 그리고 있었습니다. 그런데 로댕의 〈악당의 머리Ruffian's Head〉를 보자마자 그 개념이 완전히 산산조각이 났음을 느꼈습니다. 조각에 깊게 파고들어 간 정의 흔적이 제 마음에까지도 파고들었습니다.

1911년 12월 22일 오후 5시 40분, 로댕은 이렇게 해서 드디어 도쿄에 입성하게 되었습니다.[*1]

Chokoku Nyukyoki."
I couldn't wait anymore and took the 8:30 a.m. train alone on December 22 to Yokohama… I felt a little odd when I thought of the fact that Rodin's sculptures were now in Yokohama. It felt even stranger to think that I came all the way here to get them… When I headed for the place where the inspected goods were and checked against the receipt number, I was all pins and needles when it was time to find them. When I saw the roughly three-by-two feet box with "Australian" stamped on it, I felt like biting into the box. It was around two in the afternoon when the box finally left the customs gate after going through all the complicated formalities, and I was actually relieved.

It was nearly four in the afternoon when I made my way by car for the Train Station in Yokohama. Driving through town with Rodin in my arms, I felt a kind of strength that I had never experienced before… Because Rodin was with me, I felt like I'd never yield no matter what happened.

Even though I was frustrated with the speed of the train, I was more tempted to see the sculptures as soon as possible.

평상시의 침착한 야나기 무네요시와는 전혀 다른 느낌의 문장을 읽을 때마다 그의 흥분과 기쁨이 어느 정도였을지 실감할 수 있다. 실제로 일본에 로댕 작품이 들어오게 된 것은 이때가 처음이었다. 그리고 이러한 흥분과 기쁨을 《시라카바》의 동인들은 물론 독자와 공유하면서 《시라카바》의 운동이 확산되었고 나중에 민예운동으로도 이어졌다. 야나기와 로댕도 그렇고, 고게이샤와 '제국민예'도 그렇고 그들은 모두 기쁨을 공유하는 것, 그 자체에서 기쁨을 느꼈다. '민예'는 그러한 기쁨을 함께 즐기는 운동으로 시작했다. 지금은 증오가 연쇄하는 SNS의 시대이다. 그렇기 때문에 오히려 기쁨을 공유하고 그것을 통해 관계를 맺을 수 있는 커뮤니티를 다시 만들어내는 것. 그것이야말로 새로운 시대를 위한 '민예' 그리고 롱 라이프 디자인의 역할이지 않겠는가?

*1 야나기 무네요시 전집 제1권 pp. 568-574

I did, however, feel sorry that I would be the first one to see them. Just like how Adam and Eve could not resist the forbidden fruit, I gave in to my temptations and finally opened the smallest package on the train. I felt like my vague concept of sculptures as something from the Grecian period was utterly and completely overturned by Rodin's "Ruffian's Head" – the deeply chiseled marks in the sculpture made me felt like my heart was being gouged out.

At 5:40 p.m. on December 22, 1911, Rodin finally entered Tokyo. *1

Whenever I read this, which is written in a completely different way from Yanagi's usual style, I can really feel his excitement and joy. In fact, this was the first time Rodin's works were brought to Japan. Yanagi shared his excitement and joy with his coterie and the readers of "*Shirakaba*," which helped to spread the "*Shirakaba*" movement, and that later led to the spread of the *mingei* movement. Be it Yanagi or Rodin, or Kogeisha or "*shokoku mingei*," all of them took pleasure in sharing their joys with others. Yes, *mingei* started exactly as a movement for people to share their joys with each other.

가나가와 특산품

「그 지역다움」이 만드는 것

재정의한 「가나가와현다운」 모노즈쿠리. 생겨난 것들을 본지 편집부가 디자인의 관점으로 가나가와현의 풍토와 토지를 바탕으로 필연적으로 새로운 시점으로 탄생하는 「신 명물」도 있다. 행정의 지원으로 부활하고 이주자나 젊은이의 쇠퇴해 없어지는 것도 있다. 그런가 하면 주민과 일본의 모노즈쿠리에는 오랫동안 이어져오거나

A Selection of Unique Local Products

The Products of KANAGAWA

Among traditional Japanese products, some have stayed around since eras long past, while others have become lost over time. Our Editorial Department aims to identify, and redefine from a design standpoint, the various Kanagawa-esque products that were born inevitably from the climate, culture and traditions of Kanagawa Prefecture.

사가미의 대형 연
Giant kites from Sagami
5월 단오에 남자아이의 탄생을 축하해 걸었다. 메이지시대에 대형화된 정방형의 연이다.

쓰쿠이津久井의 끈목
Braided cords of Tsukui
과거에 양잠이 이루어졌던 지역. 불교 도구에서 전기 코드까지 다종다양한 끈목 제조.

나카쓰빗자루 中津箒
Nakatsu brooms
야마가와쓰네에몬柳川常右衛門이 재료인 수수의 재배와 빗자루 제조 방법을 알려 널리 확산했다.

아시가라차
Ashigara tea
단자와와 하코네의 산기슭 일대의 산간부, '단자와오로시'라 불리는 산에서 부는 바람이 좋은 찻잎을 키운다.

오야마의 두부
Tofu from Oyama
단자와산의 맑은 물과 각지에서 봉납한 대두로 만들어 오야마 참배객에게 나누어주었다.

오야마팽이
Oyama spinning tops
오야마마이리의 기념품으로, 가내 안전이나 금전운을 좋게 한다고 알려진 길한 물건.

하다노다루마연 秦野達磨凧
Daruma kites
길한 물건으로 친숙한 다루마 모양의 연. 하다노시의 향토 완구다.

하코네요세기세공
Hakone marquetry
수종이 풍부한 하코네산. 수목의 색을 살려 여러 나무로 치밀한 기하학 문양을 만든다.

목상감 木象嵌
Marquetry
메이지시대에 개발된 실톱 재봉틀로, 천연목을 얇게 깎아내 그림을 표현.

소슈다루마 相州だるま
Soshu daruma
군마현 다카사키시에서 다마 지역을 거쳐 히라쓰카시로 전해졌다. 머리와 눈 주변의 금 문양이 특징이다.

오다와라주물
Odawara metal-cast objects
해외의 기술을 적용한 동합금으로 주조하는 주물. 풍경 등 울리는 물건을 만들면 좋다.

오다와라칠기
Odawara lacquerware
오다와라에서 자라 생기는 나뭇결을 살린 칠기. 하코네산에서 자라는 목재를 사용해 무로마치시대에 발전했다.

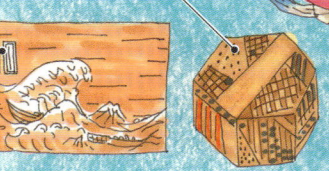

우이로
Uiro
600년 이상 우이로가문에서 만들어온 한방약. 가부키 18번(가부키 집안 이치카와 가문에서 대대로 전해 내려오는 인기 있는 열여덟 가지 가부키 연극)에 〈우이로우리外郞賣〉라는 가부키도 있다.

고마쓰돌
Stones
약 40만 년 전, 하코네 화산의 분화로 생긴 휘석 안산암. 오다와라성小田原城 축성에도 사용.

오다와라초롱
Odawara lanterns
도카이도의 역참 마을 오다와라에서 탄생했다. 여행자가 휴대하기 쉽도록 접이식이며 비에도 강하다.

한바라 지역의 실 半原のぬい糸
Hanbara sewing thread
양잠이 발달한 지역으로 견사에 필요한 습도가 잘 갖추어져 있으며 나카쓰강의 물이 연사기의 동력원이 된다.

돈즈케 とん漬
Tonzuke(pickled pork in miso)
멧돼지 고기에 된장을 발라 구운 것이 시작. 양돈업이 발달한 아쓰기시厚木市의 명물 요리다.

시바야마칠기 芝山漆器
Shibayama lacquerware
조개나 상아 등을 옻 표면에 올린 공예품으로 수출용으로 요코하마에서 생산되었다.

다리미판
Ironing boards
맞춤 양복점이나 세탁소가 즐비한 요코하마에서 전문가용 다리미판 탄생.

요코하마 차이나타운
Chinatown
요코하마 개항으로 서양과 일본 무역의 중계인 역할로 많은 중국인이 모여 조성했다.

가와사키다이시의 구즈모치
Kawasaki Daishi's kuzumochi
에도시대, 보리 산지였던 가와사키에서 탄생. 발효된 밀가루를 쪄서 만든다.

요코하마가구
Yokohama furniture
개항으로 서양 가구의 수리와 제작이 증가해 발달했다. 천연목을 '장부맞춤'으로 만든다.

요코하마스카프 横浜スカーフ
Yokohama scarves
개항으로 생실 수출이 발달하면서 만국박람회 등을 계기로 제품화되었다.

타출식 편수 냄비
Hammered woks
한 장의 철판을 몇번이나 망치로 두들겨 성형한다. 강도가 있으며 열이 균일하게 전달된다.

스카잔
Suka-jan(Embroided satin jackets)
전후, 미국 병사의 일본 기념품으로 탄생. '요코스카 짚퍼'의 줄임말이 '스카잔'.

가마쿠라보리
Kamakura-bori lacquerware
가마쿠라시대 당나라 물건의 영향을 받아 불상 제조 장인이 목각 옻칠 기법으로 만들며 시작.

요코스카해군카레 よこすか海軍カレー
Yokosuka Navy Curry
메이지시대에 영양분을 보충하기 위해 군대식으로 도입. 당시 레시피를 바탕으로 재현.

다타미이와시 たたみいわし
Tatami-iwashi
(sheets made of dried baby sardines)
골풀 돗자리를 사용해 사가미만에서 잡아 올린 생시라스를 판형으로 말려 만든다.

오다와라의 건어물
Odawara dried fish
지역에서 나는 전갱이나 꼬치고기의 내장을 제거하고 펴서 말려 보존식으로 제조. 생선 중매업의 부업으로 발달.

미사키의 다이료깃발 大漁旗
Misaki tairyo-bata ("big catch flag")
어업이 발달한 미우라시에서 모두 수작업으로 만든다. 마쓰리나 축하 등을 위한 장식 깃발도 있다.

오다와라 가마보코
Kamaboko(fish cakes)
양질의 물과 풍부한 어획량을 자랑하는 항구 마을 오다와라에서 생산된다. 질감이 곱고 탄력이 있다.

헤라헤라단고
Floppy dango
요코스카시 사지마佐島에 에도시대부터 전해오는 풍어豊漁와 무병식재無病息災를 기원한 향토 과자.

무
White radishes
후지산의 화산재를 많이 포함해 물이 잘 빠지는 토양이 귀한 '미우라 무'를 만든다.

미사키의 참치
Tuna from Misaki
항구의 지형이 좋아 원양어업의 거점으로 발달. 일본에서 처음 냉동 참치 전용 시장이 생겼다.

Illustration: Kifumi Tsujii

신도 히데토

가나가와현다운 문화 활동

요코하마에 있어 아트란 무엇인가?

Cultural Activity of Kanagawa Prefecture

What is Art for Yokohama?

By Hideto Shindo

사진 / 쓰바키 노보루椿昇 + 무로이 히사시室井尚·〈인섹트 월드 메뚜기 インセクト・ワールド·飛蝗〉 2001·요코하마트리엔날레2001 전시 풍경·촬영: 건축가 구로카와 미라이黒川未来夫

미나토미라이에 거대 메뚜기 등장?

바다에 떠 있는 범선을 이미지로 삼다 세워진 '요코하마 그랜드인터콘티넨털호텔ヨコハマ グランド インターコンチネンタル ホテル'. 2001년 9월 2일, 미나트미라이 지역의 랜드 마크로 자리 잡은 이 건물 외벽에 총길이 35미터의 거대한 메뚜기가 출현했다. 지금처럼 전국적인 아트 이벤트가 열리지 않던 시절, 아직 대학생이었던 나는 그 압도적인 전시 규모에 놀라 친구들과 흥분을 감추지 못했다. 그 일이 바로 어제 일처럼 떠오른다. 9월 2일부터 11월 11일까지 67일 동안 개최되어 약 35만 명이 방문한 '요코하마트리엔날레横浜トリエンナーレ2001'은 일반인도 국내외 현대미술을 폭넓게 접할 수 있었던 역사적 이벤트였다. 분명 가장 놀란 이들은 이 지역을 잘 아는 요코하마 시민이었을 것이다. 이렇게 새로운 활동을 가장 빨리 실행하는 선진성이야말로 '요코하마다움'이기도 하다.

요코하마트리엔날레2001은 1997년 외무성이 국제미술전을 정기적으로 개최하기로 하면서 요코하마의 도심 해변부를 활성화하는 기폭제로 시작되었다. 메인 회장은 '퍼시픽요코하마パシフィコ横浜 전시홀'과 '요코하마아카렌가소코 1호관'이었다. 아카렌가소코는 지금은 현대 문화와 종합 상업 시설로 새롭게 태어나 요코하마를 상징하는 관광 명소가 되었다. 하지만 당시는 아직 폐가로, 일반인이 방문하는 장소는 아니었다고 한다(《위험한 형사あぶない刑事》 같은 형사 드라마에는 종종 등장했다). 이곳의 본래 역할은 요코하마 개항시대까지 거슬러 올라가며, 새로운 항구 부두 건설의 일환으로 최신예 기술을 활용해 건설한 나라의 보세 창고였다. 간토대지진 때 전체 붕괴를 면했고, 전쟁 중에는 군사 물자 보급 기지였으며, 전쟁 후에는 미국군에 접수되어 항만 사령부로 사용되었다.

그러한 아카렌가소코 1층에서 3층에 걸쳐 여성 현대미술 작가 다마이모모束의 〈일본의 통근 쾌속にっぽんの通勤快速〉이나 아티스트 오키 게이스케口啓介의 〈신체 미래-뇌를 보았는가?身体未来—脳を見たか?〉 등을 전시했다. 미술관과 갤러리 같은 화이트 큐브White Cube에서 즐기는 감상과는 달리 그곳의 독특한 '황폐함'이 이러한 작품들을 더 돋보이게 했다. 또한 퍼시픽요코하마에서는 현대미술가 아이다 마코토会田誠의 〈주서 믹서ジューサーミキナー〉, 시오다 지하루塩田千春의 〈피부를 통한 기억-2001-皮膚からの記憶-2001-〉 등이 전시되어 지금도 많은 이의 기억에 남아 있다. 주변 시설이나 야외에서 진행된 전시도 있었다. 아카렌가파크赤レンガパーク에서는 오노 요코オノ・ヨーコ의 〈차물차昔物車〉, 운하파크運河パーク에서는 구사마 야요이草間彌生의 〈엔드레스 나르시스 쇼エンドレス ナルシス ショウ〉 등의 작품이 전시되었

An Enormous Grasshopper Appears in Minato Mirai!?

The "InterContinental Yokohama Grand" Hotel was envisioned on a sailing ship floating in the water. On September 2, 2001, a large grasshopper 35 meters in length appeared on the outer wall of the landmark hotel in Minato Mirai. The "YOKOHAMA 2001: International Triennale of Contemporary Art" was held for 67 days until November 11 and acquired 350,000 visitors. It was an historic event that spread domestic and overseas contemporary art. Perhaps the citizens of Yokohama who know the area well were most surprised by the large Grasshopper. The forward-thinking of such a new initiative was very "distinctive of Yokohama."

The main venues were the "PACIFICO Yokohama Exhibition Hall" and the "Yokohama Red Brick Warehouse No.1." The latter was reborn as a complex of modern culture and businesses and has become a tourist spot that symbolizes Yokohama, but at the time it was dilapidated and not somewhere people tended to visit. Its original role goes back to the era of the opening of Yokohama's port linked to the construction of the Shinko Pier, and was built as a national

다. 요코하마트리엔날레에는 일본을 포함해 38개 나라, 총 109팀이 참가했으며 작가 대부분이 전시 설치와 오프닝에 맞추어 요코하마에 왔다. 세계 각지에서 활동하는 아티스트들을 한 자리에 모으는 일은 분명 쉽지 않은 일로, 이것도 국제도시 요코하마가 지닌 브랜드의 힘이었다.

요코하마에서 시작된 문화

일본 최대 규모의 국제 전시인 요코하마트리엔날레는 화려하게 시작되었다. 제4회 이후부터는 운영 주체를 요코하마시로 변경해 문화청의 지원을 받아 개최하고 있다. 참고로 제8회는 요코하마미술관横浜美術館을 메인 회장으로 삼아 2024년 개최될 예정이다.

    요코하마트리엔날레가 보여주고자 한 것은 지금까지 경험하지 못한 정체를 알 수 없는 훌륭한 아트는 물론, 그 지역의 기억을 지닌 역사적 건축물의 활용법이다. 일상 속 풍경이거나 특색이 없어 알려지지 않은 건물에 현대 예술이 절묘하게 작용해 화학 반응을 일으켰고 이를 목격한 관람객과 관계자가 새로운 창의력을 발휘해 지금 일본 각 도시의 오래된 집이나 상점가 등을 활용한 다양한 아트 이벤트로 연결되고 있다. '요코하마트리엔날레'는 지금의 아카렌가소코는 물론 오래된 빌딩, 고가 아래 등의 유효 공간 활용에 선구자적 사례이며 이는 개항 이후 요코하마가 자발적으로 꽃 피운 '요코하마다운 문화'다.

자유자재로 변환 가능한 아트 프로젝트

그런 요코하마의 아트 문화를 비약적으로 발전시킨 것이 2004년 3월 탄생한 'BankART1929'였다. 요코하마시가 추진한 '창조 도시'의 전략 프로젝트로, 역사적 건축물이나 항만 창고 등을 문화 예술에 활용해 도시를 재생한다는 내용이었다. 이를 위해 본래 은행이던 두 건물을 'Bank(은행)+ART(아트)'로 활용했다. 구 제일은행第一銀行은 'BankART1929 Yokohama', 구 후지은행富士銀行은 'BankART1929 바샤미치'로 이름 붙이고 미술, 건축, 퍼포먼스, 음악, 음식 등 다양한 분야를 통해 지금까지 연간 수백 건의 사업을 진행해왔다.

    BankART1929는 활동을 시작한 지 겨우 45일 만에 지하철 미나토미라이선 개통에 맞추어 가구와 비품 정비도 제대로 갖추지 않았던 구 제일은행을 일부러 미완성의 상태로 임시 오픈했다. 지나다 우연

customs bonds warehouse with state-of-the-art technology. It managed to escape complete destruction in the Great Kanto Earthquake.During the war it was used as a military supplies base, and after the war it was seized and used as a port headquarters by the U.S. Army.

    Of the 109 artists that participated in the triennale from 38 countries, including Japan, most came themselves to Yokohama to set up the exhibition and for the opening. It was valuable to have many of the artists together coming from countries all over the world, and was also due to the brand of Yokohama as an international city.

The Culture of Yokohama's Origin
That's how the largest scale international exhibition of Japan made a prosperous start. Main operations moved to "Yokohama City" from the fourth exhibition and are held with support from the Agency for Cultural Affairs. Incidentally, the eighth exhibition is due to be held with its main venue at the "Yokohama Museum of Art" in 2024.

    The Yokohama Triennale showed a way to make use of

1 / 조코 아비안토Joko AVIANTO, 〈선과 악의 경계는 극히 좁혀졌다The border between good and evil is terribly frizzy〉2017, 요코하마트리엔날레2017 전시 풍경, 촬영: 가토 겐加藤健
2 / 에바 파브레가스Eva FÀBREGAS, 〈뒤얽히다からみあい〉2020, 요코하마트리엔날레2020 전시 풍경, 오쓰카 게이타大塚敬太
3 / 운데 오른쪽 / 최정화, 〈과일나무〉2001, 촬영: 가토 겐
4 / 오른쪽 아래 / 마이클 랜디, 〈아트 빈Art Bin〉2010/2014, 요코하마트리엔날레2014 전시 풍경, 촬영: 가토 겐
사진 제공: 요코하마트리엔날레 조직위원회

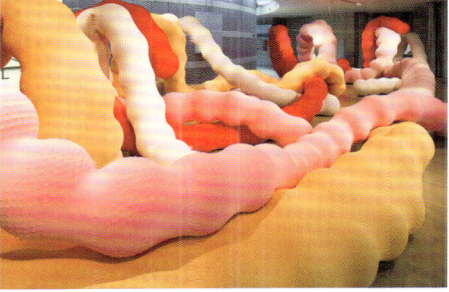

107

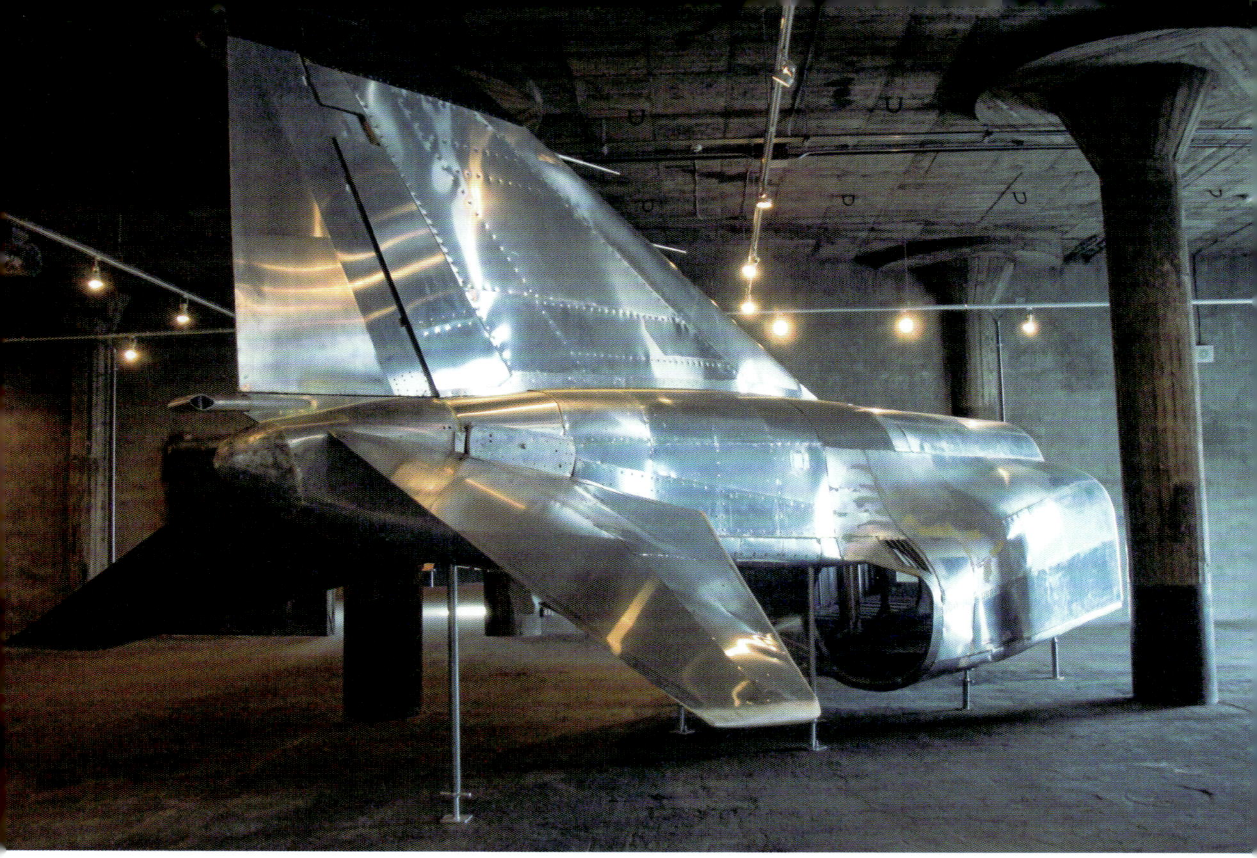

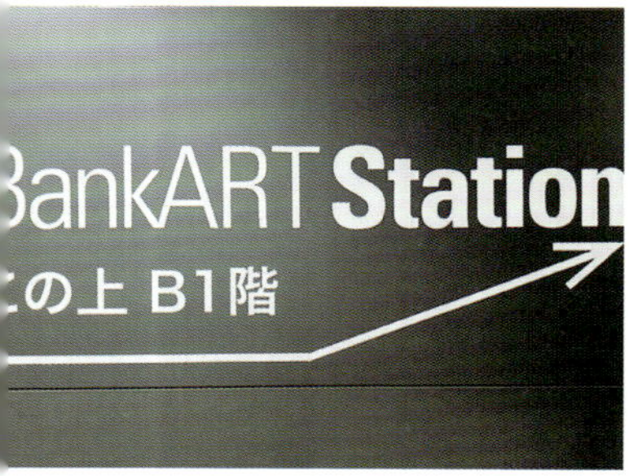

BankART Station
この上 B1階

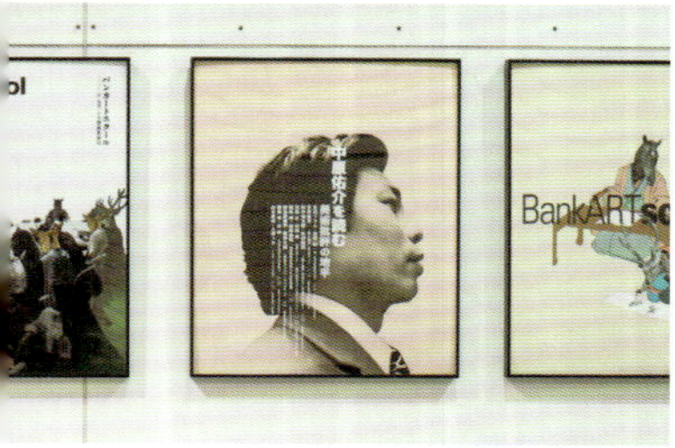

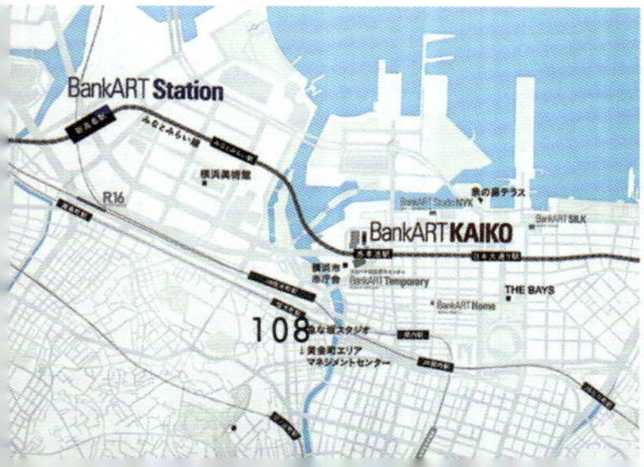

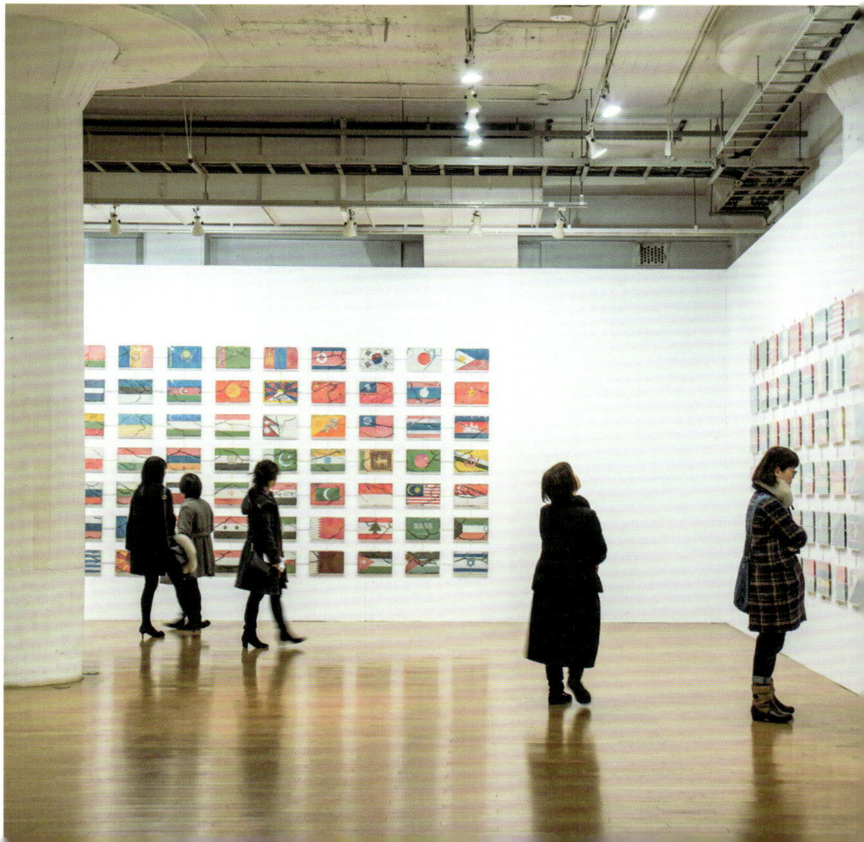

히 들르는 일반 관객에게 커피 등을 내놓았다고 하니 과거에도 앞으로도 없을 이런 유연성이야말로 그들의 강점이다. 이후 두 곳의 건물에는 숍이나 펍 등이 들어서 다채로운 전시와 이벤트가 열렸고, 전문가나 시민 등 다양한 사람의 참여를 통해 성장했다. 다음 해 2005년 구 후지은행의 역할은 도쿄예술대학교대학원 영상연구과 유치에 맞추어 구 일본우편선창고日本郵船倉庫로 옮겨갔다. 일본우편선의 배 자료관이었던 2층을 새롭게 꾸미고, 창고였던 1층은 홀로 바꾸어 'BankART1929 NYK'로 새로 시작한다.

BankART의 주요 프로그램 중 하나는 'BankART 스쿨'이었다. 강사는 각 분야 최전선에서 활약하는 사람들로 선발, 강좌는 아이들 대상 워크숍을 비롯해 전문성이 높은 강좌까지 다양했다. '현대판 서당'으로 강사나 수강생끼리의 교류도 적극 장려해 아티스트나 학생은 물론 회사원, 공무원도 자주 다녔다.

BankART1929는 '역'으로서 기능하고 싶다는 바람을 가지고 있었다. 그래서 유럽의 역처럼 다양한 사람이나 물건, 정보가 교차하고, 벤치에서 자는 사람이나 맥주나 커피를 마시는 사람, 음악을 연주하는 사람이 공존하는 등 포용력이 있는 편안한 공간을 목표로 삼았다. 예술가를 위한 기회를 마련하고 경제도 풍요로워질 수 있도록 하는 실험의 장이다.

BankART의 연쇄

BankART의 활동이 시작되고 1년 정도 지나 코리빌딩에 의한 기타나카지구北仲地区의 데이산소코군제잠창고군帝蚕倉庫群 재개발이 결정되었다. 착공 전 약 2년 동안 가설 안에 기간 한정 공유 오피스 '기타나카 BRICK&WHITE'가 문을 열었다. 입주자는 독자적으로 오픈 스튜디오 등을 실시하며 도시를 향해 적극적으로 문을 열었다. 이런 활동 덕분에 요코하마시는 역사적 건축물을 이용한 활동 거점 'ZAIM'을 개설했다. 기타나카 폐쇄 뒤에는 약 3분의 1의 입주자가 ZAIM으로 옮겼다. 이후 공유 오피스는 '혼마치빌딩 시고카이本町ビルシゴカイ'라는 이름으로 민간 소유 빌딩에 문을 열었고, 이곳 종료 후 '우토쿠빌딩 욘카이宇徳ビルヨンカイ' 등으로 이어져 다양한 공유 오피스 프로젝트로 연결되었다.

이러한 움직임에 박차를 가한 것이 요코하마시의 크리에이터 조성 제도였으며 이를 통해 관내·외 지구에 수많은 크리에이터가 자리를 잡을 수 있었다. 이외에 레지던스 기능을 지닌 고가네초黄金町의 'BankART 사쿠라소桜荘'나 히노데초日ノ出町의 'BankART 가모메소かもめ荘' 등이 생겨났고 내륙에도 활동의 장을 확장해갔다. 2006년에는 대지의 예술제 에치고쓰마리 아트 트리엔날레大地の芸術祭 越後妻

historical buildings that hold memories at their site, not only the brilliance of never-before-seen playful art.

An Art Project Capable of Ever-changing Appearance
In March 2004, "BankART1929," which made rapid progress on such art culture of Yokohama, was born. The "Creative City" leading project promoted by Yokohama City regenerated the city by using historical buildings, port warehouses, and the like for arts and culture. It uses the buildings of two former banks and combined "Bank + ART." The former Dai-ichi Bank became "BankART1929 Yokohama" and the former Fuji Bank "BankART 1929 Bashamichi." The genres are diverse, including art, architecture, performance, music, and food and drink.

To date, it carries out hundreds of projects per year. One of the major programs at BankART is "BankART School." The instructors are active at the forefront of their genres and carry out anything from workshops for children to highly specialized lectures. It frequently attracts people from all walks of life, from artists and students to office workers and government officials on their way home from work.

有アートトリエンナー레의 빈집 프로젝트에서 건축가 집단 '미칸구미みかんぐみ'와 함께 'BankART 쓰마리'를 만들었다. 그리고 2015년에는 해외 첫 거점인 'BankART 베를린'으로 이어졌다.

도시에 '깃들어 있는' 아트

2018년 활동을 종료하고 해산하기까지 'BankART Studio NYK'에서는 대형 개인전 《하라구치 노리유키 전原口典之展》《가와마타 다다시 전川俣正展》《야나기 유키노리 전柳幸典展》 외에도 요코하마트리엔날레와 연동한 대규모 기획전이 이어졌다. NYK 폐쇄 후에는 아이오이초相生町에 작은 카페 공간 'BankART Home'을 열었다. 나아가 도큐도요코선 폐선 부지인 고가 아래를 활용해 'R16~스튜디오'를 개설했다. 각 매장은 완벽한 실내라기보다는 반 이상 외부에 노출되어 비바람, 벌레, 자동차나 전철의 소음과 같은 악조건 속에 있었지만, 그것도 BankART다웠다.

이후 건축가 사카쿠라 준조가 설계한 '실크 센터シルクセンター'에 문을 연 'BankART SILK'를 거쳐, 2019년 미나토미라이선 신타카시마역 구내 지하 1층에는 'BankART Station'이, 생실 무역의 상징적 시설 데이산소고를 복원한 건물에는 'BankART KAIKO'를 열어, 2023년 4월 현재 BankART1929는 이 두 곳을 거점으로 활동한다. BankART는 여기에 다 소개하지 못할 정도로 요코하마 곳곳을 '거처'로 삼아 요코하마 차이나타운이나 노게의 음식점 등과 협업한 《식과 현대미술食と現代美術》 등 창의적인 이벤트를 무수히 만들어왔다. 이제 BankART는 실체 없이 재개발이 빠르게 진행되는 요코하마 그 어디에나 존재하는 생물처럼 느껴진다. 2022년 3월, 대표 이케다 오사무池田修가 갑작스럽게 타계했지만, 그의 임무는 미완성이 아니다. 이미 새로운 대표 호소부치 다마키細淵太麻紀는 물론, 지금까지 BankART에 관여해온 모든 아티스트, 요코하마시 행정, 요코하마시민이 그 임무를 이어받았다.

요코하마는 언뜻 보기에 화려하면서 선진적 도시처럼 느껴질지 모른다. 하지만 실은 메이지시대의 '개항'과 쇼와시대의 '전후'가 지금도 이어지고 있다. 그러한 심리적 속박에서 벗어나기 위해 격차가 없는 '아트'가 필요했을지 모른다. 국가가 개항을 선택한 '전략'적인 도시에서 제2차 세계대전이 끝난 후 목표를 지닌 도시로 변화하기 위해 노력해왔다. 세계에 자랑할 수 있는 현대 아트의 제전 '요코하마트리엔날레'는 물론, 일상에 숨어 있는 진정한 '요코하마의 풍경'을 아트를 통해 떠올려보기 바란다. 분명 그 끝에 요코하마의 미래상이 보일 것이다.

Chain Reaction of BankART
After about one year passed of BankART's activity, redevelopment of the Teisan Warehouse in Kitanaka area was decided. During the two years before construction work started, a shared office called "Kitanaka BRICK&WHITE" opened for a limited period inside a temporary enclosure. Also, Yokohama City focused on Kitanaka's end of use and established the activity site "ZAIM," which used historical buildings. Later, many shared office projects came about.

Art "Inhabits" the City
In 2019, "BankART Station" opened on B1F of the Shin-Takashima Station on the Minatomirai Line, and "BankART KAIKO" opened in the reconstructed building of the Teisan Warehouse. At a glance, it seems like a thriving and advanced city, but in reality, Yokohama's development from the "opening of the port" in the Meiji Period and in the "post-war" Showa Period has continued to the present day. We would like you to consider the true "Yokohama landscape" lurking behind everyday life through art.

池田修の夢十夜
IKEDA Osamu
Recollections:
Ten Nights'

맛있는 중화요리

편집부가 추천하는 가나가와현 명물

그 가운데 특히 더 얼얼했던 중화요리 특집. 찾아다닌 편집부. 결국 모든 가게가 맛있었지만, 주요리, 수프, 과자까지 마음에 드는 가게를 열심히 있는 음식점 중에 밥 종류에서부터 면류, 간식, 일본만의 「중화요리」도 탄생했다. 200곳이 넘게 상하이, 관둥, 쓰촨 등 다양한 중국 요리 속에서 세계 최대 규모의 차이나타운 요코하마 주카가이.

1. 상하이 야키소바 上海焼きそば 노포 제면소가 개업한 상하이 요릿집. 현지의 소울 푸드 '상하이차멘'은 상상을 초월하는 두꺼운 면에 건더기는 돼지고기와 푸른 채소뿐이다. 중국 간장의 달달한 양념에 젓가락을 내려놓을 수 없다. 940엔

반라이테이萬來亭 ♀가나가와현 요코하마시 나카구 야마시타초 126 ☎045-664-0767 ⏰점심 11:30–14:30(라스트 오더 14:00), 저녁 17:00–21:00(라스트 오더 20:30), 주말 및 공휴일은 11:30–21:00(라스트 오더 20:30), 목요일 휴무 (공휴일에는 영업)
Banraitei ♀Yamashita-cho 126, Naka-ku, Yokohama, Kanagawa ⏰Lunch 11:30–14:30 (L.O. 14:00) Dinner 17:00–21:00 (L.O. 20:30) Saturday, Sunday and national holidays, 11:30–21:00 (L.O. 20:30) Closed on Thursday (unless a national holiday)

2. 부타만 ブタまん 1894년 정육점으로 시작한 가게가 엄선한 식재료로 만드는 상식을 깬 중국식 만두. 크기도 크기이지만, 어패류나 채소도 들어 있어 엄청난 감칠맛에 육즙이 가득! 600엔

에도세江戸清 **주카가이본점** ♀가나가와현 요코하마시 나카구 야마시타초 192 ☎045-681-3133 ⏰10:30–19:30, 연중무휴 🌐www.edosei.com
Edosei Chukagai Main Shop ♀Yamashita-cho 192, Naka-ku, Yokohama, Kanagawa ⏰10:30–19:30

3. 물만두 차이나타운에 왔다고 실감하게 해주는 편안함. 특제 양념장의 뚜껑을 열고 코코넛을 가득 떠서 물만두에 올려 먹어보자. 기절할 정도의 맛. 880엔

산톤山東 **2호점** ♀가나가와현 요코하마시 나카구 야마시타초 150-3 ☎045-212-1198, 050-5869-6205 (예약 전용) ⏰월–목요일 11:00–24:00(라스트 오더 23:30), 연중무휴 🌐www.santon.co.jp
Santon No.2 ♀Yamashita-cho 150-3, Naka-ku, Yokohama, Kanagawa ⏰Monday to Thursday 11:00–23:00 (L.O. 22:30) Friday to Sunday, national holidays 11:00–24:00 (L.O. 23:30) Open all year

Kanagawa Prefectural Specialty Recommended by the Editorial Department

Delicious Chinese Food

Yokohama Chinatown is one of the largest Chinatowns in the world, home to restaurants serving various types of Chinese food including Cantonese, Shanghai and Sichuan cuisine. It is also the home of Japanese-style Chinese Chuka cuisine.

More than 200 restaurants serve rice, noodles, meat and fish-based dishes, as well as dim sum, soups and confectionary. We checked out the best the area has to offer to choose this special selection of wonderful dishes.

1. Shanghai Yakisoba
A specialist in Shanghai cuisine. Once you try the noodles, you'll be a fan for life.

5. 차슈와 삼겹살 구이 叉燒拼燒肉
메이지에 창업한, 구운 음식과 건조 식품으로 유명한 요릿집. 연말에는 선물을 사기 위해 긴 줄이 생긴다. 특히 차슈와 껍질이 붙은 삼겹살 구이가 별미다. 2,310엔

중국요리집 도하쓰同發 본관　♀ 가나가와현 요코하마시 나카구 야마시타초 148
☎ 045-681-7273　⏰ 월-금요일 11:00-21:30 (라스트 오더 20:30), 15:00-17:00 휴식시간,
주말 11:00-21:30 (라스트 오더 20:30), 연중무휴　🌐 www.douhatsu.co.jp
Douhatsu Honkan Chinese Restaurant　♀ Yamashita-cho 148, Naka-ku, Yokohama, Kanagawa
⏰ Monday to Friday 11:00-21:30 (L.O. 20:30)　15:00-17:00 Break time Saturday to Sunday
11:00-21:30 (L.O. 20:30)　Open all year

4. 쓰촨마파두부(현지의 매운맛)
몇 안 되는 쓰촨요리 전문점으로, 현지 마파두부에 도전! 매운 양념에 참깨, 검은콩 소스 등의 감칠맛과 맛있는 두부가 조화를 이루어 땀이 송글송글, 입안은 얼얼! 1,991엔

게이토쿠친啓程　♀ 가나가와현 요코하마시 나카구 야마시타초 190
☎ 045-641-4688　⏰ 월-금요일 11:30-22:00 (라스트 오더 21:30), 주말 및 공휴일
11:00-22:00 (라스트 오더 21:30), 연중무휴　🌐 www.keitokuchin.co.jp
Keitokuchin　♀ Yamashita-cho 190, Naka-ku, Yokohama, Kanagawa
⏰ Monday to Friday 11:30-22:00 (L.O. 21:30)　Saturday, Sunday and national
holidays 11:00-22:00 (L.O. 21:30)　Open all year

6. 류센죽 龍仙粥
새우, 가리비, 오징어 등의 해산물에 튀긴 만두, 자차이까지 들어가 건더기로 가득한 명물. 죽 아래에서 건더기가 끊임없이 나온다! 한산한 이른 아침 차이나타운에서 아침 죽을 먹는 것도 별미. 935엔

마슨노미세 류센馬さんの店 龍仙 본점
♀ 가나가와현 요코하마시 나카구 야마시타초 218-5　☎ 045-651-0758
⏰ 7:00-23:00 (라스트 오더), 연중무휴　🌐 www.ma-fam.com
Masan no Mise Ryusen Main Shop
♀ Yamashita-cho 218-5, Naka-ku, Yokohama,
Kanagawa　⏰ 7:00-23:00 (L.O.)　Open all year

2. Butaman
This restaurant, opened in 1894, was founded by a meat processing firm. It selects only the best ingredients for its huge, juicy buns.

3. Sui-gyoza
This comfortable restaurant will help you feel right at home in Chinatown. Enjoy dumplings with a special coconut-based sauce for a remarkable taste experience.

4. Sichuan Mapo Tofu (with real spice)
Serves genuine Sichuan cuisine. Enjoy an authentic mapo tofu.

5. Cha shao and shao rou
This restaurant opened in Japan's Meiji Period. At the year-end, long queues of customers look for souvenirs. Their specialty is roast pork and pork belly with skin.

가나가와현의 롱 라이프 스포츠 대회

하코네에키덴 알기 쉬운

1. 일본 독자적인 육상 경기 '에키덴'

여럿이 팀이 되어 '어깨띠'를 건네며 장거리를 이어 달리는 '에키덴 경주'는 일본에서 탄생한 육상 경기다. 발상은 1917년에 열린 '도쿄 전도 50년 봉축 도카이도 에키덴 도보 경주東京奠都五十年奉祝·東海道駅伝徒歩競走'였다. 간토와 간사이関西(교토와 오사카를 중심으로 한 지역)의 두 팀이 출전해 교토 산조오다리三条大橋에서 도쿄 우에노 시노바즈연못不忍池까지 약 500킬로미터를 달렸다고 한다. 참고로 '에키덴'이라는 이름은 나라시대에 간선도로로 정비된 '에시세이駅制'를 따라 왕래하는 관원을 위해 준비했던 말 '에키바駅馬'와 '덴마伝馬'에서 힌트를 얻었다고 한다.

A track and field event unique to Japan – Ekiden
The *Ekiden* race is a Japanese track and field event in which runners of each respective team run long distances and pass "*Tasuki*" (cloth sashes that serve as relay batons) to each other. The first race was held in 1917; the two teams hailed from the Kanto and Kansai regions, and they ran about 500 kilometers from the Sanjo-ohashi Bridge in Kyoto to Shinobazu-no-ike Pond in Ueno, Tokyo. By the way, the name "*Ekiden*" was inspired by "*Ekiba*" and "*Tenma*," horses for transporting government officials and goods based on based on "*Ekisei*" (station system) on the main route in the Nara period.

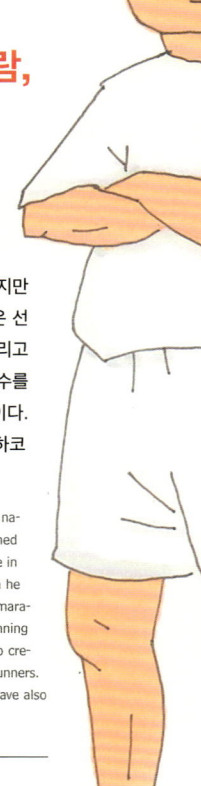

2. 하코네에키덴을 만든 사람, 가나쿠리 시소

일본인으로는 첫 올림픽 선수였던 구마모토 출신의 가나쿠리 시소金栗四三. 그는 도쿄고등사범학교(현재의 쓰쿠바대학교)에 진학해 장거리 육상 선수로 재능을 꽃피워 일본 전국에서 따라올 자가 없었는데 세 번 출전한 올림픽에서는 모두 처참하게 패했다. 하지만 다양한 장거리 육상 경기의 보급을 위해 노력하고 젊은 선수의 육성에도 힘써 일본의 '마라톤의 아버지'라고 불리고 있다. 그런 가나쿠리 시소가 세계에 통용하는 육상 선수를 육성해야겠다는 마음으로 만든 것이 '하코네에키덴'이다. 미국 횡단 등 터무니없는 이야기도 나왔다고 하는데 하코네의 산들을 로키산맥에 비유했다는 설도 있다.

하코네에키덴은 10배로 재미있을 예정. 매력에 푹 빠지고 말았다. 이것으로 다음 못했던 하코네에키덴의 역사와 문화, 풍토의 자동차로 몇 번이나 왕복하며 지금까지 알지 있다. 편집부는 선수가 달리는 국도 1호선을 코스의 80퍼센트 이상이 가나가와현에 속해 자리매김하고 있는 하코네에키덴. 실은 그 최근 더욱 일본을 대표하는 스포츠 대회로

Long-Lasting Sports Tournament in Kanagawa

Beginner's guide to the Hakone *Ekiden*

The "*Hakone Ekiden*" is now known as a "long-lasting" sports event. Over 80% of the course actually lies in Kanagawa. The editorial department was fascinated by the history, culture, and the local characteristics of Hakone *Ekiden*.

Shiso Kanakuri, the founder of Hakone Ekiden A Kumamoto native, Shiso Kanakuri was the first Japanese Olympian. He blossomed his talent as a long-distance runner and was considered unbeatable in Japan. Yet he failed miserably in all three Olympic Games in which he competed. Despite this, he is regarded as Japan's "father of the marathon" for his efforts to popularize various types of long-distance running and to train young athletes. It was him, together with others, who created the Hakone *Ekiden* out of the desire to develop world-class runners. As Kanakuri did spoke of crossing the American continent, some have also said Mt. Hakone is comparable to the Rocky Mountains.

5. 간토학생연합이란?

현재 하코네에키덴의 출전 학교는 20곳이다. 여기에 더해 '간토학생연합 関東学生連合' 팀이 출전한다. 간토학생연합은 예선전에서 본선 진출을 놓친 대학의 선수들이 선발 멤버로 구성되며 팀의 기록은 개인 기록을 포함한 참고 기록이 된다. 제84회 경기가 열린 2008년에는 간토학생연합이 종합 4위에 오르는 등 대회에 파란을 일으켰다. 참고로 최강 시민 선수로 알려진 가와우치 유키 川内優輝 선수는 간토학생연합의 전신인 '간토학연선발 関東学連選抜'의 일원이었다.

What is the Kanto Student Union Team? At present, 20 universities compete in the Hakone Ekiden, along with the Kanto Student Union team. The Kanto Student Union consists of selected runners from the universities who lost in the qualifying round. Team records, including individual records, are for reference only.

3. 하코네에키덴은 어떤 대회인가?

'하코네에키덴'의 정식 명칭은 '도쿄 하코네 간 왕복 대학 에키덴 경주'로 간토학생육상경기연맹 関東学生陸上競技連盟이 주최한다. 1920년에 시작해 2023년 제99회를 맞으며 절대적 인기를 누리고 있지만, 어디까지나 간토의 지역 대회. 하코네에키덴 외에도 대학 대항 에키덴 대회는 존재하며 여성 에키덴이나 실업단 에키덴 등도 있다. 하코네에키덴은 도쿄 오테마치 大手町에서 하코네 아시노코호반 芦ノ湖湖畔까지를 10구간으로 나눠 10명의 육상 선수가 왕복 총 200킬로미터 이상을 이틀 동안 달린다.

What kind of tournament is the Hakone Ekiden? The Hakone Ekiden, officially called the Tokyo-Hakone Round-Trip College Ekiden Race is held by The Inter-University Athletic Union of Kanto. Beginning in 1920, it will be held for the 99th time come this 2023. Even though it is extremely popular, it is still a local competition in the Kanto region. The round trip from Otemachi, Tokyo to Ashinoko Lake, Hakone is divided into ten legs (five legs each way), in which ten runners will run over 200 kilometers in two days.

4. 하코네에키덴 참가 방법

먼저 하코네에키덴에 출전하기 위해서는 주최하는 간토학생육상경기연맹에 속한 대학에 다니고 있어야 한다는 조건이 있다. 그리고 본 대회가 열리기 전년 10월에 열리는 예선전에서 상위에 들어야 한다. 저 33회 대회가 열린 1957년부터는 '시드 학교 제도'(시드 seed는 토너먼트 경기에서 처음부터 강자끼리 붙지 않도록 편성하는 것)가 도입되어 전년 하코네에키덴 본선에서 10위까지 팀은 다음 해 예선전이 면제된다. 예선전에는 많은 대학이 참가하기 때문에 상당히 힘든 경기를 치러야 한다.

How does one get to run in the Hakone Ekiden? Those who want to run in the Hakone Ekiden must come from universities under The Inter-University Athletic Union of Kanto, which organizes the event, and they have to place high in the qualifying round held in October of the previous year. A "collegiate seeding system" was established since 1957 (33rd race), in which seeded teams that finished in the top ten in the previous year's Hakone Ekiden are exempted from the qualifying round the following year. The qualifying round is a very tough race due to the large number of universities participating.

6. 3가지 우승

이틀에 걸쳐 겨루는 하코네에키덴에는 3가지 우승이 있다. 첫날 1구간에서 5구간까지의 시간 기록이 가장 빠른 선수에게 주어지는 '왕로 우승'. 둘째 날 6구간에서 10구간까지 시간 기록이 가장 빠른 선수에게 주어지는 '귀로 우승'. 그리고 왕로와 귀로를 합계해 종합적으로 가장 기록이 좋은 선수에게 주어지는 '종합 우승'이다. 단순히 '하코네에키덴 우승학교'라고 하면 이 종합 우승을 말한다. 단, 왕로 우승은 아시노코호수에 일찍 도착한 순서이기 때문에 알기 쉽지만, 귀로에서는 종합 순위가 좋지 않아도 귀로 우승하기도 한다. 귀로는 아시노코호수에 도착한 순서대로 출발하므로 귀로 우승은 단순히 오테마치에 도착한 순서로 정해지지는 않는다.

Three titles The two-day Hakone Ekiden has three winning titles. The Day 1 title is given to the team that finishes first for the outward route, while the Day 2 title is given to the top team for the return route. The overall Hakone Ekiden title is awarded to the team with the shortest, combined time for both the outward and return routes. Simply put, the Hakone Ekiden champion refers to this university team with the title. It's easy to understand the Day 1 title since the team that arrives at Ashinoko Lake first wins. But for the Day 2 title, it's possible that a team with an overall poor ranking may get it.

Illustration: Kifumi Tsuji

7. 신문사의 지원

하코네에키덴은 제1회 대회가 열린 1920년부터 신문사가 공동 주최자가 되어 전면적으로 지원해왔다. 하코네에키덴을 만든 가나쿠리 시소는 이미 친분이 있던 호치신문사報知新聞에 제안해 협력을 얻었다. 대회의 출발, 도착 지점이 신문사 앞인 것도 초기 무렵부터다. 현재도 요미우리신문(1942년 호치신문사 흡수)이 공동 주최자이며, 사옥 이전으로 출발, 도착 지점도 변경되었다.

Endorsed by newspaper company The Hakone *Ekiden* has been fully endorsed by a newspaper company (co-organizer) since its first race in 1920. Since the early days, the race has started and finished in front of the newspaper company. Even till today, the Yomiuri Shimbun (acquired Hochi Shimbun in 1942) continues to remain as a co-organizer, and the start and finish points have changed along with the relocation of the company building.

8. 전쟁과 하코네에키덴

1930년대 대학 스포츠로서 확고한 지위를 쌓아온 하코네에키덴이었지만, 전쟁에는 어쩔 도리가 없었다. 하지만 학생들의 집념으로 전의고양의 특별 대회로서 1943년에는 야스쿠니신사와 하코네신사를 잇는 코스로 개최되었다. 전쟁이 끝난 후 부활해 1947년 열린 제23회 대회부터는 1946년 예선전도 열렸다. 당시 우승한 메이지대학교明治大学와 57초 차이로 안타깝게 2위가 된 주오대학교中央大学에서는 무려 포환던지기 선수나 장애물 달리기 선수도 참가했다고 한다. 모두 손꼽아 기다린 부활 대회였다.

War & Hakone *Ekiden* The Hakone *Ekiden*, which had established a firm position for itself as a collegiate sport, collapsed in the face of the war in the 1930s. But in 1943, tenacious students organized a race that connected the Yasukuni Shrine to Hakone Shrine as a special event to raise the morale of Japanese soldiers.

9. 새로운 시대의 하코네에키덴 선수들

1953년 제29회 대회에서는 라디오로 실황 중계가 시작되었다. 그리고 제63회 대회가 열린 1987년부터는 전국 규모의 텔레비전 실황 생중계가 시작되었다. 하코네에키덴은 단번에 일본의 안방으로 침투해갔다. 이 무렵부터 유학생 선수도 등장했다. 제65회 대회가 열린 1989년 야마나시가쿠인대학교山梨学院大学는 케냐에서 유학을 온 학생이 선수로 달렸고, 육상부 창립 7년째였던 1992년 제68회 대회에서 보란 듯이 종합 우승했다.

The poster child for the new era of Hakone *Ekiden*
Live radio coverage of the tournament began in 1953 (29th race), and nationwide live TV coverage in 1987 (63rd race). The Hakone *Ekiden* quickly became a popular event among all Japanese households. It was also around this time that international student runners made their appearance. An international Kenyan student from Yamanashi Gakuin University ran in 1989 (65th race), and they eventually won the overall title in 1992 (68th race), seven years after its running club was founded.

10. 코스는 도카이도

하코네에키덴은 10구간으로 구성되어 있는데 구간별로 특징이 있으며, 선수들이 어깨띠를 건네는 중계소는 본래 도카이도의 역참 마을이었다. 현재 1구간은 도쿄 오테마치으로 로쿠고다리六郷橋를 건루미중계소로 향한다. 다음를 달리는 2구간이다. 경사가시험하는 난도가 높은 구간이하기 때문에 각 팀의 에이스급불린다. 여기에서 도쓰카중계간으로 향한다. 풍광명미風 요미우리신문사 앞이 출발 지점너 가나가와현으로 들어가 쓰은 문명개화의 땅인 요코하급한 곤다언덕権太坂 등 실력을다. 이 구간에서 역전을 많이 당선수가 모여 '꽃의 2구간'이라고소로 이어져 해안선을 달리는 3구光明媚한 후지산을 저경으로 히라쓰카중계소까지 열심히 달린다. 그리고 일본에서 가장 오래된 해수욕장으로 잘 알려진 오이소를 달리는 4구간이 펼쳐진다. 오다와라 조카마치에 접어들면 명물 우이로와 가마보코로 군침이 돌지만 어금니를 꽉깨물고 오다와라중계소를 향해 달린다. 일본굴지의 온천 거리를 빠져나와 하코네의 산길을달리는 왕로의 마지막 5구간이다. '산을 제압하는 것은 하코네를 제압하는 것'이라는 말도 있듯이 하코네에키덴에서 중요한 구간이다. 아시노코호수 근처 하코네에키덴 뮤지엄箱根駅伝ミュージアム 앞이 왕로의 도착 지점이자 귀로의 출발 지점이다. 기본적으로는 왕로를 다시 돌아가는 것이 귀로다. 단, 오르막길은 내리막길이 되고 바람이나 빛의 방향도바뀌기 때문에 선수들에게는 전혀 다른 코스라고 할 수 있다.

The Tokaido course The Hakone Ekiden comprises ten legs, each with its own characteristics. A course that starts in front of the Yomiuri Shimbun in Otemachi, Tokyo. Right in front of the Hakone Ekiden Museum on the shores of Ashinoko Lake is finish line of the outward route and the start of the return route. Basically, the return route from Legs 6 to 10 is the reverse of the outward route.

11. 재미로 가득한 응원!

하코네에키덴은 매년 동급생, 졸업생뿐 아니라 지역 주민이나 관광객까지 지역이 하나가 되어 응원한다. 응원하는 사람들도 기분 좋게 즐길 수 있는 아는 사람은 아는 '환영 이벤트'가 있다 후지야호텔이 있는 마을로도 잘 알려진 5구간과 6구간은 길이 정말 좁아 엄청난 현장감을 느낄 수 있다. 여기에 하코네에키덴의 절정인 산 구역은 오리지널 확성기나 명물 '스튜빵'이 배급되는 등 매력이 가득하다. 또한 대학별로 개성 넘치는 응원도 꼭 확인하자 ※2020년(제96회 대회)부터는 신종 코로나바이러스 확산으로 개최되지 않았다.

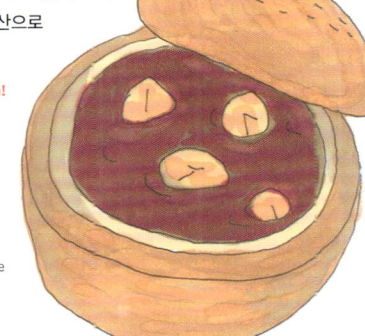

Cheering them on is also lots of fun! Every year, the entire community – not only their classmates and alumni, but also locals and tourists – come together to cheer for the Hakone Ekiden. There is also a "welcome event" that's only known to the insiders, that is fun for those who are cheering the runners as well. There are attractions such as the original megaphones and the offering of the famous "stews in bread bowl."

12. 개성 있는 팀 컬러

매년 뜨거운 경기를 보여주는 하코네에키덴이지만, 팀 컬러에도 주목해보자. 가령 같은 청색 계열의 대학교를 비교해보면 고마자와대학교駒澤大学는 연보라색, 도요대학교東洋大学는 철감색, 메이지 대학교는 자줏빛 감색, 그리고 제99회 경기가 열린 2023년 55년 만에 출전한 릿쿄대학교立教大学는 남빛 보라색이었다. 초록색 계열의 대학교로는 아오야마가쿠인대학교青山学院大学가 프레시 그린, 다이토문화대학교大東文化大学는 라이트 그린, 도쿄농업대학교東京農業大学는 솔잎색이었다. 저마다 팀의 '전통'을 몸에 두르고 경기에 임한다.

Universities are particular about their team colors Even though the Hakone Ekiden is a hotly contested event every year, you should also pay attention to the "Tasuki". For instance, comparing the blue universities, the respective colors are "fujiiro" for Komazawa University, "tetsukon" for Toyo University, etc. Each team is wearing their own "traditions" in the relay race.

*왕로우승기념트로피
13. 트로피*는 '하코네요세기세공'

왕로, 귀로, 종합 등 저마다 우승한 팀에는 상장과 트로피가 수여된다. 왕로에서 우승한 팀에는 무려 하코네마치에서 하코네요세기세공으로 만든 기념 트로피와 기념 메달을 준다. 텔레비전에서는 좀처럼 볼 수 없지만, 하코네에키덴뮤지엄에는 모형이 전시되어 있으므로 하코네에키덴의 역사도 알아볼 겸 방문해보기를 추천한다.

Hakone marquetry trophy (Commemorative trophy for Day 1 title) The winning teams for the outward route, return route, and overall, will be awarded with certificates and trophies. The winning team for the outward route will receive a Hakone marquetry commemorative trophy and medal from Hakone Town. Although not often seen on TV, a replica of it is on display at the Hakone Ekiden Museum, and a visit there is recommended along with a look at the history of the Hakone Ekiden.

구로에 미호

사이토 아이롱 보드

가나가와현의 롱 라이프 디자인을 찾아서

Looking for Long-Lasting Design
in KANAGAWA

Saito Ironing Board

By Miho Kuroe

구로에 미호 黒江 美穂　가나가와현에서 태어났다. 2012년 D&DEPARTMENT PROJECT에 참가. 같은 해 일본에서 처음 생긴 지역 디자인 뮤지엄 'd47 MUSEUM'의 기획, 편집, 운영을 담당하며 일본 각지의 디자인, 공예, 특산물 등 선정 및 큐레이션을 진행했다. 2019년부터 매장 사업부 디렉터로 숍포 운영에 관여하고 있다.

Miho Kuroe　Born in Kanagawa. Participant in the 2012 D&DEPARTMENT PROJECT. In the same year, she began planning, curating and running Japan's first regional design museum, the d47 MUSEUM, which selects, showcases and designs craftworks and specialty products from Japan's 47 prefectures. Since 2019, she has been involved in running the d47 MUSEUM store as Director of the organization's shopping division.

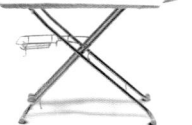

사이토 아이롱 보드
(너비 112 × 깊이 45 × 높이 76-88cm)
※4단 높이 조정
☎045-459-9311(크로스독クロスドッグ)
🌐saitoironingboard.jp
Saito Ironing board
(width 112 × depth 45 × height 76-88cm)
*4-stage adjustable
Cross Dock Inc.

　서양 문화의 영향으로 일찍이 맞춤 양복점이나 세탁소가 생겨난 요코하마에서 '프로가 사용하는 다리미판의 편리함을 가정에서도 느껴보자.'라는 생각으로 탄생했다. 회사가 시작된 다이쇼시대 초기, 프로용 다리미판은 오래 사용하다 보면 자연스럽게 둥그스름해졌기 때문에 '만주'라고 불렸다. '사이토 아이롱 보드'는 그런 다리미질하기 편한 형태를 재현했다. 옷이 다리미판에 밀착되도록 사방을 곡면으로 디자인해 평평한 다리미판보다도 다리미질에 힘이 적게 든다. 면적도 넓기 때문에 와이셔츠를 충분히 펼칠 수 있어 위치를 바꾸며 다리는 수고가 적게 든다. 삼중 구조로 된 다리미판 내부에는 가장 아래층이 요철 층, 중간은 펠트 층이어서 증기가 조절되어 다리미질이 깔끔하게 완성된다. 수지를 보호하는 펠트는 증기를 쐬어도 곰팡이가 발생하지 않는 소재를 사용했다. 한눈에 알 수 있을 정도로 구조가 단순하고 다리미판을 구성하는 파트별로 별도 교체할 수 있기 때문에 오랫동안 사용할 수 있다. 한 차례 폐업의 위기를 맞았지만, 뜻을 같이하는 동료와 장인에 의해 지금도 요코하마에서 제작되고 있다. 이 다리미판을 사용하면서 가장 먼저 감동하는 순간은 셔츠 깃을 다리미질할 때다. 단추가 펠트 층으로 눌려 들어가 평평해져 다리미질을 쉽게 완성할 수 있다. 다리미질하는 시간이 기다려지게 만드는 다리미판이다.

Yokohama was the first city in Japan to host tailors and drycleaners under the influence of Western culture. Saito Ironing Board was launched early in Japan's Taisho Period. Using the curved design requires less effort than a flat board and the broad surface makes it easier to spread out a shirt, reducing repositioning time. The board is made from three layers, with a ribbed bottom layer and an intermediate felt layer controlling steam release to deliver a high-quality finish. The simple design and ability to replace individual parts ensures the board can be used for a long time.

The company once ceased business, but an association of craftspeople brought it back to life. Shirt buttons sink right into the felt layer, making the whole ironing process easy. With these fine products, ironing is a pleasure not a chore.

신도 히데토

야나기하라 료헤이와 요코하마

가나가와현다움을 만드는 사람

Creator of All Things KANAGAWA

Ryohei Yanagihara and Yokohama

By Hideto Shindo

엉클 토리스를 탄생시킨 사람

고도경제성장기 당시 하루의 피로를 달래는 회사원의 심정을 대변한 '엉클 토리스Uncle Torys'. 제2차 세계대전이 끝난 직후 일본에 태어나 긴 시간 사랑받아온 산토리サントリー 위스키 토리스Torys의 광고 캐릭터다. '토리스를 마시고 하와이에 가자!'라는 유명하고 친숙한 광고 문구까지 더해져 지금은 세대를 뛰어넘어 전 국민에게 사랑받고 있다. 그리고 그 캐릭터를 만든 사람은 그 누구보다 배를 좋아했다고 알려진 일러스트레이터 고 야나기하라 료헤이이다. 그는 인생의 반 이상을 요코하마에서 지내며 누구보다 '요코하마'와 '항구'를 사랑했다.

배를 좋아하며 키운 그림 실력

1931년 야나기하라 료헤이는 현재의 도쿄도 스기나미구에서 태어나 여섯 살 때 아버지의 전근으로 간사이에서 어린 시절을 보냈다. 전쟁을 향해 치닫는 시대에 태어나고 자란 야나기하라 소년은 해군 잡지에 게재되는 군함 등의 사진과 기사에 흥미를 느끼고 일본 해군의 '무쓰陸奥' '나가토長門' '이세伊勢' 등과 같은 군함을 모두 외웠다고 한다. 게다가 배의 이름을 옛 지경에서 골랐다는 것을 알고 일본 지도와 대조하면서 그 지방의 산업이나 특산물까지 조사할 정도로 공붓벌레였다. 교토에 살던 무렵에는 운송회사 닛폰유센日本郵船과 오사카상선大阪商船 여객선의 모습이 담긴 그림엽서와 만난다. 야나기하라는 그림엽서들을 방에 쭉 늘어놓고 바닥에 코가 닿을 정도로 가까이 들여다보면서 마치 자신이 진짜 배 앞에 있는 듯한 분위기를 만들며 즐긴 순진무구한 아이였다. 취미는 굴건을 모으는 것에서부터 시작된다던데 그에게는 그 그림엽서야말로 '배의 인생'을 살게 되는 단서가 되었을지 모른다.

1945년 도쿄대공습이 일어난다. 간사이에도 공습경보가 발령되면서 야나기하라는 이곳저곳으로 대피하다 보면 수많은 엽서 컬렉션을 다 들고 갈 수 없을 거라고 판단해 모두 스케치북에 축소해 세밀하게 그려놓았다고 한다. 지금은 '배의 화가'라고 칭송받을 만큼 그 정확성을 따라올 자가 없을 정도인데 어린 시절부터 이러한 훈련을 당연하게 해왔기 때문일 것이다. 참고로 그 컬렉션은 아쉽게도 공습으로 소실되었다.

The Father of Uncle Torys
Uncle Torys is the mascot for Suntory's Torys whisky, first appearing in Japan shortly after the war. During Japan's period of rapid economic growth, Uncle Torys was always there for the country's businessmen and women, helping to relieve the fatigue from their long days. Uncle Torys was and continues to be loved by the entire nation. Illustrator Ryohei Yanagihara, known for his unparalleled love of ships, was Uncle Torys' creator. Yanagihara spent more than half of his life in Yokohama and loved the city and its port more than anyone else.

Artistic Skills Born from a Passion for Ships
Yanagihara was born in the prewar era in 1931. During his youth, he became engrossed in photos and articles of warships, and is said to have learned everything about all of Japan's fleet. Japanese warships were named based on former domains, and Yanagihara even went as far as learning about the industries and produce of the areas they were named after. Later, when he lived in Kyoto, Yanagihara discovered picture postcards of merchant ships.

The Bombing of Tokyo took place in 1945, and air-raid

고토부키야(현 산토리) 시절

전쟁이 끝나고 중학생이 된 야나기하라는 동경하던 군함들이 대부분 바닷속으로 가라앉았다는 사실을 알고 충격을 받는다. 상선은 신문을 보아도 그 행방을 알 수 없어 배가 무사한지 걱정하다가 주요 선박회사에 편지까지 썼을 정도였다. 그리고 답장을 보내온 오사카상선(현 상선미쓰이 MOL)에는 견학까지 갔다. 그곳에서 만난 조선기술자와는 이후에도 친분을 이어가 배에 대한 지식을 꾸준히 쌓아갔다. 물론 야나기하라도 조선기술자를 목표로 삼았지만, 피난 기간이 너무 길었던 탓에 그 길은 포기하고 화가를 목표로 미대에 진학한다. 하지만 밥은 먹고 살아야겠다는 생각에 상업 디자인을 전공하고 '고토부키야壽屋' 선전부에 입사한다. 좋든 싫든 전쟁이라는 당시 사회 환경이 그를 형성했다.

고토부키야에서 야나기하라는 후에 『벌거숭이 임금님裸の王樣』으로 신인 문학상 '아쿠타가와상'을 받는 고 가이코 다케시開高健와 만난다. 가이코와 처음 함께한 작업은 재외일본인의 귀환을 축하하는 신문광고 제작이었다. 야나기하라는 귀환선 '고안마루興安丸'의 일러스트를 맡았다. 검은색, 흰색, 농담이 있는 회색 등 네 가지 톤으로 그린 그의 그림이 처음 전국지에 실려 준아사히광고상을 받았다. 이후 토리스 광고도 담당하면서 선이 날렵하고 재미있다는 상사의 조언으로 종이 공예 '기리에切り絵'를 활용한다. 당시는 신문광고가 가장 효과가 있다고 여겨져, 문장은 가이코, 디자인은 야나기하라라는 명콤비가 탄생했다. 한 달에 30종에 가까운 광고 디자인을 제작했다. 일이 하나 끝나면 주변에 있던 촬영용 위스키를 마음대로 마셨다고 하던데 그것도 왠지 용서해줄 수 있을 듯하다.

전후 일본은 복구를 끝내고 고도경제성장을 하고 있었다. 1950년대에는 퇴근길의 회사원들이 편하게 들를 수 있는 술집으로 '토리스바トリスバー'가 탄생했다. 그런 술집이 있는 번화가의 지도나 문화인이 술을 주제로 쓰는 에세이, 오리지널 유리잔과 같은 굿즈 등 즐겁고 재미있는 이미지를 확장해 광고잡지 《양주천국洋酒天国》을 출판한다. 인쇄는 도쿄의 '돗판인쇄凸版印刷'에서 진행하고 에세이는 도쿄의 문화인이 거의 투고했기 때문에 야나기하라는 고향인 도쿄로 전근한다.

시대와 함께 텔레비전 광고에도 주력하면서 토리스의 캐릭터도 달라졌다. 본래 토리스는 저렴한 가격에 젊은층 대상이었으므로 신문에 젊은 남녀를 그려 넣었다. 그런데 텔레비전 광고에서는 어울리지 않는다는 말을 들을 수 있어 6등신을 2등신으로 바꾸고 조금 엉큼한 장면도 용서될 만한 사랑스러운 초로의 남성으로 변신시켰다. 그렇게 엉클 토리스는 기능적으로 탄생했다. 스토리는 가이코 씨와

warnings were issued in his area, too. Unable to take his entire postcard collection with him as he escaped from place to place, Yanagihara is said to have copied his entire collection into his sketchbook. Yanagihara's peerless accuracy is thanks to the hard work and dedication he put in during his childhood.

Yanagihara at Kotobukiya (Today's Suntory)
Post-war, a junior high school-aged Yanagihara was shocked to find out that the majority of his favorite warships had been sunk. Although his dream was to become a ship engineer, unable to recover the time he had spent evacuating, he gave up on his goal, instead choosing to join an art college. Yanagihara then went on to study commercial design before joining the advertising department at Kotobukiya.

It was here that Yanagihara met Takeshi Kaiko, who would later win the Akutagawa Prize. His first job with Kaiko was the creation of a newspaper advertisement to celebrate the repatriation of Japanese citizens. Yanagihara was in charge of the illustration. This was the first time his drawing had featured in a national newspaper, and for it he won an Asahi

Ships... Vital link to mankind

The Shipbuilders' Association of Japan
Japan Ship Exporters' Association

124쪽 일러스트 모두 요코하마미나토박물관 소장

같이 아이디어를 내고, 후에 『에브리만 씨의 우아한 생활江分利満氏の優雅な生活』로 아오키문학상을 받는 고 야마구치 히토미山口瞳도 합류하면서 텔레비전 광고는 마이니치산업디자인상을 받는다.

위스키의 세계에서 배의 세계로

그 무렵 배를 주제로 한 그림책을 출판한다. 대형선을 돕는 소형선인 예인선이 주인공으로 처음 등장하는 배의 그림책이었다. 이 책을 계기로 북 디자인이나 만화 작업 등이 늘면서 야나기하라는 고토부키야를 퇴사하고 위탁 직원이 된다. 그리고 1964년 항구가 보이는 요코하마 야마테로 이사한다. 오사카상선의 화물선이 입항하는 '항구'가 보였다는 게 결정적인 이유였다. 당시 도쿄올림픽이 열려 오산바시에는 관광객의 호텔선으로 여객선이 많이 정박해 엄청나게 북적였다. 그때 전후 요코하마에 들어온 여객선 중 가장 규모가 컸다는 영국 P&O의 여객선 '오리아나Oriana'가 있었는데 이 당시는 황토색으로 아름다웠지만, 다음에 이 배가 다시 항구에 들어왔을 때는 순백색으로 바뀌어 있어 실망했다

Advertising Award. He later oversaw advertising for Torys whisky, and came to use papercutting methods with sharp, amusing lines.

In line with its post-war recovery, Japan experienced a period of rapid economic growth. The 1950s saw the emergence of Torys Bars, a place for businessmen and women to relax. At the same time, Kotobukiya published a PR magazine titled Yoshu Tengoku. The magazine was printed by Toppan in Tokyo, while its essays were predominantly written by Tokyo-based intellectuals. As a result, Yanagihara was relocated to Tokyo.

With the changing times, Kotobukiya decided to focus on TV advertisements, and so the decision was made to renew the company's characters. The company created a new character —a much shorter, charming old man, Uncle Torys.

From the World of Whisky to the World of Ships
At around this time, Yanagihara published a picture book about ships, featuring a tugboat as the main character. With bookbinding and illustrating taking up more of his time,

고 한다. 그런 일화도 야나기하라답다. 물 만난 물고기처럼 점점 배에 몰두하던 야나기하라는 이어서 『야나기하라 료헤이 배의 책柳原良平 船の本』을 출간한다. 익숙한 엉클풍의 캐릭터를 담아 기존의 전문서와는 확실히 구분되는 독특한 내용으로 베스트셀러가 되었다.

시민과 항구를 위해

1961년 개관한 '요코하마해양과학박물관橫浜海洋科學博物館'. 당시는 요코하마마린타워 3층에 있어 모형이나 디오라마, 선구船具, 어구 등 배와 항구에 관한 전시가 열렸다. 개관해 15년 가까이 지난 어느 날, 이 박물관의 학예사가 야나기하라를 찾아와 시의 경제국이 채산성을 이유로 박물관을 폐쇄하고 특산물관으로 만들려고 하니 도와달라면서 그에게 매달렸다. 이에 야나기하라는 '요코하마시민과 항구를 잇는 모임'을 결성. 야나기하라가 대표이사를 맡고 의학계, 항만업계, 유린도 서점과 호텔 뉴그랜드까지 쟁쟁한 실력자를 이사로 맞이했으며 회원은 1,000명에 달했다. 매달 '항구의 회합'을 열어 배와 항구에

Yanagihara quit his full-time position at Kotobukiya. In 1964 he moved to the Yamate area of Yokohoma, where he could see cargo ships coming into port. Immersing himself further into the world of ships, Yanagihara next published the Ship Book series. Featuring familiar characters throughout, the book series became a bestseller for its unique content. Its success saw an increase in ship-related work for Yanagihara

Initiatives for the City's Citizens and Port
The Yokohama Marine Science Museum opened in 1961. Around 15 years after its opening, however, Yanagihara was approached by the museum's curator—"We need your help. The museum isn't turning a profit, so the City's economic department is going to close it down." Embarrassed at how a museum about one of Japan's leading, biggest port cities might close down due to a lack of interest, Yanagihara made up his mind to set up an association to create closer connections between Yokohama citizens and the port.
 Yanagihara also participated to movements to help protect and preserve the Nippon Maru training ship. In 1989, with the

대한 지식을 쌓고 강연회, 견학회, 파티 등을 개최했다. 이러한 계몽운동은 요코하마문화상을 받았다.

또한 '태평양의 백조'라 불린 연습 범선 '닛폰마루日本丸'의 보존 운동에도 관여했다. 보존에는 도쿄와 고베, 가고시마 등 전국 10개 도시가 입후보했지만, 시민과 선원이 중심이 된 곳은 요코하마뿐이었다. 1989년 드디어 닛폰마루의 유치와 함께 해양과학박물관은 '요코하마마리타임뮤지엄横浜マリタイムミュージアム(현 요코하마미나토박물관横浜みなと博物館)'으로 새 출발한다. 닛폰마루는 조선소였던 구 요코하마 선거横浜船渠 제1호 뱃도랑dock 안에 보존되었으며 인접한 뮤지엄은 닛폰마루의 경관을 소중히 여겨 지하로 파고들 듯이 저층으로 설계되었다. 참고로 제2호 뱃도랑은 그 유명한 '요코하마랜드마크타워'에 병설되어 현재는 자유 공간으로 활용되고 있는데 현존하는 가장 오래된 석조 뱃도랑으로 풍격이 있다.

요코하마를 사랑하고 요코하마를 즐거운 곳으로 만들겠다는 목적의 '요코하마를 위한 모임ヨコハマの会'도 결성했다. 회장도 없고 회칙도 없으며 회비는 그때그때 똑같이 나눠서 부담했다. 초기에는 호텔에 모여 자유롭게 이야기를 나누는 모임이었다. 시간이 지나면서 '요코하마를 즐기는 학교ヨコハマ遊学校'라는 강연회를 열고 요코하마를 재미있게 만드는 사람이나 단체, 물건에 상을 주는 '요코하마유대상ヨコハマ遊大賞'도 만들었다. 참고로 지금까지 슈마이 식품회사 기요켄의 슈마이 도시락, 박물관 학예사, 히카와마루氷川丸(전쟁 전부터 유일하게 현존하는 일본의 화물여객선으로 야마시타공원 앞에 박물관선으로 계류되어 있다), 그리고 야구팀 요코하마베이스타스横浜ベイスターズ 등이 상을 받았다.

항구의 미래

거리에 로프웨이가 지나다니는 풍경이 마치 공상과학영화에 나오는 우주기지처럼 느껴지는 '미나토미라이(미나토는 항구, 미라이는 미래라는 뜻)'. 닛폰마루가 보존된 일대는 1983년 미쓰비시중공업 요코하마조선소 이전과 함께 신설된 동네로, 당시 시민에게 친근하게 다가가고자 지역 닉네임을 공모했다. 야나기하라는 그 포스터 디자인을 맡은 데다가 닉네임 선정 위원에도 뽑혔다. 2,000점 이상의 응모작 가운데 '빨간 구두 시티赤い靴シティ'와 '미나토미라이21'이 마지막까지 후보로 남았고 투표를 통해 후자가 선정되었다. 사실 '미나토미라이21'은 당초 최종 선정 후보에는 없었는데 야나기하라가 패자부활로 뽑았다고 하니 이 지역을 탄생시킨 사람도 야나기하라였다고 할 수 있겠다.

요코하마를 '모항母港'으로 삼아 정력적으로 창작 활동을 펼친 야나기하라. 그의 작품은 거리에서도

Nippon Maru in place, the museum reopened as the Yokohama Maritime Museum (today's Yokohama Port Museum). The Nippon Maru is preserved in Dock 1 of the former Yokohama Dockyard, and the neighboring museum offers spectacular views of the ship via its low-rise design.

With a strong love for Yokohama and a desire to make it a more exciting place, Yanagihara also set up the Yokohama Association, organizing the Yokohama Yu Awards in recognition of people, groups, and products that made it a more exciting location.

The Future of the Port

In 1983, Mitsubishi Heavy Industries moved its Yokohama Shipyard from the area and a plan was devised to create a new urban center. The city thus called on the public to submit ideas for nicknames. Yanagihara designed the poster calling for submissions. The project saw more than 2,000 entries and Yanagihara himself was chosen to sit on the selection committee.

With Yokohama as his home port, Yanagihara energetically went about his creative activities while visiting ports and ships around the world. Yanagihara passed away in 2015 at the age

볼 수 있다. 미나토미라이선의 니혼으도리역 벽에는 도자기 부조 〈요코하마항의 지금과 옛날横浜港今昔〉이 있어 역 이용자에게 길잡이가 되고 있다. 또한 유명 과자 요코하마하버横浜ハーバー의 포장지에는 요코하마항과 관련된 배들을 그렸는데 이 책의 표지에도 사용했다. 그리고 아는 사람은 아는 슈퍼마켓 모토마치유니온의 포장지가 있다. 이곳은 소중한 선물을 야나기하라 디자인의 포장지로 포장해준다

2015년 야나기하라는 84세의 나이로 세상을 떠났다. 야나기하라의 유족은 그의 작품 약 5,000점을 요코하마시에 기부해 2018년에는 '야나기하라료헤이아트뮤지엄'이 개관(요코하마미나토박물관 병설)했다. 전시 부스에는 엉클 토리스 이전 작품부터 다양한 배의 작품까지 전시되어 있어 훌륭한 작품은 물론 디자이너다운 관점도 엿볼 수 있다.

그가 쓴 책 『료헤이의 요코하마 안내良平のヨコハマ案内』를 읽으면 그 어떤 여행책보다 '요코하마다운 요코하마'를 알 수 있다. 그래서일까? 이전의 요코하마와 비교해 어딘지 항구가 멀게 느껴진다. 그렇다 해도 그가 사랑한 요코하마 항구에는 지금도 변함없이 전 세계의 배가 들어와 많은 기쁨을 전해준다. 그리고 배는 많은 꿈과 희망을 싣고 세계를 향해 출항한다. 야나기하라가 작품에 그린 모든 사람이 행복한 '미래의 항구'는 분명 앞으로도 요코하마의 '희망'으로 영원히 계승될 것이다.

of 84. His family has since donated around 5,000 of his artworks to Yokohama City, and this led to the opening of the Yanagihara Ryohei Art Museum in 2018. A wide range of his work is on display, from pictures from before his creation of Uncle Torys to various ship-related artwork. Not only are these fantastic works of art, but they also offer a fascinating designer's perspective. If anything, the role of this Kanagawa Issue should be to further explore and communicate the charms of the Yokohama that Yanagihara loved. Yanagihara's dream was to create a future port city for everyone to enjoy.

127쪽 일러스트 모두 요코하마미나토박물관 소장

Graphic of KANAGAWA

야나기하라 료헤이(1931-2015년) 도쿄도에서 태어났다. 일러스트레이터다. 교토시립미술대학교(현 교토시립예술대학) 졸업 후, 지금의 산토리인 고토부키야 선전부에 입사한다. 이후 그림과 글로 배에 대한 생각을 담아오다가 『야나기하라 료헤이 배의 책』 출간을 계기로 어렸을 때부터 좋아했던 배의 그림을 본격적으로 그리기 시작한다. 1964년 요코하마 야마테로 이주해 요코하마를 모항으로 세계와 일본의 항구와 배들 돌며 열정적으로 창작 활동을 전개했다.

Ryohei Yanagihara (1931-2015) Illustrator, born in Tokyo. Graduated from the Kyoto City University of Arts and joined the advertising department in Kotobukiya (now Suntory). His *Ship Book*, in which he expressed his thoughts on ships through paintings and writing, inspired him to start drawing pictures of ships that he had loved since he was a child. In 1964, he moved to Yamate, Yokohama, and traveled to ports and ships around the world and in Japan, using Yokohama as his home port, while actively developing his creative activities.

〈아무도 없는 바다(だれもいない海)〉, 2011년, 이미 지 제공: 미술저작권센터(美術著作権センター)

산과 갬블

사카모토 다이자부로 (산의 수도자)

가나가와현의 롱라이프 축제

전통 만담 라쿠고 가운데 《오야마마이리》라는 작품이 있습니다. 에도의 나가야長屋(여러 가구가 살 수 있도록 길게 만든 집)에 사는 사람들이 집주인을 앞세워 오야마마이리를 가려고 하지만, 참배를 희망하는 사람 중에는 구마고로라는 술버릇이 고약한 사람이 있었습니다. 사람들이 같이 가기 싫다고 거절해 절대로 싸우지 않겠다는 약속을 하고 함께 가게 됩니다. 하지만 결국 구마고로는 술에 취해 난동을 피운다는 이야기입니다.

오야마의 세키손다이곤겐石尊大権現은 '도박의 신'이라고 알려져 지인인 수행자로부터 들은 이야기에 따르면 에도의 서민은 오야마마이리가 즐거운 오락으로 빚이 있는 사람은 어떤 한 시기가 되면 오야마마이리를 떠나 산에서 도박을 해서 이기면 당당하게 에도로 돌아오고, 지면 모습을 감추었다고 합니다.

오야마 근처의 단자와산괴丹沢山塊에 있는 도노산塔ノ岳에서는 실제로 쇼와시대 초기까지 도박장이 열렸다고 합니다. 사실 산이나 사원과 같은 영적인 장소에서는 도박장이 열리는 게 흔한 일이었습니다. 도박할 때 내는 수수료를 절의 돈이라는 의미의 '데라제니テラ錢'라고 부른 것도 절이나 사원에서

Long Lasting Festival in KANAGAWA

Mountains & gambling

By Daizaburo Sakamoto(Yamabushi)

There is a *rakugo* (Japanese comedic storytelling) program called "Oyama-Mairi." A group of *Nagaya* (long rowhouse) dwellers in Edo were going to go on a pilgrimage to Mt. Oyama with their landlord as their guide. One of them who wanted to visit the temple was a man named Kumagoro, and he was a bad drunk. No one wanted him on the trip, but they eventually relented when Kumagoro promised not to get into a fight with them. However, Kumagoro did get himself drunk and got out of control.

Sekison Daigongen (a Japanese deity) at Mt. Oyama is also known as the "God of Gambling." According to what I heard from an itinerant Buddhist monk that I know, pilgrimages to Mt. Oyama were a fun pastime for the common people of Edo. Those in debt would go to Mt. Oyama at certain times of

사카모토 다이자부로坂本 大三郎 현대의 감성과 객관성을 두루 갖춘 산의 수도자. 도호쿠 데와산산出羽三山에서 산 수도자의 자세와 산간부에 남아 있는 생활 방식에 미료되어 다마가타현으로 이주했다. 산은 사람의 지혜를 넘어선 '알 수 없는 것'의 상징이라고 여기고 그곳에 있는 깊은 문화와 풍습을 알기 쉬운 표현과 매력적인 그림으로 전한다. 일러스트레이터이자 문필가로도 활약한다.

Daizaburo Sakamoto *Yamabushi* (mountain priest) with a modern sensitivity, and objectivity. During training as *Yamabushi* in Dewasanzan, Tohoku, he was attracted by the way of life of mountain priests and the art of living that remains in mountainous regions, and so he decided to relocate to Yamagata. Based on his belief that mountains are the symbol of "things we don't know" that surpass human intellect, he conveys the profound culture and customs of mountainous regions through easy to understand language and attractive illustrations. He is also active as an illustrator and writer.

도박이 열렸다는 증거라는 설도 있습니다.

민속학자 오리구치 시노부折口信夫는 수도자의 점술이 도박으로 변질되었고 그로 인해 노름꾼 등의 난봉꾼이 생겨났다고 했습니다. 산이나 절은 세상의 권력이 미치지 않는 곳이었으므로 단속할 수 없어 사바세계에서 죄를 저지른 자가 도망쳐오거나 부부의 연을 끊고 싶은 사람이 찾아오는 일도 있었다고 합니다. 이른바 인연을 끊는 절인 엔키리데라縁切寺라든지 가케코미데라駆け込み寺가 그런 역할을 맡아온 장소였던 것이지요.

지바현에서 태어나 자란 저에게 도쿄만을 사이에 두고 반대쪽에 있는 가나가와현의 산들은 초등학교 여름방학 때 매년 캠프로 방문하여 즐거운 추억이 많이 남아 있는 장소입니다. 초등학생 때에는 단자와의 자연 속에서 지내며 과거에 도박장이 열렸다는 사실 같은 것은 알지 못했습니다. 그런데 그런 산의 역사를 알고 나니 단자와나 오야마가 예로부터 서민에게 사랑받아온 장소였구나 하고 전보다 더 경외심을 품게 되었습니다.

the year to gamble on the mountain, returning to Edo in high spirits if they won, and go into hiding if they lost.

In Mt. To-no-dake of the Mt. Tanzawa near Mt. Oyama, a gambling den was actually held until the first half of the Showa period. Some believe that the term "*terasen*," a nominal fee paid by gamblers to the gambling sites, is a vestige of the gambling that took place at temples.

Folklore scholar Shinobu Orikuchi said that the divination skills of the itinerant Buddhist monks somehow morphed into gambling, which brought forth the stories of gamblers and other rogues. Since mountains and temples were out of the reach of secular authorities, they could not be policed. Offenders and criminals, and women who wanted to dissolve their marriages, often took refuge in these so-called *Engiri* (for divorce) or *Kakekomi* (women's shelter) temples.

When I was in elementary school, it never occurred to me that a gambling house was even once held in the nature of Mt. Tanzawa. But when I got to learn of this history of the mountains, I felt more respect for the fact that Mt. Tanzawa and Oyama had long been beloved places of the common people.

가나가와의 맛

편집장이, 취재가 아니어도 가고 싶은

깜짝 놀라 9가지 음식을 편집부가 엄선했다. 요코하마의 대장 야구선수 미우라 다이스케도 장외 홈런급, 직구도 있고 변화구도 있다. 메뉴는 그것을 넘어서는 요코하마스타디움의 명물도 맛있었지만, 여기에서 소개하고 있는 소고기 전골, 나폴리탄 등 개항시대에 탄생한

Favorite Dishes From KANAGAWA

Yokohama's specialties, ever since its port opened up, are certainly delicious. But the unrivaled delicacies that can only be found in Kanagawa Prefecture are so good. Here are nine dishes carefully selected by our editors, some are plain good, while others are deviously so, that would even surprise the "Yokohama's Bancho."

1 FAVORITE 오리지널 함박스테이크
Original hamburger steak

(처음에는 기름이 튀므로) 냅킨 너머로 철판을 바라보는 시간, 약 60초. 솔직히 참기 어렵다! 2,090엔(레귤러 세트)

헝그리타이거 호도가야본점
📍 가나가와현 요코하마시 호도가야구 호시카와 3-23-13 ☎ 045-333-702■
🕐 11:00~21:30(라스트 오더 21:00), 평일 점심 15:00까지, 12월 31일 및 1월 1일 휴무
🌐 hungrytiger.co.jp/location/hodogaya.html

Hungry Tiger Hodogaya 📍 Hoshikawa 3-23-13, Hodogaya-ku, Yokohama, Kanagawa
🕐 11:00~21:30(L.O. 21:00) Lunchtime ~15:00(weekdays)
Closed on December 31 and January 1

2 FAVORITE 가쓰레쓰정식(등심)
Katsuretsu set meal (tenderloin)

고게이샤에서 추천받은 유명한 가게. 판화가 무나카타 시코(棟方志功)가 그린 요코하마를 보러 가는 것만으로도 가치가 있다. 1,980엔

가쓰레쓰안반시미치본점 📍 가나가와현 요코하마시 나카구 도키와초 5-58-2 ☎ 045-681-4411 🕐 11:00~21:30 (라스트 오더 21:00 ※상황에 따라 변동), 연중무휴 🌐 katsuretsuan.co.jp

Katsuretsu-an Bashamichi Main Store
📍 Tokiwa-cho 5-58-2, Naka-ku, Yokohama, Kanagawa
🕐 11:00~21:30(L.O. 21:00 ※Subject to change) Open all year

3 FAVORITE 미사키의 참치로 만든 피쉬앤드칩스
Misaki tuna Fish & Chips

조가섬(城ヶ島)에서 맛볼 수 있는 궁극의 핑거 푸드. 솔개에게 뺏기지 않으려고 엄청 뜨거운데도 우걱우걱 먹었다. 864엔(레귤러)

FISHSTAND 📍 가나가와현 미우라시 미사키마치 조가시마 658-142
☎ 046-881-7222 🕐 10:00~16:00, 일·수요일 휴무 🌐 www.fishstand.jp
FISHSTAND 📍 Jogashima 658-142, Misaki-machi, Miura, Kanagawa
🕐 10:00~16:00 Closed on Sundays to Wednesdays

4 FAVORITE 튜너 멜트
Tuna melt

감각이 돋보이는 시장 밥. 직접 만든 가공 참치와 녹아내리는 치즈의 조합이 기억에 남는다. 715엔

조리실이케다 📍 가나가와현 가와사키시 미야마에구 미즈사와 1-1-1 가와사키시 중앙즉매시장 북부시장 관련동 45 🕐 7:00~13:30 (라스트 오더 13:00, 토요일 라스트 오더 14:00), 일반 손님 입장 시간은 8:00부터, 점심 11:45부터, 수요일과 일요일, 공휴일 휴무 🌐 chourishitsu.tumblr.com

Chorishitsu Ikeda 📍 Kawasaki City Central Wholesale Market Northern Market Bldg. 45, Mizusawa 1-1-1, Miyamae-ku, Kawasaki, Kanagawa
🕐 7:00~13:30 (L.O. 13:00 / Saturdays L.O. 14:00)

 아이스크림
Ice cream

여행하는 과일가게이기 때문에 탄생할 수 있었던 색색깔의 아이스크림. 시즈오카의 '수제 소다 naru' 등은 예상외!(메뉴는 계절에 따라 변경) 480엔(1스쿱)

청과 미코토야ミコトヤ
📍가나가와현 요코하마시 아오바구 우메가오카 7-8　☎045-507-3504　🕐월~금요일 11:00~17:00, 주말 및 공휴일 10:00~18:00 목요일 휴무　🌐micotoya.com
MICOTOYA HOUSE　📍Umegaoka 7-8, Aoba-ku, Yokohama, Kanagawa
🕐Mondays to Fridays 11:00~17:00 Saturdays, Sundays and national holidays 10:00~18:00 Closed on Thursdays

건어물 피자
Dried fish pizza

그렇게 흔했던 '진화형 건어물'이 전혀 생각지도 못한 피자로 등장. 좋은 재료로 정성스럽게 만들며 맛도 수준 높다! 1,000엔부터

마나즈루피자식당 KENNY 真鶴ピザ食堂KENNY
📍가나가와현 아시가라시모군 마나즈루마치 마나즈루 402-1
☎0465-68-3388　🕐영업시간 확인 필수　🌐www.facebook.com/manazuru.kennypizza
Manazuru Pizza Shokudo KENNY
📍Manazuru 402-1, Manazuru-machi, Ashigarashimo-gun, Kanagawa
🕐Check opening hours

파라다이스 효모 주스
Paradise Yeast Juice

빵에도 사용되는 효모(본 시리즈 《후쿠시마호》 참고)의 주스는 매일 마시고 싶다. 우주 요금 자유 요금 550엔부터

PARADISE ALLEY BREAD & CO.
📍가나가와현 가마쿠라시 고마치 1-13-10　☎0467-84-7203
🕐월~일요일 8:00부터, 빵이 품절되면 영업 종료　🌐cafecactus5139.com/paradisealley/
PARADISE ALLEY BREAD & CO.　📍Komachi 1-13-10, Kamakura, Kanagawa
🕐Mondays to Sundays 8:00~ Store will close when breads are sold out

징기스칸ジンギスカン
Genghis Khan

지가사키의 유명인 가이코 다케시가 좋아한 식당으로 일본식 양고기 구이긴 징기스칸을 내놓는다. 오랫동안 변하지 않는 가게 모습만 보아도 벌써 맛있다. 450엔

징기스칸ジンギスカン　📍가나가와현 지가사키시 사이와이초 23-16
☎0467-86-9552　🕐17:00~23:00(라스트 오더 22:40), 연중무휴
Genghis Khan　📍Saiwai-cho 23-16, Chigasaki, Kanagawa
🕐17:00~23:00(L.O. 22:40) Open all year

돈미노とんみの
Tonmino

돼지 위를 삶아서 무친 돈미노를 시민주점의 역사를 생각하며 기린맥주와 함께 먹었다. 책이 완성되면 꼭 다시 찾으려고 한다. 440엔

시민슈조 市民酒場 모로보시棒星
📍가나가와현 요코하마시 가나가와구 고야스도리 3-289　☎045-441-0840　🕐16:30~22:00(라스트 오더 21:00)
주말 및 공휴일 휴무　🌐twitter.com/SakabaMorohoshi
Shimin Shuzo Morohoshi　📍Koyasu-dori 3-289, Kanagawa-ku, Yokohama, Kanagawa　🕐16:30~22:00(L.O. 21:00) Closed on Saturdays, Sundays and national holidays

가나가와현의 CD

미사키항에서 카페와 도넛 가게를 운영하면서 음악 프로듀서를 겸하고 있는 이색적인 경력의 후지사와 히로미쓰 씨가 직접 쓴 라이너 노트.

원더풀 뮤직!
ワンダフル・ミュージック！

가모메아동합창단
(MISAKIDONUTS
RECORDS 3,300엔)

저녁 해가 뜬다   가나가와현의 미우라반도 최남단에 있는 미사키항은 과거에 간토 굴지의 참치 어획량 기지로 크게 융성했던 항구 마을이다. 시대가 바뀌어 쇠퇴 일로를 걷는 현재도 그 흔적을 진하게 남기는 상점가에 '가모메아동합창단'의 희망의 노랫소리가 울려 퍼진다. 합창단원은 유치원 상급반부터 중학교 1학년까지의 아주 평범하고 활기찬 아이들. 공통점은 노래 부르기를 좋아한다는 점과 부모님이 가모메아동합창단의 팬이라는 점. 성악가이자 현재 82세인 대표 고지마 조코 선생님의 지도는 무서울 정도로 엄격하다. 열심히 노래를 불러도 '너의 노래는 지금 여기 없어.'라면서 불호령을 하니 울음을 터트리는 아이들도 있다. 자유롭고 해맑은 노랫소리가 매력인 가모메아동합창단은 사실 엄격히 훈련받은 특별한 아이들이었다. 그 아이들이 〈저녁 해가 뜬다夕日は昇る〉라는 곡을 노래한다. 지금 저물어가고 있는 저녁 해에 물든 이 마을에서 '저녁 해가 뜬다.'라고 노래를 부른다. 세상에서 가장 아름다운 저녁 해가 저무는 미사키항에서.

CDs of KANAGAWA

Liner notes by Hiromitsu Fujisawa, who has the unusual title of a music producer in addition to running a café and donut store in Misaki Port.

Wonderful Music!
Kamome Children's Choir (MISAKI DONUTS RECORDS, ¥3,300)

The Sun Rises

Misaki Port has long prospered as one of the best tuna fishing bases in the Kanto region. But times have changed, and voices of "Kamome Children's Choir" now resonate in the declining shopping district. These children, hailing from kindergartens to junior high schools, all love singing, and their parents are their fans. Vocalist Choko Kojima is very strict when it comes to teaching them. They are now singing the song "The Sun Rises" right here in this town bathed in the setting sun. At Misaki Port, where one can see the most beautiful sunset in the world.

가나가와현의 책

요코하마와카바다이단지横浜若葉台団地의 서점 'BOOK STAND 와카바다이' 주인 겸 이동책방 'BOOK TRUCK'을 운영하는 미타 슈헤이三田修平가 추천하는 '가나가와의 책'

바닷마을 다이어리
海街diary

요시다 아키미吉田秋生
(쇼가쿠칸 9권 완결
1-8권 각 600엔, 9권 631엔
한국어판/ 문학동네 9권 완결
세트 76,500원)

옛 도읍지 가마쿠라에서 긴 시간 이어지는 사람들의 일상이 가슴을 울린다 주변 지자체에 괜스레 경쟁심을 불태우는 것은 어떤 지역에서나 있는 일이다. 가나가와현도 예외는 아니어서 매일 주변 지역과 경쟁하고 있지만, 가마쿠라만은 모든 지역이 인정한다는 생각이 든다. 그것도 그럴 것이 바다와 산으로 둘러싸인 압도적인 입지와 일본 굴지의 긴 역사를 모두 지닌 우수한 곳이 바로 가마쿠라이기 때문이다. 만화『슬램덩크SLAM DUNK』『핑퐁ピンポン』『교사제군!!教師諸君!!』등 가마쿠라와 쇼난 지역을 무대로 한 명작 만화는 수도 없이 많다. 그 가운데 이 지역의 매력이 가득 담긴 만화로 요시다 아키미의 『바닷마을 다이어리』를 추천한다. 가마쿠라에 있는 오래된 일본식 주택에서 사는 네 자매를 그린 이 작품은 가마쿠라에서 에노시마에 걸쳐 살아 있는 문화와 풍토, 역사가 농축되어 담겨 있어 가마쿠라에 그다지 흥미가 없는 사람도 푹 빠질 정도로 끌어당기는 힘이 있다. 실제로 존재하는 이 지역의 랜드마크적 가게도 등장하기 때문에 이런 곳들을 둘러보아도 분명 즐거울 것이다.

Books of KANAGAWA

"Kanagawa Books" recommended by Shuhei Mita, owner of "BOOK STAND Wakabadai" bookstore in Yokohama Wakabadai Apartment Complex and organizer of the mobile bookstore, "BOOK TRUCK".

Our Little Sister
Akimi Yoshida (Shogakukan, 9 volumes; Vol. 1–8 at ¥600, Vol. 9 at ¥631)

The ceaseless and moving lifestyles of people in Kamakura
There's a great deal of rivalry amongst prefectures, but they all seem to concede defeat when it comes to Kamakura. Many masterpiece *mangas* were set in the Kamakura and Shonan areas, and the one that I'd suggest is "*Our Little Sister*", which talks about four sisters living in Kamakura. The manga is full of the culture and history of the region, from Kamakura to Enoshima. It also features landmark stores that actually exist in the area.Reading a book is very much like taking a walking tour.

가나가와 정식

(d47 식당 디렉터)
아이마 유키

가나가와현의 맛

138

사진 야마자키 유지 山﨑悠次
요리 나카야마 사유리 (d47 식당)

※가운데

【땅콩 콩자반】
보들보들한 탄력과 씹는 맛이 좋은 것이 특징. 식감이 좋고 술안주로도 제격이다. 하다노에서는 땅콩을 달콤하게 조린다.

【오다와라의 가마보코】
길하다고 여겨지는 홍백의 가마보코. 소금에 절인 우메보시.

【오다와라의 주로매실】
두둥은 제비를 하는 '소가노사토농원 나고미'의 뿌리채소와 두부를 기본으로 얇게 썬

【겐친지루】
다시마를 넣어 끓인다.

【참치 조림】
참치 꼬리살로 만든 조림.

흑설탕으로 부드럽게 조린다.

【슈마이】
씹는 맛을 즐길 수 있는 새우 슈마이. 생강 맛이 강한 돼지고기 슈마이와

※위에서부터 시계방향으로

오다와라의 환대

에도시대에 지금의 도쿄인 에도부터 교토를 잇는 도카이도 53곳의 역참 중 가나가와에는 9곳의 역참 마을이 형성되어 당시부터 많은 사람이 오갔다. 오다와라의 가마보코는 바로 그런 여행자에게 대접한 요리 중 하나다. 견학으로 찾은 '스즈히로가마보코鈴廣かまぼこ'에서는 후지富士, 하코네, 단자와연산에서 약 100년에 걸쳐 천연으로 여과된 지하수를 사용해 탱탱한 식감이 특징인 아름다운 하얀색 가마보코를 만들고 있었다. 아주 쉽게 공기를 빼면서 반죽해 리드미컬하게 성형하는 장인의 기술은 보고 있기만 해도 즐겁다. 시가지에서 벗어난 곳에는 '소가매실숲曽我梅林'이 있어 껍질이 매우 얇고 섬세한 오다와라의 '주로매실十郎梅'이 자라고 있었다. 주로매실은 짠맛은 강해도 과육이 부드럽고 과일 같은 우메보시(일본식 매실장아찌)가 되니 우메주먹밥만으로 충분히 대접받는 느낌이 들 듯하다. 역참 마을이 있던 오다와라인 만큼 여행자를 받아들이는 식문화를 느낄 수 있었다.

사찰 요리에서 탄생한 가정식 요리

가마쿠라에서는 맑은 국물인 '겐친지루けんちん汁'의 발상지 겐초지절建長寺로 향했다. 식저재료를 남기는 부분 없이 사용하는 사찰 요리의 하나로 껍질을 벗기지 않은 채소를 십자썰기나 마구썰기를 하고 두

Kanagawa's "Home Grown" Meal

By Yuki Aima (Director, d47 SHOKUDO)

Above photo, clockwise from the top:
Shumai: Gingery pork *shumai* and springy shrimp *shumai*. **Stewed tuna:** Stewed chunks that uses tuna tail.; **Kenchin-jiru:** Generally, a stew of root vegetables and tofu with julienned kelp.; **Juro Ume from Odawara:** Salted, pickled plums grown in "Soga No Sato Nagomi Farm" without pesticides.; **Kamaboko from Odawara:** Auspicious red and white *kamaboko* with distinctive springy chewy texture.; **Boiled peanuts:** Peanuts boiled with sugar and soy sauce in Hadano.

Hospitality of Odawara

We visited Suzuhiro Kamaboko and found that the key to their beautiful, springy, white *kamaboko* with the distinctive springy texture is the groundwater from Mt. Fuji, Mt. Hakone and Mt. Tanzawa that has been naturally filtered over 100 years. The artisans' skilled kneading and rhythmically shaping the

아이마 유키|相馬夕輝 사가현 출신으로 D&DEPARTMENT의 디렉터다. 47도도부현에 롱 라이프 디자인을 발굴하고 전한다. 식분야 디렉터를 맡고 있으며 일본 각지에 오랫동안 이어져온 향토 음식의 매력을 전하고 생산자를 지원하는 활동을 전개한다. 또한 셰프와 함께 d47 식당의 정식 개발을 담당하고 있어 매일 각지를 돌아다닌다.
Yuki Aima Native of Shiga prefecture. Representative Director of D&DEPARTMENT INC. He established D&DEPARTMENT which uncovers long life designs in the 47 prefectures of Japan and transmits information of such designs. He is also serving as director of the Food Department, and develops activities to convey the appeal of regional cuisine that has a long tradition in all parts of Japan and to support producers. He is also in charge of set meal development in the d47 SHOKUDO together with chefs, and frequently travels to various regions.

부도 손으로 떼어서 넣는다. 국물은 다시마나 표고버섯이 들어가는 사찰식 국물이 기본이다. 이번 〈가나가와정식〉 개발 멤버이자 히라쓰카 출신인 야마다 가호山田果穂가 직접 만든 겐친지루를 여행에 가져와주었다. 야마다의 집에서는 수고스럽지만 얇게 썬 다시마를 넣는 듯하다. 그래서 그런지 감칠맛이 더 깊게 베어 들어 어머니의 손맛으로 진화한 겐친지루에 입맛을 다셨다.

호화로운 미사키의 참치 식문화

미우라반도를 남하하면 융기한 지형 한 면에 광대한 무밭이 펼쳐진다. 미우라 무는 전국적으로 유명해 정월에는 대부분 출하되며, 끓이고 볶는 요리에 많이 사용된다. 미우라반도의 남단에 위치한 미사키는 한적한 항구 마을이다. 참치 도매상 '미사키메구미수산三崎惠水産'에는 전 세계에서 들여온 참치가 거대한 냉동고에 마이너스 50도로 보관되어 있다. 마침 운이 좋게도 장내에 운반되어온 모습을 보았는데 호화로울 정도로 거대한 생선 몸체에서 눈을 뗄 수 없었다. 과거에 이 지역에서는 회로 쓰는 부위는 장사에 사용하고 그 이외 부위는 부산물로 남김없이 끓이거나 구워서 먹었다고 한다. 지역 참치 요리점 '구로바테'에서 붉은 살 생선회는 물론 진미라고 쓰인 메뉴에 있던 '파를 올린 눈언저리살 육회

kamaboko while removing air effortlessly from it is a joy to behold. Also, on the outskirts of the city is Soga Plum Grove that grows "*Juro Ume*," a plum variety with extremely thin and delicate skin. Given that Odawara was once a post town, I could feel the food culture that welcomed travelers.

Home cooking rooted in Buddhist cuisine
In Kamakura, we headed to Kencho-ji Temple, the birthplace of "*kenchin-jiru*" (vegetable stew) – one of the Buddhist cuisines that wastes no ingredients (vegetables are not peeled and tofu is manually crushed into the stew) and basically uses no dashi (soup stock) as well. Kaho Yamada, who is from Hiratsuka and one of the members working on this "Kanagawa's Home Grown Meal" segment, brought her homemade *kenchin-jiru* on the trip. Her family added julienned kelp to boost the flavor, and we ate the improved version of her mother's homemade soup with relish.

Glorious tuna-eating culture in Misaki
To the south of the Miura Peninsula lies vast radish fields

眼肉のネギユッケ' '위 아히요胃袋のアヒージョ' '참치 조림マグロの角煮' 등을 먹었다. 어항에 있는 '우라리마르쉐うらりマルシェ'에서는 붉은 살 생선은 물론 그런 부산물도 판매한다.

세련된 항구 마치 요코하마

가나가와의 중심부 요코하마는 굳이 말하지 않아도 다 아는 세계를 향해 열린 항구 도시다. 구시가지를 걷다 보면 '요코하마시개항기념회관横浜市開港記念会館'이나 '호텔 뉴그랜드' 등과 만나게 되는데 당시의 세련됨과 멋스러움을 느낄 수 있다. 요코하마에서 시작해 일본 전국으로 확산한 일본식 서구 요리는 참 많다. 도리아, 나폴리탄, 푸딩 아라모드 등이 요코하마에서 태어났다. 또한 중국 각지에서 요코하마로 이주한 화교가 일본 최대의 차이나타운을 형성했다. 기요켄의 슈마이는 지금은 전국적으로 유명하지만, 차이나타운에 있는 가게들은 저마다 사용하는 재료도 크기도 다른 슈마이를 만들어 판매하고 있기 때문에 비교해가며 먹는 재미가 있다. 그중에서도 중화요리집 '산톤'의 독창적인 '코코넛 양념'에는 정말 놀랐다. 여행자나 다른 문화를 받아들이는 데 관대한 가나가와현. 역사를 더듬어 가다 보면 언제나 여행에 대한 기대감으로 넘치게 된다. 독창적이면서 세련된 것이 가나가와의 정식이다.

spreading across the uplifted terrain. Most of the Miura radish is shipped out at New Year's and is highly sought-after in stews and cooked dishes. Misaki is a tranquil port town at the southern tip of the Miura Peninsula. I happened to be at Misaki Megumi Suisan, a tuna wholesaler, when the tuna purchased from all over the world was delivered and stored in a huge freezer at -50 degrees Celsius. I was entranced by the glorious bodies of the fish. Locals used to sell the *sashimi* parts and ate the remaining parts as by-products, boiled or grilled.

Yokohama, a chic port town

One can still feel the chicness of those days by walking around the old town, such as the Yokohama Port Opening Memorial Hall and Hotel New Grand. Yokohama introduced many localized Western dishes, such as such as rice gratin, spaghetti Napolitan, and pudding à la mode, to the rest of Japan. Chinese immigrants from all parts of China settled down in Yokohama and formed Japan's largest Chinatown as well. One can eat famous *shumai* with different ingredients and sizes in Chinatown.

가나가와현의 기념품

편집부가 진심을 담아 추천하는

1. LAUNDRY DETERGENT 서양식 세탁의 역사를 알고 현대에 맞는 '알기 쉬운 세탁'을 배웠으니 집에서도 적용해 보자. 각 600ml 2,860엔 **LIVRER YOKOHAMA** ♀ 가나가와현 요코하마시 쓰즈키구 스미레가오카 20-2 ☎ 045-624-8320 🌐 livrer.co.jp LAUNDRY DETERGENT 600ml each from ¥2,860 LIVRER YOKOHAMA ♀ Sumire gaoka 20-2, Tsuzuki-ku, Yokohama, Kanagawa

2. 쇼난맥주 일본술도가에서 수제 맥주의 여명기부터 만들어온 맥주. 시대를 느끼면서 마셔보기를 추천한다. 필스너 Pilsner, 알트비어 Altbier, 슈바르츠비어 Schwarzbier 각 300㎖ 550엔 **구마자와주조 술도가직매소 지하실** ♀ 가나가와현 지가사키 가가 7-10-7 ☎ 0467-50-0202 🌐 www.kumazawa.jp Shonan Beer Pilsner; Altbier; Schwarzbier; 300ml each from ¥550 Kumazawa Brewing Company Brewery Store, Basement ♀ Kagawa 7-10-7, Chigasaki, Kanagawa

3. 린카접시輪花皿 꽃의 형태를 딴 린카접시를 카페에서 사용하려고 보자마자 구입. 은행나무나 느티나무, 금목서 등 다양한 후지노산 나무 가운데 '먹감나무'를 선택. 먹감나무 약 30cm 17,600엔 **studio fujino(gallery & cafe)** ♀ 가나가와현 사가미하라시 미도리구 마기노 3613 🌐 studiofujino.com Floral-shaped wooden plate Kurogaki (old persimmon tree); Approx. 30cm ¥17,600 studio fujino (gallery & café) ♀ Magino 3613, Midori-ku, Sagamihara, Kanagawa

4. 하토사브레鳩サブレー 쓰루오카하치만구의 보살핌 아래 탄생한 명과가 지금은 일본의 '사브레 세계'를 이끌어가고 있다. 편집부가 만장일치로 고른 디자인 특산물. 16개입 캔 2,160엔 **가마쿠라도시마야鎌倉豊島屋 본점** ♀ 가나가와현 가마쿠라시 고마치 2-11-19 ☎ 0467-25-0810 🌐 www.hato.co.jp Hato sablé (Pigeon-shaped cookies) 16 pcs/can; ¥2,160 Kamakura Toshimaya Main Shop ♀ Komachi 2-11-19, Kamakura, Kanagawa

5. 비치 샌들 천연고무를 사용해 신을수록 발에 맞춰지는 비치 샌들. 가나가와현 해변에 갈 때마다 이 가게에서 사기로 했다. 1,250엔 **겐베이상점げんべい商店 잇시키점** ♀ 가나가와현 미우라군 하야마마치 잇시키 1464 🌐 www.genbei.shop Beach sandals ¥1,250 Genbei Shoten Isshiki-store ♀ Isshiki 1464, Hayama-machi, Miura-gun, Kanagawa

7

9

8

10

Photo : Yuji Yamazaki

6. 오야마팽이 돌아가는 모습도 귀여운 길한 물건, 팽이. 이렇게 큰게 돌아갈까 싶었는데 정말 잘 돌아간다! 40호 (12cm) 4,800엔(마 끈) 가네코야지점金子屋支店 ♀ 가나가와현 이세하라시 오야마 585 ☎ 0463-95-2262 🌐 www2s.biglobe.ne.jp/~ooyama *Oyama spinning tops* Size 40(12cm); ¥4,800(hemp cord) **Kanekoya Branch Shop** ♀ Oyama 585, Isehara, Kanagawa

7. 일본식 한방 차에(왼쪽) 일본식 한방 민트티(오른쪽) 한방 초보인 편집부지만, 함께 나누고 싶어 2종류 구입. 혀에서 직접 맛을 느낄 수 있는 것도 생약만의 특징. 각 3g ×7포 1,296엔 한방 스기모토약국 ♀ 가나가와현 가마쿠라시 오후나 1-25-37 ☎ 0467-46-2454 🌐 sugimoto-ph.com *Wakan Chai tea (left); Wakan Mint tea (right)* 3g×7 sachets/bag; ¥1,296 **Chinese herbal medicine, Sugimoto Pharmacy** ♀ Ofuna 1-25-37, Kamakura, Kanagawa

8. 철판 타출식 편수 냄비·파이프무늬 국자 세계 최대 규모인 차이나타운을 지탱하는 주방 도구. 국자와 함께 사용하면 요리 실력이 좋아지는 느낌이 든다. 편수 내비(1.6mm 30cm 망치 자국 타출 무늬) 5,940엔, 국자(소) 1,540엔 야마다공업소 ♀ 가나가와현 요코하마시 가나자와구 후쿠우라 1-3-29(직매장 없음) 🌐 www.d-department.com *Hammered iron round bottom wok (1.6mm thick; 30cm wide); Iron light handle wok ladle(small) Wok(with hammer marks)* ¥5,940; *ladle* ¥1,540 **Yamada Kogyosho** ♀ Fukuura 1-3-29, Kanazawa-ku, Yokohama, Kanagawa (no retail store)

9. 오리지널 블랜드 디망쉐 중배전 시즌별로 즐기는 블랜드도 있지만, 먼저 이 블랜드를 마시며 쇼난의 일상을 느껴보자. 200g 1,650엔 **café vivement dimanche** ♀ 가나가와현 가마쿠라시 고마치 2-1-5 사쿠라이빌딩 1층 ☎ 0467-23-9952 🌐 dimanche.shop-pro.jp *Original blend dimanche - medium- dark roast coffee 200g* ¥1,650 **café vivement dimanche** ♀ Sakurai Bldg. 1F, Komachi 2-1-5, Kamakura, Kanagawa

10. 슈마이 도시락 요코하마역과 역사를 함께해온 회사의 명물 도시락. 요코하마에서 사는 도시락은 끈으로 묶여 있다. 900엔 **기요켄 본점매장** ♀ 가나가와현 요코하마시 니시구 다카시마 2-13-12 1층 ☎ 045-441-8827 🌐 kiyoken.com *Shumai Bento* ¥900 **Kiyouken Main Store** ♀ 1F, Takashima 2-13-12, Nishi-ku, Yokohama, Kanagawa

11. 고쇼港스카잔 본래는 미국인을 위해 만든 요코스카 특산물이지만, 누구나 멋있게 입을 수 있다. 101,200엔 **MIKASA** ♦ 가나가와현 요코스카시 혼초 2-7 ☎ 046-823-0312 🌐 sukajyan.com *KOSHO Suka-jyan (Embroided satin jackets)* Mid 1940s Style Wool Gabardine× Acetate Souvenir Jacket "YOKOSU KA DRAGON"× "JAPAN MAP" ¥101,200 **MIKASA** ♦ Honcho 2-7, Yokosuka, Kanagawa

12. 와시엽서和紙はがき **후지산** 사실 후지산이 가장 아름답게 보이는 곳이 가나가와현이라는 사실을 편집부는 알고 있다. 한 장 한 장 염색되어 수작업만의 멋이 느껴진다. 각 660엔 **형염공방 다카다** ♦ 가나가와현 아시가라시모군 유가와라마치 요시하마 1902-36 ☎ 0465-62-8020 (사전 연락 필수) 🌐 takada-katazome.com *Washi (Japanese traditional paper) postcards – Mt. Fuji* each from ¥660 **Katazome Takada** ♦ Yoshihama 1902-36, Yugawara-machi, Ashigarashimo-gun, Kanagawa

13. 아게카마あげかま 전통의 가마보코를 기분 좋게 맛볼 수 있다. 기노하, 고마단, 에비센, 히사고, 시라우메 등 5종류. 구워 먹으면 특히 감동. 10개入 1,296엔 **스즈히로가마보코 본점 / 스즈나리시장** ♦ 가나가와현 오다와라시 가자마쓰리 245 *Agekama* 10pcs/pack; ¥1,296 **Suzuhiro Kamaboko Main Shop / Suzunari Market** ♦ Kazamatsuri 245, Odawara, Kanagawa

14. 참치 콩피, 참치집의 맛있는 가공 참치 튜너 지금까지 몰랐던 게 억울할 정도로 진한 맛의 가공 참치. 관광지화되어도 미사키의 참치는 최고다. 200g 950엔 **FISHSTAND** ♦ 가나가와현 미우라시 미사키 조가시마 658-142(FISH&CHIPS) ☎ 046-881-7222 🌐 fishstand.jp *Maguro Confit – Tuna feast from Tuna Shop* 200g ¥950 **FISHSTAND** ♦ Jogashima 658-142, Misaki-machi, Miura, Kanagawa(FISH&CHIPS)

15. 오모히이레オモヒイレ**(왼쪽), 문진(오른쪽)** 하코네기념품으로 전통공예품 '요세기세공'을 유일하게 구입. 다른 공방에는 없는 아이디어가 멋있다. 오모히이레 5,060엔, 문진 3,960엔 **OTA MOKKO** ♦ 가나가와현 오다와라시 이타바시 179-5 ☎ 0465-22-1778 🌐 ota-mokko.com *Omoiire*(left); *Paperweights*(right) *Omoiire* ¥5,060; *Paperweights* ¥3,960 **OTA MOKKO** ♦ Itabashi 179-5, Odawara, Kanagawa

16. 가모메아동합창단 CD 매주 토요일 미사키긴코도리 상점가에는 활기찬 노랫소리가 울려 퍼진다. 마음에 드는 음악을 선물해보자. 《바다를 향해 부르는 노래海に向かって歌う歌》 3,300엔 **MISAKIDONUTS RECORDS** ♦ 가나가와현 미우라시 미사키 3-4-10(미사키프레소) ☎ 046-882-1680 *CD by Kamome Children's Choir* Songs Must Facing the Ocean ¥3,300 **MISAKIDONUTS RECORDS** ♦ Misaki 3-4-10, Miura, Kanagawa

17. 신형 가키노타네カキノタネ 금형에서 디자인까지 모두 닛산자동차로 구성한 재미있는 과자 가키노타네. 모든 차종을 모으고 싶다는 마음을 꾹 참고 먹었다. 82g 600엔 **다쓰야물산주식회사**龍屋物産株式会社 ♦ 가나가와현 이세하라시 다나카 803-1(직매장) ☎ 0463-95-4388 🌐 www.tatsuyabussan.co.jp *New Kaki-no-tane snack* 82g ¥600 **TATSUYA BUSSAN Co., Ltd.** ♦ Tanaka 803-1, Isehara, Kanagawa(retail store)

18. 간키쓰산골드프로페스비누甘橘山コールドプロセスソープ 오동나무상자 안에는 에노우라측후소 안에서 무농약으로 재배하는 레몬 비누가 담겨 있다. 같은 감귤이어도 이런 선물을 받으면 기쁘다. 90g 4,400엔 **주식회사쇼쿠부쓰토닌겐** ♦ 가나가와현 오다와라시 에노우라 ✉ info@syoku-nin.com(연락처) 🌐 syoku-nin.com *Kankitsuzan cold-processed soaps* 90g ¥4,400 **Shokubutsu to Ningen, K.K.** ♦ Enoura, Odawara, Kanagawa

19. 특선 전갱이 진공포장 팩 오다와라 명물인 건어물은 매일 먹고 싶다. 종류가 많아 고르기 어려울 땐 일단 '전갱이'부터 시작해보자. 600엔 **himono stand hayase** ♦ 가나가와현 오다와라시 혼초 3-12-21 ☎ 090-3168-1291 🌐 hayasenohimono.com *Specially selected horsemackerel(vacuum-packed)* ¥600 **himono stand hayase** ♦ Honcho 3-12-21, Odawara, Kanagawa

Souvenirs from KANAGAWA

11
12

연재 50 디자이너의 쉼표

보통 「나라는 보통」

Naoto Fukasawa 후카사와 나오토

최근 일상이 된 것은 무엇일까, 하고 주변 사람들에게 물어보아도 좀처럼 들을 수 없다. 이상한 일만 일어나니 어쩌면 당연할지도 모른다.

    대학에서 학생을 가르치는데 수업에 나오지 않는 학생이 많다. 코로나19 팬데믹이 이어지고 있으니 더 그럴 것이다. 그런데 왜 학교에 나오지 않느냐는 질문에 심적으로 조금 힘들어서, 우울해서 그렇다는 대답을 하는 학생이 늘고 있다. 이런 대답이 당연시되고 있다는 느낌마저 든다. 그런 말을 들으면 "왜?, 이유는?" 하고 물어볼 수 없다. 온라인 수업 참가도 강요할 수 없고 왜 결석했는지 캐묻기도 어렵다.

    우리가 어렸을 때는 결석이나 지각은 늦잠을 잤다거나, 배가 아팠다거나, 열이 있다거나, 감기에 걸렸다는 등의 거짓말인지 정말인지 알 수 없는 단순한 변명을 늘어놓았다. 그런데 최근에는 심적인 불안정을 이유로 대는 경우가 보통이 되었다.

    집착은 사람들에게 그다지 감동을 주지 않는다. 그러므로 특별한 일보다 일상의 작은 일에 소소하게 감동하는 시대가 왔으면 하고 생각한다.

    그럼 일상의 소소한 감동이란 무엇인가? 맛있는 커피를 마시는 일도 이제는 일상이 되었다. 오래

Futsuu (Normal): The Ordinaries to Us

When I ask people around me what has returned to normalcy these days, they find it hard to give me an answer. Perhaps it is only natural, since so many strange things have happened.

    At the university that I'm teaching, many students do not show up for classes. Maybe it's because of the ongoing Covid pandemic, but more and more of them say that they are not attending classes because they are "a little nervous or worried," or they are "feeling down." And this is becoming the norm now. Yet I cannot ask them the whys and wherefores. I can't force them to show up for their online classes, and I also can't blame them for their absences.

    Back when I was a child, the "reasons" – be it lies or excuses – given for being absent or late were straightforward, like "I overslept" or "I caught a cold." But nowadays, more and more are starting to complain of mental health issues.

    Being fixated on something doesn't really move people's hearts. So, I wonder if the time will come when people will be moved by the everyday, trivial things rather than special events.

    Now, what would be the everyday, trivial, touching moments

후카사와 나오토深澤 直人　제품 디자이너. 세계를 대표하는 브랜드를 디자인하고 일본의 대형 제조사의 컨설팅 등을 다수 맡았다. 2018년 이사무노구치상을 받는 등 일본은 물론 해외에서의 수상 경력도 다수 있다. 지은 책으로는 『Naoto Fukasawa EMBODIMENT』 『보통ふつう』 등이 있다. 2012년부터 일본민예관日本民藝館 관장을 맡고 있다.

Naoto Fukasawa　Product designer. Fukasawa has designed products for major brands in Europe, America and Asia. He has also worked as a consultant for major domestic manufacturers. Winner of numerous awards given by domestic and international institutions, including 2018 Isamu Noguchi Award. He has written books, 'Naoto Fukasawa EMBODIMENT' (PHAIDON). Since 2012, he is the Director of Nihon Mingei-kan (The Japan Folk Crafts Museum).

된 커피집 킷사텐이라는 휴식 장소가 체인 커피숍으로 바뀌었다 했더니 어느새 일하거나 공부하는 장소가 되었다. 멍하게 있는 일에 감동할 수 있다면 좋겠다. 옛날에는 그랬다.

　얼마 전까지 근처에 있던 킷사텐의 이름은 '시바후芝生'였다. 아치 모양의 입구 문이 정겨웠는데 문을 닫았다. 차를 마시는 일이 휴식하는 보통의 방식이 되었으면 좋겠다. 한가한 시간을 보내는 일이 휴식하는 보통의 방식이 되었으면 좋겠다. 한가할 때면 스마트폰으로 가상 세계로 들어가는 게 보통이 되었는데 그것이 이제는 습관이 되었다. 전철도 커피숍도 침대 위도 스마트폰을 보는 장소가 되었다. 그 안이 엄청난 재미와 흥미로 꽉 차 있는 것은 분명하지만, 어디까지나 정보 검색이나 다른 사람과의 짧은 대화만 존재할 뿐이다.

　일상의 작은 감동을 찾고 싶다.

　나는 디자인이 취미 같은 사람이라서 물건이 완성되면 커다란 기쁨을 느낀다. 굳이 디자이너가 아니어도 '물건을 만드는 일'을 손을 움직여 직접 하다 보면 정말 즐거워서 시간이 순식간에 흘러간다. 요리도 그럴지 모른다. 요가나 건강을 위해 걷거나 뛰는 일도 극히 보통의 일이라 즐겁다.

　밤늦게 공원을 달리다 혼자 달리는 사람의 뒷모습을 발견하면 이상하게 감동한다. '아, 이 사람은

then? Even having a cup of delicious coffee has become quite ordinary. Cafés – once a place for people to take a breather – turned into coffeehouse chains, and now, a place for people to work and study.

　There was once a café in my neighborhood called "Shibafu" with a fondly-remembered arched entrance, but they have recently closed down. I wish that drinking a cup of tea will become a normal way of taking a break. I wish we could spend our free time in a normal way. Entering the virtual world from one's smartphone in one's spare time has not only become commonplace, but a habit as well. The trains, the cafés, and even our beds, have become places for smartphones. It is true that smartphones grant us access to a virtual place packed with vast, interesting topics. But it is no more than a tool for searching information or making brief conversations with people. I'm looking for the everyday, trivial moments.

　Because I am somewhat interested in design, it gives me great joy when I create something. Even if you're not a designer, it's pretty fun to make things with your hands, and the time flies by as well. Cooking can be like that too. Yoga, or walking and running for health, are also fun activities that are rather ordinary.

혼자 살아가고 있구나.' 하고 공감한다. 지금은 뭉치고 모이는 일이 쉬워진 세상이지만, 육체적으로 혼자가 되는 것도 나쁘지 않다.

개인이라는 단위를 중요하게 여기는 것도 상당히 좋은 보통이라고 생각한다. 개인이 모이면 생각지도 못한 질서가 생긴다. 그것이 세계다. 혼자서 혹은 좋은 벗과 함께 여가를 즐기는 일을 균형 있게 할 수 있다면 그것이야말로 행복하게 일상을 보내는 방식이지 않겠는가? 개인이라는 하나의 단위를 즐기자. 그것이 일상의 소소한 감동을 만들어낼 것이다.

모두 너무 많이 연결되어 있다는 생각이 든다. 그것이 혼란스러운 사회와 정보를 만들어내고 있다. 개인으로 존재하면 스스로 느끼고, 스스로 생각하게 된다. 무엇이 자신에게 맞는지 알게 된다. 스스로 느끼는 일은 훌륭하다.

다른 사람에게 얻은 정보를 그대로 받아들이며 사는 삶은 그만두자. 머리가 아니라 몸으로 느끼자. 그렇게 하면 자신이 편안하다고 느끼는 방식으로 자연스럽게 향하게 되는 듯하다. 자신의 힘으로 소소하게 행복하게 생활하자. 이는 절대로 고독이라고 할 수 없다. 그것이야말로 창조이며 행복의 최소 단위라는 느낌이 든다. 나라는 보통을 발견하자.

When I'm running in the park late at night, I'm somehow very moved by the back of a person running alone. I think, "Oh, this person lives alone just like me." And it's okay to be physically alone too, just like how easy it is for us to join a group or gather.

I think it's good and quite normal to value being an individual. And when individuals come together, unexpected things may occur. That is how the world works. The balance between spending time with individuals and good friends, and hanging out in groups, may be a happy way to spend our time. Let us enjoy being "individuals," by ourselves. I believe this would bring forth the everyday, trivial moments.

It feels like everyone is over-connected; this creates a chaotic society and confusing information. You'll naturally feel and think by yourself if you are alone. You'll know what is right for you. Feeling by yourself is wonderful.

Let's not live by the information we get from others. Let's feel with our hearts, not our heads; we'll naturally be guided in the direction that feels good to us. Let's live happily on our own. That is not isolation. To me, that is creation and the atom of happiness. Let's learn to recognize the ordinaries in our lives

D&DEPARTMENT ORIGINAL GOODS

산지의 개성으로 오리지널 제품을 만들고 있습니다.

1

2

3

4

5

6

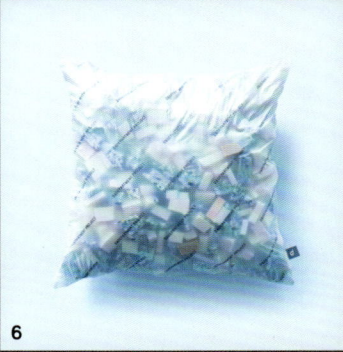

7

8

1. D&D LLP 2023 플라스틱 머그컵 (리뷰레드·메타블랙·어스시안·피스그린) / 55,000원   플라스틱을 평생 제품으로 모두 함께 소중하게 사용하는 프로젝트다. 머그컵 2023년 컬러.   2. D&D BP SHIRT NV (S·M·L·XL) / 189,000원   셔츠와 재킷의 중간 개념으로 사용할 수 있다. 가드닝 등의 작업 시 편리한 등에 주머니가 달린 작업복   3. D&D 코튼 가제 스톨 레드 / 143,000원   엔슈산지(遠州産地)에서 시간을 들여 짠 원단 사용. 가볍고 바람이 잘 통하는 숄이다.   4. MUSICA TEA 스페셜티 세이론 for D&DEPARTMENT / 1,610엔부터   노포 홍차 전문점 'MUSICA TEA'의 호리이 씨와 스리랑카 여행에서 발견한 산지의 찻잎을 블랜드.   5. 아와모리泡盛 단류蒸溜 오리지널 라벨 / 1,400엔부터   많은 사람에게 오키나와 소주인 아와모리의 매력을 알리고자 디자인한 오리지널 라벨   6. D&D FACTORY CUSHION PU (45×45mm) / 150,000원 D&D FACTORY CUSHION PU (60×600mm) / 250,000원   모노즈쿠리의 현장(팩토리)에서 폐기되지만 가치 있는 소재를 재이용한 쿠션   7. D&D BALCONY TABLE / 870,000원   공원에서 볼 수 있는 목제 피크닉 테이블로 만든 2인용 발코니 테이블   8. D&D ORIGINAL BOX 2023 한정 여성용 카멜 / 25,000원   신발 상자의 형태로 만든 상자에 D&DEPARTMENT 로고를 박으로 넣었다.

문의는 매장 또는 온라인 숍(www.d-department.com)으로 해주세요.

D&DEPARTMENT PROJECT
FRIENDS

47
REASONS
TO
TRAVEL
IN
JAPAN

001
홋카이도
HOKKAIDO

다쿠신칸 拓真館
- 홋카이도 가미카와군 비에이초 다쿠신
- 0166-92-3355
- www.takushinkan.shop

002
아오모리
AOMORI

미시마사이다 みしまサイダー
- 아오모리현 하치노헤시 시로가네 1-8-1
- 0178-33-0411 (하치노헤제빙냉장주식회사)
- www.8-seihyo.co.jp

3대에 걸쳐 이어지고 있는 포토 갤러리 언덕의 마을 비에이초는 아름다운 경치의 보고로 홋카이도의 인기 관광지 가운데 하나다. 일본의 풍경 사진 분야 제1인자로 유명한 마에다 신조 前田真三 씨도 그 경치에 매료되어 수많은 풍경 사진을 남겨왔다. 1987년 폐교한 초등학교 부지를 활용해 포토 갤러리 '다쿠신칸'을 개관했다. 광대한 부지에는 1,000그루 이상의 자작나무 회랑을 비롯해 라벤더밭이 조성되어 있어 산책하기에도 좋다. 현재는 오랫동안 촬영에 동행하며 조수를 맡았던 마에다 신조의 장남인 사진가 마에다 아키라 前田晃 씨와 손자이자 아트 디렉터인 마에다 게이 前田景 씨가 다쿠신칸을 개조해 새롭게 그 매력을 전하고 있다. 2021년에는 같은 부지 안에 레스토랑 'SSAW BIEI'가 문을 열었다. 마에다 신조의 대표작인 언덕의 풍경에 빗댄 '언덕의 수프' 등 비에이의 풍경처럼 아름다운 요리를 즐길 수 있다. (야마다 요코 山田曜子 / D&DEPARTMENT HOKKAIDO)

지역 주민을 위한 상품 강하게 톡 쏘는 탄산, 레트로한 라벨, 왕관 모양의 뚜껑을 가진 유리병이 특징인 '미시마사이다'는 1922년 발매 이후 이 지역 주민에게 꾸준히 사랑받아왔다. 미시마사이다를 제조하는 곳은 1921년 창업한 '하치노헤제빙냉장주식회사 八戸製氷冷蔵株式会社'다. 제빙과 냉장 사업으로 사업을 시작했고, 청량음료 사업은 지역에서 운영되던 회사에서 이어받았다. "본래 지역에서 유통해 소비한 음료였기 때문에 바꿀 필요가 없었을 뿐이에요." 하치노헤제빙냉장의 하시모토 슌지 橋本俊二 상무는 말한다. 미시마에서 샘솟는 물은 미네랄 성분이 풍부해 사이다를 만드는 데 적합하다. 그래서 이전에는 하치노헤 시내에 청량음료 공장이 몇 군데 있었다. 하지만 지금은 자판기의 보급 등으로 그 수가 감소했다. "몇 세대에 걸쳐 옛날 사이다를 그리워하며 마시는 분들이 있다는 사실이 기쁩니다. 앞으로도 지속해서 만들어 가려고 합니다." 하시모토 상무가 이야기했다. (고사카 마코토 高坂真 / 노헤노 のへの)

🚩

003

이와테
IWATE

기타노크래프트페어北のクラフトフェア
kitanocraft.com

🛍

004

미야기
MIYAGI

NOZOMI PAPER®
📍 미야기현 미나미산리쿠초 우타쓰이사토마에 325-2
📞 0226-25-8200(노조미복지사업소)
🔗 http://www.nozomipaperfactory.com

북쪽 땅에서 손꼽아 기다린 페어 2022년 처음 개척된 '기타노크래프트페어'. 선정 위원(미나ミナ와 아키라皆川明 씨, 미타니 류三谷龍二 씨, 히라노 아키코日野明子 씨, 나가오카 겐메이ナガオカケンメイ 씨, F/style의 이가라시 에미 五十嵐恵美 씨와 호시노 와카나星野若菜 씨, 고겐샤光原社의 フ와시마 후미오川島富三雄 씨)이 엄선한 약 100팀의 작가가 이와테 공원 잔디광장에서 작품을 전시하고 판매했다. 이 이벤트 회장은 모리오카시盛岡市와 '미나 페르호넨ミナ ペルホネン'이 함께 추진하는 복합시설 '호호호의 숲ホホホの森' 건설 예정지. 코로나19 팬데믹 상황에서 계획을 모색하던 중 '하드한 건물을 전제로 하기 보다 소프트한 크래프트페어부터 시작해보자.'라는 미나가와 아키라 씨의 사고에 공감한 사람들이 뜻을 모아 실행위원회가 결성되었다. 창작자도, 지자체도, 기업도 아닌 도시를 사랑하는 시민에 의해 탄생한 페어는 주위에서 요리와 음식과 관련 기획도 추진하면서 도시 전체가 수많은 행복을 불러일으켰다. 그 탄생을 직접 볼 수 있어 영광이었다. (사토 하루나佐藤春菜 / 편집자)

행복한 수작업 미나미산리쿠초의 'NOZOMI PAPER Factory'는 장애를 지닌 사람들이 운영하는 종이 공방이다. 전국에 분포해 있는 후원자들이 우유갑이나 리사이클 원료를 보내오면 일일이 직접 분해해 종이를 뜬 다음 활판 인쇄로 일러스트를 찍어 엽서와 명함을 만들어 판매하고 있다. 분해를 잘하는 사람, 그림을 잘 그리는 사람 등 다양한 사람들이 모이는 복지시설로, 모두 함께 완성하는 한 장의 그림에서는 따뜻함이 넘친다. 7월 칠석을 기념하는 센다이 다나바타마쓰리七夕まつり에서 사용한 장식이나 커피집에서 나오는 커피 찌꺼기의 업 사이클에도 참여해 기계로는 재이용할 수 없는 소재의 가능성을 찾는다. 공방 디렉터를 맡고 있는 디자인 유닛 HUMORABO가 '복지는 행복이라는 의미를 지니고 있다.'고 말하듯, 수공예를 통해 행복한 일을 지속해서 창조하고 있다. 미야기 현의 잡화점을 중심으로 판매하고 있으니 발견하면 꼭 그 감촉을 확인해 보기를 바란다. (이와이 다쓰미岩井巽 / 도호쿠스탠더드마켓東北スタンダードマーケット)

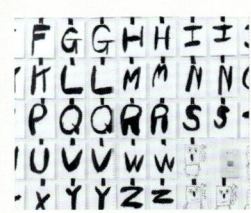

Photo : Ami Harita

005
아키타
AKITA

아키타시문화창조관 秋田市文化創造館
아키타현 아키타시 센슈메토쿠마치 3-16
018-893-5656
akitacc.jp

006
야마가타
YAMAGATA

시라타카정립도서관 白鷹町立図書館
야마가타현 니시오키타마군 시라타카마치 아라토코 833
0238-87-0217
lib-shirataka.wixsite.com/home

창조와 교류를 만들어내는 열린 시설 센슈공원 입구에 자리하고 있는 '아키타시문화창조관'은 화가이자 조각가인 후지타 쓰구하루 藤田嗣治 (레오나르 후지타 レオナール・フジタ)를 지원한 자산가 고 히라노 마사키치 平野政吉가 구상해 설립한 구 아키타현립미술관 秋田県立美術館 (히라노마사키치미술관 平野政吉美術館)을 개조해 2021년 3월에 개관했다. 인상적인 지붕 원형 창문은 후지타가 그린 벽화 〈아키타의 행사 秋田の行事〉를 전시하는 공간에 빛이 떨어지도록 설계되었다. 미술관 기능의 이전으로 폐관되었지만, 시민운동으로 활용이 검토되어 이곳의 이야기가 일부 남았다. 현재는 시민과 아티스트의 표현의 장이 되고 있다. 휴식 등에도 자유롭게 이용할 수 있어 방문한 목적과는 다른 일을 접할 수 있는 열린 공간이라는 점이 특징이다. 시설 안에만 머물지 않고 도시를 순회하는 기획도 종종 열려 남녀노소의 예상하지 못한 교류를 만들어내고 있다. 웹사이트에서 필자가 연재하는 《아키타의 사람들 秋田の人々》도 읽어보기를 바란다. (사토 하루나 / 편집자)

Photo : Takugo Miwa

공유의 바람직한 방식 '시라타카정립도서관'은 시라타카마치 주민센터에 병설된 마치즈쿠리복합시설이다. 시가타카마치는 전체의 약 65퍼센트가 삼림이다. 그런데도 제2차 세계대전 후에 식재된 삼나무가 활용되지 않고 산은 황폐해졌다. 이에 목재를 활용해 초록의 환경을 만들자는 목적으로 이 시설을 건설했다. 건축 자재로 사용한 삼나무 목재의 약 75퍼센트가 이 지역에서 생산되는 목재로, 시설 안은 삼나무 향기로 가득하다. 벽, 선반, 계단에도 목재를 아낌없이 사용해 편안하게 지낼 수 있다. 또한 이곳은 도서관 사서의 손을 통해 사랑이 전해지는 도서관이다. 추천 도서에는 하나하나 손글씨로 정성스럽게 쓴 설명이 붙어 있어 저절로 시선이 멈추게 된다. 책은 물론 추천하는 이의 마음이 이곳 풍경에 담겨 전해진다. 그리고 동네 전체에서 그것을 공유하는 듯한 느낌이 들었다. 나는 시라타카마치 주민이 아닌데도 몇 번이나 이곳을 방문했을 정도로 좋아하는 멋진 도서관이다. (나카마스 나즈나 仲舛なずな / 학생)

007
후쿠시마
FUKUSHIMA

아이즈아오이숲津葵
후쿠시마현 아이즈와카마쓰시 오테마치 4-18
0242-26-5555
aizuaoi.jp

008
이바라키
IBARAKI

무기토로 고민카 스즈むぎとろ古民家すず
이바라키현 미토시 미가와 5-114
029-253-0509
blancoproducts.co.jp/suzu

과자로 알아가는 지역의 이야기 여행의 좋은 추억과 함께 손에 들고갈 특산품을 산다면 그 지역다움이 상기되는 좋은 제품을 고르고 싶다. 노포가 많은 아이즈의 '아이즈아오이'는 그런 소망을 실현해주는 과자집이다. 이곳 아이즈아오이는 아이즈의 상징인 향토 완구 빨간 소 인형 아카베코あかべこ나 거리에서 자주 도는 '베로쿤다시べろくん出し'라는 이름의 아이즈도진 연会津唐人凧 등을 소재로 삼아 새로운 과자를 만들어내어 아이즈번의 영주가 자주 이용했다는 찻집이 그 계보에 있다. 특색 있는 수제 과자 중에서도 특히 내가 끌린 것은 오뚝이를 그 모양 그대로 과자로 만든 '고보시小法師'다. 주인의 말에 의하면 봄날의 연례행사 '십일장十日市'과 나란히 견줄 수 있는 오뚝이는 아이즈의 세 가지 길한 물건 가운데 하나다. 가족 수보다 하나 더 많이 사서 신을 모시는 제단에 장식해 무병장수, 가내안전을 기원하는 것이 아이즈 지방의 풍습이다. 지역의 이야기를 전하는 향토색 짙은 맛있는 과자도 나에게는 여행의 즐거움 가운데 하나다. (하라다 마사히로原田將裕 / 지가사키시청)

Pass the baton 지은 지 70년이 넘은 오래된 민가를 가조해 2011년 3월 문을 연 '무기토로 고민카 스즈'. 이 가게의 주역은 물론 참마를 갈아 만드는 '도로로とろろ'다. 가사마笠間에서 생산되는 품질 좋은 천연 마를 사용해 곱고 폭신한 풍미가 매력적이다. 현에서 나는 식재료의 장점을 최대한 끌어내는 요리인의 정성이 담긴 솜씨도 빛난다. 추천하는 요리는 '무기토로미토젠麦とろ水戸膳'이다. 가사마산 천연 마를 비롯해 지역에서 생산되는 재료로 만드는 반찬이나 낫토 요리 등 이바라키만의 식문화를 즐길 수 있다. 가사마도자기笠間焼나 다이고옻칠大子漆로 만든 밥솥 등 아름다운 식기에도 주목하자. 운치 있는 매장 공간은 금속작가 야마다 게이치山田圭一 씨가 디자인했으며 신사 등의 건축을 맡는 목수가 아름다운 의장을 완성해 지금도 소중하게 남아 있다. "모든 세대가 이바라키의 맛있는 도로로를 즐겼으면 좋겠다." 주인인 오기야 신지荻谷真司는 말한다. 세련된 일본식 공간과 깊은 맛이 느껴지는 요리가 일상을 윤택하게 해준다. (구니이 아쓰시国井純 / 하타치나카시청)

009 도치기 TOCHIGI

우와사와우메타로상점 上澤梅太郎商店
📍 도치기현 닛코시 이마이치 487
📞 0288-21-0002
🌐 tamarizuke.co.jp

다마리절임이 시작된 지역 '우와사와우메타로상점'은 아이즈니시카이도길会津西街道과 닛코카이도길日光街道이 교차하는 역참 마을 이마이치今市에서 약 400년 이어져오고 있는 이름 있는 가게다. 현재 당주보다 2대 위 당주인 우와사 우메타로上澤梅太郎가 된장 부산물로 나오는 물인 '다마리たまり'로 다마리절임을 고안해 닛코 명물로 유명해졌다. 대표제품 락쿄는 그 곡면에 윤기가 돌면서 양 끝의 그러데이션이 보기 좋다. 입에 넣으면 식감이 아삭하고 다마리의 달콤하고 깊은 맛이 느껴져 좋은 밥반찬이다. 이야기를 들으니 지역에서 생산되는 염교를 캐자마자 바로 소금으로 절인 다음, 다마리로 다시 절여 매일 아침 꺼내오며 일부러 가열하지 않아 그 식감을 유지한다고 한다. 바로 옆에 있는 조식 전문점 '국밥향의 집 인쿄우와사汁飯香の店 隠居うわさわ'에서 감각을 날카롭게 살리고 가게에서는 여행의 기념품으로 우엉, 머위줄기, 가지 등의 다마리절임을 듬뿍 샀다. 근처 술가게에서 술을 사와 밤에 함께 먹으면 도치기현 닛코를 맛보는 기쁨이 샘솟는다. (후쿠이 아키라福井晶 / 발효디파트먼트発酵デパートメント)

010 군마 GUNMA

시로이야호텔 白井屋ホテル
📍 군마현 마에바시시 혼마치 2-2-15
📞 027-231-4618
🌐 shiroiya.com

메부크 마에바시의 새로운 상징 2008년에 폐업의 위기에 처했던 '시로이야료칸白井屋旅館'이 마에바시 재생의 새로운 비전 '메부쿠めぶく(눈을 뜬다는 뜻)'의 상징으로서 2020년 '시라이야호텔'로 다시 태어났다. 건축가 후지모토 소스케藤本壮介 씨를 중심으로 세계적으로 유명한 크리에이터들이 모여 만들어낸 새로운 존재는 많은 사람의 눈을 마에바시로 향하게 한 것은 물론 시민 의식까지도 변화시키고 있다. 군마의 향토 카드 조모카루타上毛かるた에 '현도마에바시 생실의 도시군都前橋 生糸の市'라는 카드가 있는데 마에바시의 생실이 일본 근대화에 크게 기여하며 현재의 초석이 되었다는 사실을 지금의 젊은 세대는 거의 알지 못한다. '시로이야호텔'에는 많은 사람의 마음을 끌어당기는 무언가가 존재한다. 그것은 일류 아티스트들의 작품이나 세련된 디자인의 체험은 물론 우리가 미래로 연결해야 할 '마에바시인'으로서의 기개가 이 흔들림 없는 모습에서 느껴지기 때문이다. (와타나베 신고渡邊辰吾 / SOWA DELIGHT)

011 사이타마 SAITAMA

Bibli
사이타마시 오미야구 다카하나초 2-2-4
bibli.jp

012 지바 CHIBA

치즈 공방【센千】sen
지바현 이스미군 오타케마치 바바우치 178
fromage-sen.com

'Bibli'가 제시하는 사이타마의 미래 반세기 동안 지역 사람들에게 친숙했던 구 사이타마시립오미야도서관さいたま市立大宮図書館을 개보수해 탄생한 시설 'Bibli'. 이 시설은 사이타마시의 관광, 지역 비즈니스, 발신 거점 등 역할을 한다. 그리고 그 중심에는 '자전거'가 있다. 사이타마현은 자전거 발상지로, Bibli의 운영에 참여하는 마쓰바라 만사쿠松原満作 씨가 어른도 아이도 즐길 수 있는 자전거 운동회 '바이크로아バイクロア'를 매년 개최해 전국으로 확산시켰다. 여기에 Bibli 안에는 '바이크로아스토어バイクロアストア'를 비롯해 '고에도브루어리コエドブルワリー'가 운영하는 오가닉 채소가게 'ORGANIC & CO'나 사이타마현 삿테시幸手市에 위치한 유명 빵집 'cimai'가 맡은 'kico'와 함께 유연한 공유 공간 '햄하우스ハムハウス' 등 새로운 사이타마가 가득 담겨있다. 특출난 감각과 끝이 없는 유쾌함을 느낄 수 있는 장소다. (가가사키 가쓰히로加賀崎勝弘 / PUBLIC DINER)

일본 독자적인 수제 치즈 2014년 오타키마치에 치즈공방【센】sen을 개업한 시바타 지요柴田千代 씨. 열여덟에 치즈 장인이 되겠다는 꿈을 품고 대학교 졸업 후 홋카이도와 프랑스로 견습을 떠났다. 견습생 시절, '일본 독자적인 치즈를 개척하고 싶다.'는 마음을 강하게 품었다고 한다. 그녀의 치즈에 대한 탐구는 연구자처럼 진지하다. 강한 심지와 의지, 꿈을 멈추지 않고 좇는 시바타 씨는 언제나 건강하고 밝다. 그런 그녀가 만드는 일본 독자적인 수제 치즈는 'Japan Cheese Award 2016' 은상을 수상한 '지쿠탄竹炭'을 비롯해 약 10종류에 이른다. 한 달에 한 번 첫째 일요일에만 문을 여는 가게에는 손님이 끊이지 않는다.【센】의 '千'은 훈독으로 '지ち', '지'는 셀 수 없을 정도로 많다는 의미다. 그 뜻처럼 가게 이름에는 셀 수 없을 정도로 많은 미생물과 사람에 대한 감사가 담겨 있다. 시바타 씨는 치즈로 일본을, 세계를 미소 짓게 하고 있다. (간노 히로시菅野博 / 아와생활연구소安房暮らしの研究所)

013
도쿄
TOKYO

TOKIYA
📍 도쿄도 메구로구 고혼기 2-53-12
📞 03-6383-1803
🔗 www.instagram.com/totaroiimura

도쿄의 지금을 느낄 수 있는 생크추어리 sanctuary 독학 요리인, 월요 화가, 아마추어 동네 야구선수라는 이색 경력의 주인 이무라 도타로飯村藤大郎 씨. 'TOKIYA'는 도타로 씨와 여동생이 자그

마한 주택에서 운영하는 레스토랑이다. 지은 지 약 50년이 된 건물을 개조한 공간에는 이무라 씨의 예술 감각이 곳곳에서 빛을 발한다. 인상적인 주방 벽면은 1960년대 벽지를 덴마크 컬렉터에게 사들여 만들었다고 알려주었다. 도타로 씨의 창작 요리는 '에조사슴, 굴, 김의 크레피네트crépinette에 잭슨 폴록 무늬의 소스' 등 의표를 찌르는 소재의 조합이 흥미로우며 저절로 사진을 찍고 싶어지는 색채를 지녔다. 또한 '고등어와 딸기와 파슬리의 테린'은 그림처럼 아름답다. 오감을 자극하는 요리를 와인과 함께 기분 좋게 즐길 수 있다. 이곳은 나에게 도쿄의 '지금'을 느끼게 해주는 생크추어리다. (야마구치 나호코山口奈帆子 / D&DEPARTMENT PROJECT)

014
가나가와
KANAGAWA

지가사키시가이코다케시기념관茅ヶ崎市開高健記念館
📍 가나가와현 지가사키시 히가시카이간 6-6-64
📞 0467-87-0567
🔗 www.kaiko.jp

인연이 깊은 식도락가 소설가로 활약했으며, 말년을 지가사키에서 보낸 가이코 다케시. 지금의 산토리인 고토부키야 선전부에 재적했을 당시 일러스트레이터 야나기하라 료헤이와 함께 만든 광고 잡지 《양주천국》이나 토리스 위스키 광고는 지금도 사람들의 입에 오르내리는 명작이다. '가이코다케시기념관'으로 공개하고 있는 자택에서는 수많은 작품과 함께 당시의 생활 풍경을 접할 수 있다. 쇼난 해안 근처, 에보시암えぼし岩이 내다보이는 길 라치엔도리ラチエン通り 근처에 집을 짓고 지가사키 생활을 만끽한 가이코 다케시. 요리와 술, 낚시를 각별하게 사랑한 이색의 작가는 하루의 집필 작업이 끝나면 근처 수영교실에 갔다가 집에 돌아오는 길에 단골 가게에 들러 시간을 보내는 게 일과였다. 징기스칸에 메밀국수, 초밥 등등. 식도락가 가이코 다케시가 좋아해서 자주 다녔다는 가게들이 지금도 남아 있으니 당시의 흔적을 더듬어가면서 돌아보는 것도 재미있을 것이다. 문화와 미식을 동시에 맛볼 수 있는 욕심 가득한 지가사키관광을 추천한다. (하라다 마사히로 / 지가사키시청)

015
니가타
NIIGATA

MARUESU Kaku-Uchi
니가타현 이토이가와시 도코마치 1-1-4
☎ 025-552-0127

016
도야마
TOYAMA

숙성 간노시오부리 熟成寒の汐ぶり
도야마 우오즈시 미나토마치 3-1
☎ 0765-22-0954(주식호마하마오카우미노사치)
shiomon.com

새로운 선술집 스타일 이토이가와역에서 도보 약 10분 정도 장소에 '마루에스주점, 마루에스간장된장양조점マルエス酒店・マルエス醬油味噌醸造店'이 있다. 가게에는 8명이 정원인 심플한 가쿠우치角打ち 카운터가 마련되어 있다. 가쿠우치는 주류 판대점 등에서 서서 술을 마시는 선술집이라는 뜻. 말이 선술집이지, 마루에스주점에서 내놓는 요리를 보면 깜짝 놀란다. 이 지역을 중심으로 현 내외에서 들어온 신선한 돌돔, 고등어, 넙치 등 생선을 주재료로 '오마카세 술과 안주'로만 구성한 10접시 정도의 요리가 계속해서 등장한다. 조리법도 다양해 신경 제거, 피 제거, 숙성 등 소재에 따라 조리 방법을 바꾸어 그 맛을 최대치로 끌어올린다. 또한 함께 곁들이는 간장도 요리에 따라 바뀌기 때문에 맛의 변화에 매번 감동한다. 가쿠우치 선술집에서 제공하는 술은 주인인 사이토 마사히코斉藤昌彦 씨가 직접 프로듀스한 오리지널 지역술을 비롯해 전국 지역술이 즐비하다. 조금 멀어도 꼭 가고 싶은 가게다. (기도 아쓰코貴堂敦子 / D&DEPARTMENT TOYAMA)

발효가 펼치는 맛 풍부한 어장으로 알려진 도야마만富山湾. 도야마에 오면 신선한 회를 먹고 싶어지지만, 가공품도 그에 지지 않는다. "가공하기 때문에 오히려 더 끌어낼 수 있는 맛이 있다." 이렇게 이야기하는 사람은 도야마현 동쪽에 있는 항구 마을 우오즈시의 해산물가공회사 '하마오카우미노사치ハマオカ海の幸' 하마오카 아이코浜岡愛子 씨다. '시오부리汐ぶり'는 통통하게 살이 오른 방어에 소금을 뿌려 숙성시킨 발효식품이다. 신에게 제사를 지낼 때도 사용했다는 유래를 가진 전통 식품인데 하마오카우미노사치에서는 이것을 생햄처럼 얇게 썬 제품으로 판매한다. 짠맛이 너무 강하지 않고, 겨울방어 특유의 기름진 살이 감칠맛으로 바뀌어 회와는 또 다른 즐거움을 맛볼 수 있다. 과거에는 보존을 위해 발효했지만, 소재의 감칠맛을 끌어내는 것도 발효의 힘이다. 유통도 보존 기술도 발달한 현대이기 때문에 오히려 전통과 발효, 소재의 맛을 재발견할 수 있는 해산물 왕국 도야마의 제안이다. (신도 히토미進藤仁美 / D&DEPARTMENT TOYAMA)

017
이시카와
ISHIKAWA

Alembic 오노증류소大野蒸留所
📍 이시카와현 가나자와시 오노마치 4-하17
📞 03-6383-1803
🔗 alembic.jp

가나자와의 수제 진gin

가나자와시 교외, 작은 항구 마을을 방문하면 역사를 쌓아온 빨간 문이 반겨준다. 'Alembic 오노증류소'가 있는 오노마치는 영주가 정치를 하던 아주 오래 전부터

양조업이 번성해 지금도 간장양조회사가 즐비한 발효식의 마을이며, 하쿠산산白山에서 내려오는 지하수가 샘솟는 희귀한 토지이다. 나카가와 도시히코中川俊彦 씨는 가나가와현에서 맥주 양조가로 연구를 거듭해오다가 2018년 이 마을로 이주한 뒤 증류소를 열고 2022년에 수제 진《HACHIBAN》을 내놓았다. 하쿠산산의 물인 복류수를 사용해 입에 부드럽게 닿으면서 조장나무 등 식물의 향기가 감도는 산뜻한 감로다. 내가 추천하는 것은 진 릿키ジンリッキー. 진 리키를 마실 때마다 하쿠산산에 자생하는 식물을 찾아 나카가와 씨와 함께 산길을 걸었던 추억이 아련하게 떠오르면서 그때 본 숲과 물, 동해의 풍경이 눈앞에 펼쳐진다. 꾸밈 없고 풍미가 좋아 일식에 곁들여 마시면 좋다. (야마모토 고헤이山本耕平 / 주식회사야마토간장된장株式会社ヤマト醤油味噌)

018
후쿠이
FUKUI

긴코리칠기점錆古里漆器店
📍 후쿠이현 사바에시 가와다초 19-8
📞 0778-65-2233

숙달된 칠기 장인들의 변화를 대하는 사고 '긴코리칠기점'은 창업 90년 이상의 노포 칠기점이다. 내가 속해 있는 회사 'TSUGI'와 같은 시설 안에 공방이 있어 베테랑 칠기 장인인 긴코리 마사타카錆古里正孝, 쇼지正二 형제의 수작업을 견학할 수 있었다. 공방에서는 오리지널 제품 외에도 칠기 등의 데드스톡 dead stock 제품도 판매한다. 옻을 거른 종이로 만든 '젓가락 받침 같은 것'이 특히 인기다. 주말에는 옻칠 워크숍도 열리고 있어 긴코리 씨에게 직접 지도를 받을 수 있다. 장인의 작업을 이어가면서 새로운 일에도 도전하는 긴코리 씨 등의 뒷모습을 보며 산지로서 살아남으려면 스스로 변화해가는 각오도 필요하다고 언제나 배운다. 참고로 형인 긴코리 마사타카 씨는 달변가여서 금방 다른 사람과 친해지는 캐릭터이며, 동생인 쇼지 씨는 약간 부끄럼을 타지만, 익숙해지면 팥떡을 나누어주는 등 따뜻한 사람들이다. 꼭 이곳을 방문해 두 사람을 만나보기를 바란다. (니야마 나오히로新山直広 / TSUGI)

019
야마나시
YAMANASHI

사와타야澤田屋
야마나시현 고후시 주오 4-3-24
055-235-1331
kurodama.co.jp

020
나가노
NAGANO

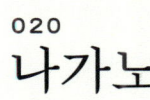

커뮤니티 카페 마루야コミュニティcafeまる屋
나가노현 도미시 야에하라 1807 예술마을공원 안
090-1112-6283(고바야시)
maruya-yaehara.com

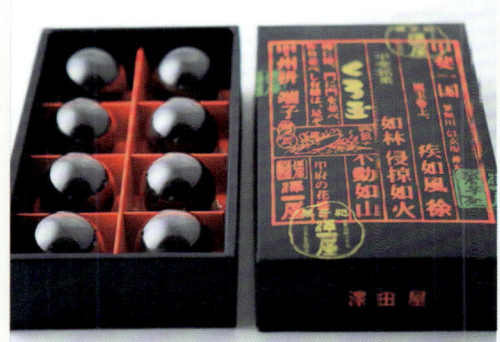

사계절의 변화에 맞춘 과자 '사와타야'는 창업 100년이 넘은 화과잣집으로 이 지역에서는 친숙한 존재다. 야마나시의 특산품으로 많은 사람에게 사랑받는 스테디셀러 과자 '구로다마くろ玉'가 탄생한 것은 1929년의 일이었다. 완두콩을 삶아서 으깬 우구이스うぐいす 소에 알갱이의 식감을 남긴 완두콩을 잘 섞어 작게 둥글린 다음 흑설탕 양갱으로 코팅했다. 상냥한 두 단맛이 서로의 맛을 살려 오래전부터 이 지역의 유명 과자로 자리 잡았다. 커피와 함께 먹어도 잘 어울려 지금도 폭넓은 세대에게 사랑받고 있다. 봄에는 '딸기 경단', 여름에는 '레몬 경단', 가을에는 '밤경단', 겨울에는 '쇼콜라 경단' 등 계절을 느낄 수 있는 재료로 만든 경단 과자도 추천한다. 정말로 맛있는 것을 먹기 바란다는 장인들의 마음이 가득 담긴 수제 화과자다. (쓰치야 마코토土屋誠 / BEEK)

느긋하게 쉬고 싶어지는 카페 나가노현 도미시의 '예술마을공원芸術むら公園'에서 주말에만 영업(동절기 휴업)하는 커뮤니티 카페 마루야는 지역 식재료를 사용한 천연 발효 빵, 오야키おやき(반죽한 밀가루에 팥, 야채 등을 넣고 구운 음식), 일일 셰프가 만드는 점심 메뉴 등 지역의 계절의 맛을 저공한다. 신슈산 밀가루를 100퍼센트 사용한 캄파뉴나 호밀빵을 특히 추천. 눈앞에 펼쳐지는 '묘진연못明神池'을 바라보며 느긋하게 먹어도 좋다. 공원 잔디광장에서는 요가와 같은 이벤트도 열리는 등 지역 활성화를 목표로 지역 주민의 자기 표현과 커뮤니티의 장으로 친숙한 공원이다. 지역 주민이 참여해 운영한다는 이미지가 강하지만, 관광객이 가볍게 들러도 함께 어울릴 수 있다. 과거에 공원관리사무소로 사용하던 곳을 개조한 매장은 독특한 정취를 품고 있다. 이곳에 있다 보면 가게 모습이나 손님 응대가 자연스럽고 편안해 오랜 시간 느긋하게 머물고 싶어진다. (도도로키 히사시轟久志 / 도도로키디자인トドロキデザイン)

163

021
기후
GIFU

가마도브루어리カマドブリュワリー
기후현 미즈나미시 가마도초 3154-3
0572-51-2620
camado.jp

022
시즈오카
SHIZUOKA

순푸교회현 駿府教会
시즈오카현 시즈오카시 아오이쿠 아이오이초 15-1
054-255-0001
sunpukyokai.org

도노의 풍토가 감도는 맥주

2020년 12월 기후현 도노東濃 지역(기후 남동부 지역)에서 처음 수제 맥주 양조장으로 탄생한 '가마도브루어리'. 미즈나미시 가마도초에서 태어난 히가시 에리코東恵理子 씨와 다지미시多治見市에서 마치즈쿠리사업에 참여해왔던 오카베 아오히로岡部青洋 씨 그리고 고향 나카쓰가와시中津川市를 비롯해 각지에서 25년 이상 양조가로 활동한 '수제 맥주계의 레전드' 니와 사토루丹羽智 씨가 설립한 양조장이 전국 맥주 애호가로부터 뜨겁게 주목받고 있다. '얏토카메에일やっとかめエール'이나 '간코IPAかんこうIPA'를 필두로 만들어낸 맥주는 실로 자유롭고 다양하다. 큰 비로 넘어진 신사 경내의 나뭇가지로 향기를 입힌 페일에일, 가마도초에서 발굴된 화석 팔레오파라독시아Paleoparadoxidae의 이름을 붙인 헤이지 IPA 등 도노의 풍토와 이야기를 담은 맥주도 꾸준히 출시하고 있다. 병설된 맥주바 'HAKOFUNE'에서 미노도자기美濃焼 머그에 따른 맥주로 건배를. (다카노 나오코高野直子 / 리틀크리에이티브센터リトル クリエイティブセンター)

생각에 빠져들게 되는 곳 길을 지나는 사람이 눈을 떼지 못하는 블랙 실버의 건축. 건물 모서리에 위치한 출입구 위에 십자가가 멋있게 걸려 있는 것을 보면 '그렇구나, 여기는 교회구나.' 하고 사람들은 과연 눈치를 챌까? 시즈오카는 평온한 도시이기는 하지만, 어딘가에 조용히 혼자 있고 싶을 때 가고 싶어지는 쉼터로 나는 가장 먼저 이 '순푸교회'를 꼽고 싶다. '순푸교회'는 시즈오카철도 히요시역日吉駅에서 도보 2분 정도 떨어진 곳에 있다. 2008년 건축가 니시자와 다이라西沢大良 씨의 설계로 완성되었다. 교회 안에는 자연광이 들어와 설교하는 이의 육성의 '소리'가 기분 좋게 예배당에 퍼진다. 개인적으로는 일본에서 오르간을 만드는 가르니아오르가늄Garnier organum의 포지티브 오르간으로 연주하는 곡조 속에서 생각에 잠기기를 추천한다. 신앙과는 관계없이 먼저 그 공간미를 접하기를 바란다. (모토무라 다쿠토本村拓人 / Media Surf Communications)

023
아이치
AICHI

합명회사나카사다상점合名会社中定商店
📍 아이치현 지타군 다케토초 고무카에 51
📞 0569-72-0030
🌐 ho-zan.jp

024
미에
MIE

shokudo & cafe osse
📍 미에현 이세시 가미소노초 454
📞 0596-68-9149
🌐 www.instagram.com/osse_ise

나무통에 3년 숙성한 다마리간장 다케토요초武豊町에는 현재 5곳의 '다마리된장광'이 있다. 에도시대에는 200곳 이상이던 술도가가 점점 줄어들어 술도가로 사용하던 광이나 나무통을 재이용해 다마리간장たまり醬油과 콩된장을 만들기 시작했다. 된장 알갱이의 크기나 돌 무게에 차이를 주어 검붉고 짠 '핫초된장八丁味噌'과는 다른 맛이 난다. 또한 오래전부터 이 지역에서는 콩된장에서 나온 물을 '다마리간장'으로 판매하고 있다. '나카·사다상점'에서는 콩된장과 다마리간장을 각각 다른 통에서 만든 다음 통에 관을 넣어 스며 나온 다마리간장을 떠내 위에 뿌리는 듯한 방식으로 양조하기 때문에 감칠맛이 더 많이 난다. 여기에 메이지시대부터 사용해온 높이 2미터의 나무통에 깃들어 있는

질 좋은 균의 활동으로 맛에 깊이가 더해진다. 된장광의 역사가 느껴지는 중후한 도구와 자료도 전시해 된장 만들기 체험 교실 등으로 그 역사를 전하고 있다. (하라 구기코原久美子 / d news aich agui)

지역의 커뮤니티와 식문화를 잇는 자매의 식당 도쿄 교도経堂에서 이전해온 식당 카페로, 이세 출신의 자매 오쿠야마 나쓰코奧山奈津子 씨, 지카코知佳子 씨가 꾸려가는 곳이다. 가게 이름은 이세진구伊勢神宮를 친근하게 부르는 말인 '오오 세산お伊勢さん'에서 유래했다. 관리영양사의 관점에서 미에의 식재료를 균형 있게 사용해 만드는 요리가 인기로, 주마다 바뀌는 '오늘의 밥'을 먹기 위해 지역 주민들이 모인다. 주인인 나쓰코 씨는 '건강한 식사에 진짜 필요한 요소는 염분과 칼로리 계산이 아니라 누가 무엇을 소중히 여기고 어떤 마음으로 만드는지 아는 일'이라고 알려주었다. 오쿠야마 씨 자매는 지역 생산자들과의 커뮤니티를 넓혀 그 식재료를 지역에서 소비해 순환시킨다. 10주년 기념의 해에는 《우라 osse裏osse》라고 이름 붙인 독립출판물을 발매. 문화 전파에서 지역 농가의 채소 직매까지 폭넓은 활동과 그 간극이 흥미로워 언제나 활기차고 크리에이티브한 자매에게서 앞으로도 눈을 뗄 수 없다. (다카다 고스케高田弘介 / D&DEPARTMENT MIE)

025
시가
SHIGA

오미쓰쿠다니안 오쿠무라近江佃煮庵 速久무
시가현 오미하치만시 다가초 400
0748-32-7833
okumura-tsukudani.com

026
교토
KYOTO

Shop & Gallery 지쿠부엔竹生園
교토부 나가오카쿄시 덴진 2-15-15
긴스테 지쿠부엔 안
075-925-5673
takano-bamboo.jp/shop/chikubuen.php

붕어초밥鮒寿しの 진화 1970년 창업한 시가현 비와호수琵琶湖의 민물고기로 쓰쿠다니佃煮를 만드는 가게 '오쿠무라쓰쿠다니奧村佃煮'의 '오미쓰쿠다니안 오쿠무라'. 시가현에 오랫동안 이어져온 발효식품 '붕어초밥'이나 작은 은어 등의 민물고기를 간장 등에 졸여 만드는 쓰쿠다니 등을 제조하고 판매해왔다. 붕어초밥은 비와호수의 고유종인 긴꼬리붕어를 소금으로 절인 뒤 쌀과 함께 유산 발효해 장시간 보존하는 전통 생선 숙성 방식이다. '오쿠무라쓰쿠다니'에서는 부드러운 맛을 지닌 알을 품은 암컷 붕어 초밥과 함께 수컷 붕어 초밥도 제조한다. 비교해서 먹어보면 힘이 강한 수컷만의 맛을 느낄 수 있다. 과거에《design travel SHIGA》에서도 소개한 고카부목장湖華舞牧場의 '쓰야코 프로마주 치즈'나 블루치즈를 수컷 붕어의 배 안에 넣어 발효 숙성하는 등 새로운 붕어초밥의 가능성을 모색하고 있다. 전통발효식품의 개량에도 도전해 지속해서 진화하며 문화를 지키고 있다. (아이마 유키 / D&DEPARTMENT PROJECT)

대나무와 마주해 수작업의 기술을 꾸준히 전한다

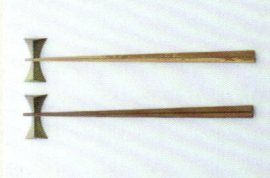

'다카노죽공高野竹工'은 대나무 산지로 알려진 나가오카쿄시에서 1968년 창업. 양질의 대나무 육성에서 벌채, 제품 가공까지 모두 진행한다. 본래 이곳의 창업자 후키유사이 다카노 소료不窮斎高野宗陵 씨가 전쟁 전부터 이어진 죽공예점에 태어나며 시작되었다. 매일 현장에서 대나무숲을 관리하는 '기리코伐り子', 옻과 마키에蒔絵(금, 은가루로 칠기 표면에 무늬를 넣는 방식), 소목장 등 장인이 이곳에 적을 두고, 대나무의 표정을 살린 차 도구에서 일상용품까지 폭넓은 제품을 만든다. 'Shop & Gallery 지쿠부엔'은 1970년 오사카만국박람회를 기념해 지은 운치 있는 옛 료칸으로 아름다운 대나무숲이 인상적이다. 이곳에서는 죽제품 중심의 제품 판매, 워크숍, 전시회가 열린다. 육성에서 상품화까지 생각하면 10년 이상의 시간이 걸리는 대나무의 세계. 주변에서 자주 볼 수 있지만, 의외로 잘 모르는 대나무의 생태계와 그것을 둘러싼 환경에 대해 알 수 있다. (시모노 후미카下野文歌 / D&DEPARTMENT KYOTO)

027
오사카
OSAKA

아쿠아이그니스 간사이공항 센슈온천
アクアイグニス関西空港 泉州温泉
오사카부 이즈미사노시 린쿠 오라이키타 1-23
072-463-1600
aquaignis.jp/kanku

028
효고
HYOGO

√595
root595.com

편안한 거리감 오사카 시내에서 차로 약 1시간. 간사이국제공항 건너편에 위치해 바다와 비행기가 보이는 당일 여행을 위한 리조트형 온천 '아쿠아이그니스 간사이공항'이 2019년 문을 열었다. 시설 안 노천탕에서는 오사카만大阪湾, 간사이연락

다리関空連絡橋, 더 멀리로는 간사이국제공항을 비롯해 이착륙하는 비행기를 보면서 목욕을 즐길 수 있다. 식당 '세이안青庵'에서는 신선한 어패류 등을 중심으로 한 일식을 느긋하게 즐길 수 있다. 바다 쪽의 통창도 개방적이어서 기분이 좋다. 린쿠프리미엄아울렛りんくうプレミアム・アウトレット을 비롯해 인기 상업시설이 인접해 있지만 린쿠타운역りんくうタウン駅을 끼고 반대쪽의 비교적 조용한 지역에 위치해 다른 대형 목욕탕과는 또 다른 편안함을 느낄 수 있다. 직원의 응대도 너무 딱딱하거나 가볍지 않다. 적당한 거리감이 기분 좋아 당일로 다녀오기 좋은 온천이다. (이시지마 야스노부石嶋康伸 / 나가오카 겐메이의 메일 친구 모임 관리인ナガオカケンメイのメール友の会・管理人)

Photo : Yuna Yagi (Atelier NOW/HERE)

향기의 루트를 탐구하다 효고현 아와지섬淡路島은 에도시대부터 향을 생산한 장소로 지금도 일본에서 가장 많은 생산량을 자랑한다. √595는 향목, 침향이 아와지섬에 착향한 해가 595년이라는 것에서 유래한 이름으로, '향기'의 루트를 밝히면서 현대의 생활에 맞는 독

자적인 향기의 방식을 제안하는 인센스 브랜드다. 아와지섬을 거점으로 활동하는 작가 이즈미 간和泉侃 씨가 디렉션하고 창업 약 130년에 이르는 향 제조회사 '군주도薫寿堂'가 개발과 제조를 담당했다. 2022년 5월, 브랜드의 유래이기도 한 소재에서 아이디어를 얻은 'Jinkoh', 향 가운데 제일 난이도가 높은 촉촉함을 표현한 'Humidity', 한방 처방을 바탕으로 한 'Soothe' 등 3가지 향기를 판매하고 있다. 아와지 사람들에 의해 아와지에서 태어난 향은 앞으로도 100년, 1000년까지 향기의 문화를 이어갈 것이다. (모리 유카毛利優花 / 프리랜서)

029
나라
NARA

마법의 막과자점 지로루도まほうのだがしやチロル堂
 나라현 이코마시 모토마치 1-4-6
 0743-61-5390
 tyroldo.com

030
와카야마
WAKAYAMA

간자산쇼엔かんじゃ山椒園
 와카야마현 아리다군 아리다가와초 미야가와 129
 0737-25-1315
 www.sansyou-en.com

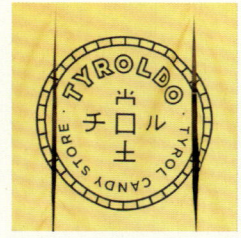

'마법의 막과자점 지로루도'의 마법 나라현 이코마시에 조금 독특한 막과자점이 문을 열었다. 가게 안에서는 당연히 막과자를 판매하고 있는데 그 안쪽에 10명 정도 앉을 수 있는 식당이 자리하고 있다. 한 가지 특징이라면 가게에 아이 한 명당 하루에 한 번만 돌릴 수 있는 '뽑기'가 마련되어 있다는 것. 뽑기를 돌리면 가게 안에서만 사용할 수 있는 화폐 '지로루チロル'가 나온다. 이 지로루를 사용해 아이들은 100엔어치의 막과자나 카레, 주스 등 좋아하는 것을 살 수 있다. 어른은 정상 가격에 사야 하지만, 아이들은 마법의 힘으로 매우 저렴한 가격에 산다. 이는 어른이 사는 물건들에 포함되는 '지로루'라는 기부에 의해 성립된다. 빈곤이나 장애 등 지역에서 도움이 필요한 사람들에게 제대로 그 도움이 전해질 수 있도록 디자인된 마법의 방식에 의해 '지로루도'는 이 지역 안에서 귀중한 아이들의 장소로 연일 북적인다. (사카모토 다이스케坂本大祐 / 합동회사 오피스캠프合同会社オフィスキャンプ)

산촌 생활을 미래로 잇다 일본 유수의 산초 생산지인 아리다가와초 시미즈 지역. 이 지역에서는 알맹이가 큰 열매가 열리고 상큼한 향기를 지녀 '포도 산초ぶどう山椒'라 불리는 산초가 오래전부터 소중하게 재배되었다. 이곳에서 나고 자란 나가오카 후유키永岡冬樹 씨는 포도 산초의 장점을 새삼 느끼고 2006년 포도 산초의 생산에서 가공, 판매, 카페 운영까지 하는 '간자산쇼엔'을 시작했다. 산초가 본래 지닌 가치를 전하고자 품질에 신경을 쓰면서 세심한 수작업으로 납득할 수 있는 제품을 만든다. 최근에는 유럽 등 해외에서도 높은 평가를 받고 있어, 미슐랭 별을 획득한 레스토랑의 셰프가 시미즈 지역까지 일부러 찾아온 적도 있었다고 한다. "지역의 인구가 줄어들어 산과 밭이 황폐해지는 모습을 보면 슬퍼요. 간자산쇼엔이라는 공간이 사람이 자연과 조화를 이루며 쾌적하게 생활하는 최첨단의 지속가능한 마을 만들기를 실천하는 데 단서가 되면 좋겠습니다." 나가오카 씨는 말한다. (아마쓰 야요이天津やよい / 프리랜서)

031
돗토리
TOTTORI

지로린무라チロリン村
📍 돗토리현 구라요시시 아게이 313
☎ 0858-26-4660

032
시마네
SHIMANE

MASCOS HOTEL
📍 시마네현 마스다시 에키마에초 30-20
☎ 0856-25-7331
🌐 mascoshotel.com

지역의 일상을 접할 수 있는 여행 동해에 면한 산인山陰지방 굴지의 아름다운 거리, 살기 편하다는 뜻의 '구라시요시暮ら_良し'에서 그 이름이 유래한 도시 구라요시를 여행하다 담쟁이로 뒤덮인 울창한 건물에 시선이 멈추었다. 높은 천장의 어스름한 가게 안, 창으로 들어오는 빛이 아름다운 '지로린무라'는 지역에서 사랑받는 레스토랑이다. 내가 들어간 시간에는 개점 직후여서 그런지 손님이 별로 없었다. 하지만 조금 지나자 학생이나 회사원, 가족 등이 계속해서 들어왔다. 고봉으로 담긴 명물 파스타를 먹으며 가게 안에 흐르는 것은 모두가 자유롭게 지내는 각자의 일상의 시간이라고 깨닫는다. 여행이나 관광이라고 하면 매일의 생활과는 정반대인 비일상의 특별한 체험처럼 느껴진다. 그 지역만의 경치나 개성은 외부인의 눈에는 신선하고 재미있게 비추지만, 그곳에 사는 사람들이 보기에는 항상 있는 일이며 일상이다. 여행지의 그런 일상의 광경을 시점을 바꾸어 바라보는 것도 디자인 여행의 즐거움이다. (하라다 마사히로 / 지가사키시청)

도시의 문화가 탄생하는 호텔 시마네현 서부 하늘의 현관, 하기이와미공항이 있는 마스다시. '비즈니스보다도 크리에이티브한 곳이었으면 좋겠다.' 이런 사고로 만들어진 'MASCOS HOTEL'이 보여주는 것은 숙박시설의 영역을 뛰어넘은 새로운 문화의 전달이다. 호텔이 위치한 곳은 개인이 경영하는 주점이나 바, 스낵이 즐비해 지역 주민과 관광객, 출장 중인 회사원 등이 뒤섞여 지나다니는 동네 중심지다. 호텔에 병설되어 있는 바나 식당에서는 음악이나 토크 이벤트가 열려 지역에 활기를 더해준다. 호텔의 인테리어, 공간 디자인, 집품은 마스다시나 인근 지역의 도자기 가마공방, 가구 장인, 봉제회사, 와시 장인 등과 함께 대화를 거듭하며 고심해서 제작했다. 이 지역의 문화를 흡수해 새로운 가치로 만들어낸 세련된 호텔은 이 장소만의 진짜를 접할 수 있는 체험을 제공한다. (다마키 마나미玉木愛実 / 쓰와노마을과 문화창조센터津和野まちとぶんか創造センター)

033
오카야마
OKAYAMA

오카야마게스트하우스 이구사 岡山ゲストハウスいぐさ
오카야마현 쓰쿠보군 하야시마초 마에가타 615-1
086-454-8610
igusagh.com

034
히로시마
HIROSHIMA

덴진안 天仁庵
히로시마현 구레시 온도초 히키지 1-2-2
0823-52-2228
tenjinan.jp

따스함이 연쇄되다 빨간 온도오다리바시音戸大橋 기슭에 있는 '덴진안'은 온도초에서 약 130년 이어진 포목점으로 운영되던 곳이었다. 5대 사장인 가즈타 유이치数田祐一 씨에 의해 가족이 함께 섬에서 보내며 엮어온 풍요로운 생활의 기억을 소중히 하면서 카페와 잡화, 의류 판매점으로서 지역 사람들이 모이는 장소로 다시 태어났다. 카페 'Café Shunpu'에서는 구라하시섬倉橋島 근해에서 잡히는 신선한 생선과 온도의 식재료로 만든 맛있는 가정식을 먹을 수 있다. 쩌서 말린 아키이리코安芸いりこ, 가다랑어, 다시마로 끓인 국물과 밥에 어울리는 '지리멘후리카케ちりめんふりかけ'는 가정에서도 먹을 수 있도록 상품화했다. 잡화와 식품 진열장에는 엄선한 홍차와 작가의 그릇이 즐비하다. 이곳에 있으면 따스한 기분에 감싸인다. 이는 가즈타 씨 가족이 오랫동안 포목점을 운영하며 맺은 인연과 가족의 끈끈한 연을 소중하게 여기고 그 따스함을 방문하는 사람에게 나누어주고 있기 때문일지 모른다. (이마다 미야비今田雅 / CARRY on my way 44)

숙박하면서 지역의 모노즈쿠리를 경험한다 하야시마섬早島의 조용한 주택가를 걷다 보면 훌륭한 일본 정원과 그 안쪽에 있는 무가저택 같은 커다란 목조가옥을 발견하게 된다. 이곳 '오카야마게스트하우스 이구사'는 지은 지 60년 된 오래된 민가를 개조한 곳으로, 쇼와시대의 분위기가 남아 있는 숙박시설이다. 하야시마섬은 다다미의 원료인 골풀로 번성한 마을이다. 이 숙박시설에서는 하야시마섬의 골풀을 사용한 코스터 등을 손으로 직접 짜는 체험을 할 수 있다. 전성기 때보다 생산량이 떨어진 하야시마섬의 골풀 산업을 다시 일으키고자 젊은 담당자가 골풀을 사용해 지금의 생활에 맞는 민예적인 모노즈쿠리와 지역의 방식을 모색하고 있다고 느꼈다. 이 지역은 간척지로, 오래된 목조 건물도 많이 남아 있어 동네를 산책하며 지역에서 사랑받는 가게에서 저녁을 먹는 것도 하야시마섬을 느끼고 즐기는 하나의 방식이 될 것이다. 게스트하우스의 주방에서 아침을 먹고 있으면 마치 이 지역에서 생활하는 듯한 기분에 젖는다. (도쓰 유타とつゆうた / CIAL)

035
야마구치
YAMAGUCHI

복어가이세키가든ふぐ懐石garden
야마구치현 시모노세키시 니시오쓰보초 4-23
083-227-4400
garden-fugu.com

036
도쿠시마
TOKUSHIMA

교쿠후엔曲風園
도쿠시마현 미요세시 야마시로초 가미묘 196
0883-84-1103
kyokufuen.com

복요리로 만끽하는 전통과 혁신   언덕 위의 하얀 벽 안쪽에는 쇼와시대 초기에 건축되어 80년이 넘은 저택과 정원이 펼쳐진다. 이 건물에 반한 건축가가 이곳을 임대해 복어가이세키를 열었다. 시모노세키의 전통 복요리에 새바람을 불어넣어 시모노세키의 식문화를 다음 세대로 잇고 싶다는 마음이 강하게 담긴 곳이다. 메뉴는 기본 '자지복 코스' '구운 복어 코스', 이 둘을 모두 즐길 수 있는 '가든 코스' 등 3가지로 구성되어 있다. 압도당하는 건축미와 그에 지지 않는 요리들에 마음마저 설렌다. 야마구치 지역술 '간키雁木'나 '다쓰사이獺祭' 등과 함께 요리를 닷는 그 시간은 특별한 순간으로 바뀐다. 요리장은 핀란드나 러시아의 일본대사관 등에서 실력을 발휘하고 감각을 갈고 닦아 시모노세키로 돌아온 전 관저요리인 북유럽에서 보고 듣고 느낀 체험이 도리에 담겨 새로운 복요리의 세계를 제안한다. (야스모토 미유키 安本みゆき / 플래너)

향기와 디자인도 즐기는 천상의 차   오시노강 吉野川의 상류, 미요시시 야마시로초는 차의 산지다. '하늘의 고향'이라 불리며 운해가 시선 아래로 펼쳐진다. 서늘하고 습윤

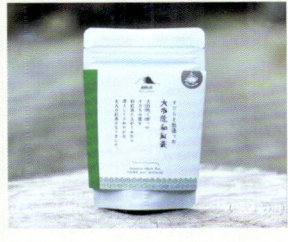

한 기후로 안개가 찻잎을 감싼다는 점, 경사 때문에 물이 잘 빠진다는 점 덕분에 이곳이 차 생육에 최고의 지역이라고 마가리 히로키曲大輝 씨는 말한다. 대대로 이어온 차밭을 무농약으로 키우며 전통 전차를 생산하는 한편, 지역 디자이너 우에모토 슈코植本修子 씨와 일본식 홍차나 볶은 엽차, 상온의 물로 우려내는 전차 등 개성 있는 제품도 만든다. 차를 만드는 제다공장을 소유하고 있어 지역 사람들도 이곳에서 차를 제조하고 자신들이 키운 찻잎을 집에서 즐긴다. 가족이 지역의 차 만들기를 지키고자 힘을 합쳐 노력하는 모습과 '각자의 차가 지닌 본래의 향을 즐기는 것이 시코쿠의 차 문화.'라고 달하는 마가리 씨의 이야기가 교쿠후엔의 차가 어떤 존재인지 말해준다. (기타두로 준코北室淳子 / 한다수타소면 '기타무로하쿠센半田手延べ素麺「北室白扇」')

171

037 가가와 KAGAWA

사누키가가리데마리(보존회)讃岐かがり手まり保存会
가가와현 다카마쓰시 간코도리 2-3-16
087-880-4029
eiko-temari.jp

바늘 하나, 실 한 가닥으로 계승되는 수공예 가가와현은 과거에 사누키국讃岐国이라고 불리며, 온난하고 비가 적은 기후에서 생산되는 특산물 무명, 소금, 설탕 등 '사누키 삼백讃岐三白'이 에도시대부터 유명했다. 그중에 하나, 초목으로 물들인 무명실을 한 땀 한 땀 꿰매어 만드는 향토 완구가 '사누키가가리데마리' 공이다. 데마리의 속 재료인 왕겨를 얇은 종이로 감싼 뒤 부드러운 색의 무명실로 얇은 종이가 보이지 않게 말아 그 위를 꿰매어 기하학적인 문양을 만든다. 전쟁 이후 맥이 끊길 위기에 놓여졌던 사누키 지방의 데마리만들기가 약 30년에 걸친 조사와 연구로 부활했다. 1983년 '사누키가가리데마리보존회'가 발족해 현재는 과거에 유치원이었던 곳을 개조한 공방에서 동네의 풍경을 남기면서 기술을 보존하기 위한 창작을 지속하고 있다. 바늘과 실의 수작업이 만들어내는 문양은 여성의 손에서 손으로 전해져온 기법이다. 한 땀 한 땀, 마음을 담아 꿰매며 지금도 그 기술을 전한다. (가도와키 마리나 門脇万莉奈 / d47 MUSEUM)

038 에히메 EHIME

entohouse BAR&GUEST HOUSE
에히메현 세이요시 노무라초 노무라 9-180
080-6503-2544
www.ento-house.com

미래를 향하는 노무라로 들어가는 길 2018년 서일본 지역에 내린 폭우로 피해를 본 세이요시 노무라초. 가나가와현 후지사와시 출신 시버스 레이나シーバース玲名 씨는 자원봉사자로 이곳에 체류하다가 이 지역의 기질이 자신과 잘 맞다고 깨닫고 그 다음 해부터 지역 활성화 협력단에 취임했다. 그리고 노무라를 널리 알리겠다고 생각해 오래된 민가를 개조한 숙박시설을 2021년 오픈했다. 노무라는 '노무무라노무라のむむらのむら(술을 마시는 마을 노무라)'라고 불릴 정도로 술을 즐겨 마시는 사람이 많다. 술자리에서는 '사시아이サシアイ'라고 불리는 술잔을 돌려주는 답주 문화도 있다. 바에서는 럼주를 중심으로 '시로카와고城川郷'나 '에히바야시媛囃子' 등의 지역술, 세이요산 감귤로 만든 술을 마시며 시버스 씨나 지역 주민, 여행자가 함께 대화를 즐긴다. 게스트하우스의 벽지나 조명에는 에도시대부터 전해온 선화지泉貨紙를 사용했고 툇마루에서는 한가로운 전원 풍경을 즐길 수 있다. ento는 한자로 '遠図'로 원대한 계획을 의미. 바로 지금 이곳이 노무라로 들어가는 관문이다. (히노 아이日野藍 / 디자이너)

039
고치
KOCHI

도사사가산 직출하조합土佐佐賀産直出荷組合
- 고치현 구로시오초 사가 72-1
- 0880-31-4188
- tosasaga-fillet.com

잡아 올린 생선에 작은 수고를 더해 탄생 일본 제일의 어획량을 자랑하는 외줄낚기 가다랑어 선단의 항구 마을 구로시오초 사가. '도사사가산 직출하조합'은 이 마을 출신의 어부의 딸 하마마치 아키에浜町明恵 씨가 2004년 설립했다. 지역에서는 '신초쿠상さんちょくさん'이라는 애칭으로 불린다. 도사사가산 직출하조합은 가족이 안심하고 먹을 수 있는 것을 만들고 싶다.'는 사고로 제품을 만든다. 구로시오에서 생산되는 천일염으로 절인 '샛줄멸 필레' '샛줄멸 액젓' 등 조미료는 물론, 잡아 올린 뒤 바로 가공하는 다진 가다랑어, 튀김 등 다양한 제품을 생산한다. 특히 샛줄멸 액젓은 버려지는 부분을 활용할 수 없을까 하는 고민에서 시작한 제품이다. 그 결과 샛줄멸의 살이 붙은 뼈와 천일염만으로 황금색이 아름다운 액젓이 탄생했다. 짠맛에서 생선의 감칠맛이 느껴져 만두에 뿌려 먹거나 볶음 요리에 넣어 풍미를 더하기 좋은 만능 조미료다. (사카타 미오코坂田実緒子 / d news aichi agui)

040
후쿠오카
FUKUOKA

IN THE PAST™
- 후쿠오카현 오무타시 혼마치 1-2-19 1층
- 0944-88-9653
- inthepast.jp

미래가 기대되는 편집 기지 '먹는다는 것'에 대해 생각하는 리틀프레스 《PERMANENT》의 된장 만들기 워크숍에 참가한 뒤 가족이 총출동해 된장을 만드는 일이 우리 집의 겨울 연례행사가 되었다. 《PERMANENT》를 발행하는 이는 사다마쓰 신지定松伸治 씨와 지카千歌 씨 쿠부로 'IN THE PAST™'라는 다목적 스튜디오를 운영한다. 이곳에서 식문화와 관련된 워크숍이나 일상의 도구 팝업숍, 전시회, 토크 이벤트도 열고 있다. 두 사람은 '보고 해 보지 않으면 알 수 없다.'라는 신념으로 무슨 일이든 경험해보는 것을 소중하게 여긴다. 이곳에서의 다양한 만남이나 경험이 일상에 변화를 가져다준다. 내가 참가한 된장 만들기 워크숍에서도 평소에 내가 샀던 된장이 어떻게 만들어지는지 생각할 기회를 가졌다. 이 장소에서의 만남이나 경험이 쌓여 엮어갈 미래가 기대된다. (하라 가나타原かなた / 회사원)

173

041 사가 SAGA

야토지덴키치혼포八頭司伝吉本舗 오기본점
사가현 오기시 오기마치 152-17
0952-73-2355
yatoji.co.jp

계승되는 오기다움 사가현 오기시에는 노포 양갱점 '야토지덴키치혼포'라는 가게가 있다. 초대 덴키치가 가게를 꾸린 이래 100년 이상의 역사를 자랑한다. 소재나 기법에 대한 고집으로 계승된 맛은 소박하면서 품격이 있고 깊은 맛을 지녔다. 30년 전 매장이나 심벌, 로고, 포장지 등을 대대적으로 리뉴얼했다. 기업 아이덴티티를 담당한 이는 사가의 그래픽 디자이너 고 이케다 마사토시池田勝利 씨. 그중에서 양갱 '무카시요칸昔ようかん'의 포장지는 오기다움을 의식한 소박한 디자인으로 오랫동안 사랑받고 있다. 제품 로고는 이케다 씨의 감수로 멋스럽고 개성 있는 글씨를 쓰는 화구점 주인이 직접 썼다. 제품의 멋과 디자인이 잘 어우러진 디자인이다. 이케다 씨가 타계한 뒤 내가 디자인 담당을 이어받았다. 생전 이케다 씨로부터 '그 지역에 맞는 디자인을 하세요.'라는 말을 들었다. 그 말은 지금도 나를 지탱해주는 힘이 되고 있다. (고가 요시타카 古賀義孝 / 고가디자인光画デザイン)

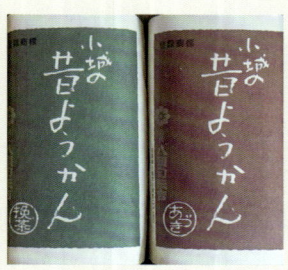

042 나가사키 NAGASAKI

라쿠楽
나가사키현 나가사키시 하마마치 3-23 4F
095-827-8960(주식회사 이스웍스)
ra-ku.jp

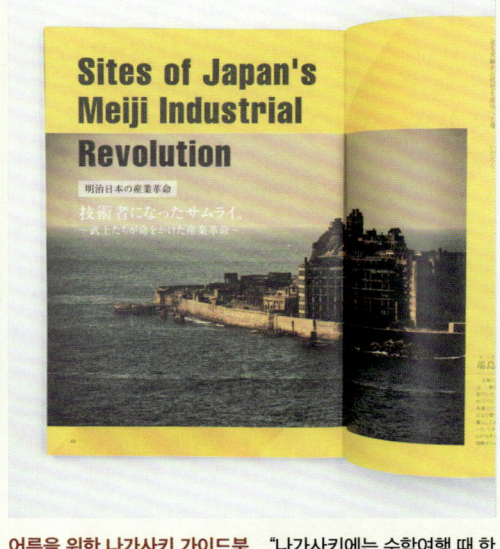

어른을 위한 나가사키 가이드북 "나가사키에는 수학여행 때 한 번 갔어요." 이런 말을 아는 사람들에게 자주 듣는다. 그때마다 나는 "그건 너무 아쉬운데요. 사람들이 잘 모르는 나가사키를 안내하겠습니다." 하고 이야기한다. 나가사키에 사는 나조차도 그 깊은 매력을 알게 된 것은 어른이 되면서부터였다. 그 계기가 된 것이 계간지 《라쿠》다. 나가사키 특유의 다양성과 해안선, 외딴 섬에 이르기까지 지역에 뿌리내린 다양한 문화가 있다는 사실을 알기 쉽게 담은 잡지로, 잡지에 실린 아름다운 사진만으로도 '나가사키가 이렇게나 아름다운 곳이구나.' 하고 느낄 수 있다. 아름다운 파란색의 표지를 펼치면 페이지마다 나가사키의 지식이 깊게 담겨 있다. 종이매체이기 때문에 할 수 있는 표현이 가득한 잡지다. 일단은 지역 사람들이 꼭 보았으면 좋겠다. 나가사키를 이미 여행한 사람에게도 기억에 남을 만한 책이 되리라고 확신한다. (조지마 가오루 城島薫 / 파파스앤드마마스パパスアンドママス)

043
구마모토
KUMAMOTO

malou
📍 구마모토현 다마나군 나고미마치 이타쿠스 2575-1
📞 050-3479-2575
🔗 https://www.instagram.com/malou_nagomi

나고미마치에 생긴 새로운 일상 구마모토현 북부에 있는 나고미마치에 슈퍼마켓 건물을 개조한 카페가 2022년 6월 문을 열었다. 밝은 공간에 한 장짜리 상판으로 만든 커다란 테이블이 놓여 있으며 잡화와 책도 구비되어 있다. 도쿄 야네센에서 마치즈쿠리 활동을 하던 미즈카미 가즈마水上和磨 씨가 고향 구마모토로 돌아와 문화의 거점을 만들겠다며 열었다. 넓은 공간에서는 책과 아트와 관련된 이벤트나 아이들과 참가할 수 있는 모노즈쿠리 이벤트가 개최된다. 키즈 스페이스도 활기가 넘쳐 가족 단위 손님도 편안하게 지낼 수 있다. 온천으로 유명한 야마가山鹿에서 관광이나 온천, 가족탕 등을 즐긴 뒤 휴식하러 들르기에도 최적의 장소다. 미즈카미 씨의 이주 이야기, 가게를 꾸려가는 일상이 SNS에 공개되어 흥미롭다. 시골 생활이나 카페 경영 같은 말이 한참 유행했지만, 마을의 문화도를 높이는 'malou'의 일상이 조금씩 지역에 뿌리 내리고 있다. (스에나가 유末永侑 / 포토 아틀리에스에나가フォトアトリエすえなが)

044
오이타
OITA

운요바시雲与橋
📍 오이타현 나카쓰시 야바케마치 시모고지구
🔗 https://www.facebook.com/shimogoumura

미래를 잇는 가교를 생각하다 《운요바시》는 나카쓰시 야바케마치 시모고지구의 주민과 이주자로 구성된 임의 단체 '시모고무라下郷村'가 발행하는 책자로, 지역 사람들의 있는 그대로의 생활을 소개한다. '운요바시'라는 제목은 시모고지구의 네 지역을 잇는 다리 '운요다리雲與橋'에서 이름을 빌렸다. 이 다리가 약 90년에 걸쳐 소중하게 이어온 것을 이번에는 이 책자를 통해 다음 세대로 잇고 싶다는 소망을 담아 이름 붙여졌다. 2012년 발생한 규슈북부폭우로 큰 피해를 입은 시모고지구. 운요다리도 교각이 물에 휩쓸려 떠내려가 4개 지역이 분단되었지만, 10년 동안 다리도 마을도 복구되었다. 최신호는 2013년 제1호를 발행한 지 딱 10년이 되는 2023년 봄에 발행될 계정이다. "우리의 생활에 커다란 변화가 있었던 10년, 각자의 시선으로 앞으로의 10년을 생각하는 계기가 되었으면 좋겠습니다." 편집장인 도구라 에리戶倉江里 씨는 말한다. 《운요바시》는 과거와 현재, 미래를 잇는 가교가 되고 있다. (후루오카 히로타케古岡大岳 / 마메타케케피효岳珈琲)

045
미야자키
MIYAZAKI

DACOTA
📍 미야자키현 미야자키시 사도와라초 가미타지마 5834
☎ 0985-89-4844
📷 www.instagram.com/cotawaka

046
가고시마
KAGOSHIMA

게이쇼가마蛍松窯
📍 가고시마현 아이라시 나베쿠라 910-1
☎ 090-8669-8946
📷 www.instagram.com/hotaru_kiln/?hl=ja

고목의 편안함이 느껴지는 공간 미야자키시내에서 차로 약 30분. 본전이 나라의 중요문화재로 지정된 고타신사巨田神社 근처 전원 지역에 식당 'DACOTA'가 있다. 지은 지 130년 된 민가를 개조한 식당에는 사도와라佐土原의 신선한 채소와 현에서 잡히는 수렵육 지비에 등이 나오는 요리가 미야자키현에서 활동하는 작가의 그릇에 담겨 제공된다. 식당 유리문으로 옆 공간을 엿보면 술병이 늘어서 있다. 그 공간은 미야자키현 출신 주인이 도쿄 니시아자부에서 운영하는 주점 '우사기토토라兎と寅'의 2호점이다. 미야자키시의 '쓰바키고도구점椿古道具店'이 디자인과 시공을 맡아 섬세하게 수리한 오래된 목제 선반과 천연목 한 판으로 만든 카운터 등에서 고목의 편안함이 느껴진다. 창고를 개조한 'gallery 가미타지마gallery 上田島'도 운영해 비정기적으로 다양한 전시가 열린다. 'DACOTA' '우사기토토라' 'gallery 가미타지마'는 모두 비정기 영업으로, 방문 전에 영업일 확인을 하고서라도 가고 싶은 곳이다. (다구치 사오리田口沙緒理 / 미야코시티宮交シティ)

게이쇼가마의 초사인형 가고시마 초사지구에서 늦어도 에도시대 후반에는 제작이 시작되었다고 추정되는 전통 공예품 '초사인형帖佐人形'은 산뜻한 색감에 태평해보이면서 소박한 인상을 지닌 인형이다. 예로부터 가족의 건강이나 아이의 성장을 기원하는 길한 물건으로 친숙한 존재였다. 시대의 흐름과 함께 플라스틱으로 만든 완구로 교체되었지만, 지역의 뜻을 모아 전통을 계승해왔다. 그 몇 안 되는 제작자 가운데 한 사람이 게이쇼가마 도자기공방의 아베마쓰 다카히로楠松孝弘 씨다. 아베마쓰 씨가 만드는 십이지인형은 소박함을 계승하면서 형태는 점토를 판형으로 늘려 채우는 '가타이레型入れ'를 고집해 지금의 생활에 녹아들듯이 디자인되었다. 초사인형을 만들기 시작했을 무렵에는 '십이지를 한 번 다 도는 것'을 목표로 제작을 시작했다. 하지만 '할머니의 띠니까' '아이가 태어나니까 사러 왔다' 등 기다리는 사람들의 기뻐하는 얼굴을 보고 싶다는 마음으로 두 번째 주기에 돌입했다. (우치카도 미사토内門美里 / D&DEPARTMENT KAGOSHIMA)

047
오키나와
OKINAWA

TESIO
오키나와현 오키나와시 주오 1-10-3
098-953-1131
tesio.okinawa

새로운 고자그ザ의 매력을 만들다 수제 소시지 전문점 'TESIO' 는 아메리칸 컬처가 숨 쉬는 오키나와시 '고자'에 있다. 뒤른의 후쿠하라정육점普久原精肉店에서 들여온 신선한 돼지고기를 즐겁게 거침없이 가공하는 직원의 모습에서 고양감을 느꼈다. 소시지는 본거지 독일의 국제 콘테스트 'IFFA'에서 골드 메달을 획득한 보증된 맛. 기간 한정으로 오키나와현에서 양돈장을 운영하는 '기나농장喜納農場'의 아구돼지고기를 사용한 협업이나 이벤트 참가에도 적극적이다. '고자'는 재류 미국 군인이 모이는 동네로도 유명하다. 점주 미네이 다이치嶺井大地 씨는 '밤의 이미지가 강한 이곳을 누구나 휴식을 취하는 장소로 만들고 싶다.'며 길에 벤치를 설치하고 나무와 꽃을 심어 건강한 날을 영위하도록 만들고 있다. 이곳에서 막 나온 핫도그를 먹는 시간은 각별하다. 유일무이한 고자의 매력을 느껴보기 바란다. (시마부쿠로 미노리島袋みのり / D&DEPARTMENT OKINAWA)

d 회원 모두가 만드는

롱 라이프 디자인회
회원 소개

이름 기재에 동의한 분들만 소개합니다.
※2023년 2월 말까지 입회한 회원 중에서

외 익명 53명

FUTAGAMI

일본 디자인 진흥회 日本デザイン振興会

드라이브디렉션 ドライブディレクション

주식회사도쿄체인소스 株式会社東京チェンソーズ

합동회사테테협동조합 合同会社てとて協働組合

디자인모리커넥션 デザインモリコネクション

대지예술제 大地の芸術祭

다이아테크 ダイアテック 「BRUNO」

주식회사캠프라이터 株式会社キャップライター

가리모쿠 가구 カリモク家具

가메자키센코유한회사 亀崎染工有限会社

「Classic Ko」
옷공예오시타코센주식회사 漆工芸大下香仙株式会社

Version Zero Dot Nine

이마무라제도 今村製陶 「JICON」

요시나가 유카리 / 로쿠노고주나나 / 와카마쓰 데쓰야 / 와시하라 다쿠야 / 야마모토 후미코 / 야마모토 야에코 / 야마모토 료 / 양유진 / 요코야마 마사요시 / 야마와 사쿠라 / 야마구치 아유코 / 야마코야 야마사키 가오루 / 야마자키 요시 / 요코야마 준코 / 야마모토 겐지 / 미야카키회계사무소 / meadow_walk / 모리우치 아야코 / 모리 미쓰오 / 야에다 가즈시 / 마루히고구마말랭이 / 구로사와 가즈요시 / 미우라 게이코 / 미치바 후미코 / 미네가와 히로시 / 주식회사분부쿠 / 호텔 뉴니시노 / Marc Mailhot / 마쓰다 나오 / 마루오카 히토시 plateau books / FURIKAKE 도쿠마루 나루히토 / 후루야 가즈에 / 후루야 유리카 POOL INC. 고니시 도시유키 / 후카이시 히데키 / 후지에다 미도리 / 후지사와 준코 / 후지와라 신야 히노데야제과 지쿠사 히로시 / 히로 / fhans-satoshi / 합동회사 FIFTEEN 하라다 마사히로(지가사키시청) / HUMBLE CRAFT/ 히가시오 아쓰시 / 히가시마 미라이 난조 모에미 / 니시야마 가오루 / 바이게쓰도 / 하쓰카메양조주식회사 / 하야시구치 사리 도쿠라건축설계 / 도리이 다이시 / DRAWING AND MANUAL / 나카무라 료타 / Nabe 쓰루마키바네 / Daiton / DESIGN CLIPS / DO-EYE-DO 작은정원 / 지사토 / 주식회사 쓰노키치 / 쓰마가타엔 / 쓰무기우타 / 쓰루 히토미 시라후지 교코 / 무라누시 요코 / sail 나카무라 게이고 / 타이타이스튜디오 / 다케하라 아키코 시바큐보 하지메 / JunMomo / 시라카와 고야마모토 야마모토 아이코 / 시라사키 류야 사카이 하루나 사카우치 요시키 / 사카모토 마사후미 / 사가 요시유키 / 사토 쓰요시 / 사토 도모히로 / saredo 사례도 고루포건축설계사무소 / COMPORT STYLE Co.,Ltd. / 곤 유미 / 사카이 다카코 COCOCO 마에다 아이카 / 고바야시 아쓰미 / Kobayashi pottery studio 구니이 아쓰시(히타치나카시청) / 구로노 다카시 / 구와하라 히로미쓰 / 고쿠커피 가네코 사쓰키 / 고노 히데키 / 기쿠치 유지로 / 기잔양주공업 주식회사 까사프로젝트주식회사 / 가제노모리 / 변호사법인 가타오카종합법률사무소 오지 마사노리 / 유한회사오타카 / 오야마 요 / 오쿠무라 마르쉐 / 오타니 시즈코 주식회사INSTOCK / 우타타네 / uchida 건축아틀리에 / August Kekule 잇소커피배전소 / inuraku3 / 이리타 유케이 / 이와미카구라도쿄샤추 고가모토 유키히로 아사미 요스케 / 아즈미 도모에 / ADDress 고토 노부히로 / 이소 겐스케 / Mayumi Isoyama AHH!!! / 아이자와 신야 / 아이자와 목재공예 / 아사이 유우키 / 아사노 유카 (아침부터 밤까지)

178

D&DEPARTMENT SHOP LIST

D&DEPARTMENT HOKKAIDO
by 3KG
- 홋카이도 삿포로시 주오구 오도리 니시 17-1-7
- 011-303-3333
- O-dori Nishi 17-1-7, Chuo-ku, Sapporo, Hokkaido

D&DEPARTMENT FUKUSHIMA
by KORIYAMA CITY
- 후쿠시마현 고리야마시 키우치다 195 JR고리야마역 2층 고리야마관광안내소 안
- 024-983-9700
- JR Koriyama Station 2F (Koriyama tourist information center), 195 Hiuchida, Koriyama, Fukushima

D&DEPARTMENT SAITAMA
by PUBLIC DINER
- 사이타마현 구마가야시 고이즈카 4-29 PUBLIC DINER 옥상 테라스
- 048-580-7316
- PUBLIC DINER Rooftop Terrace 4-29 Koizuka, Kumagaya, Saitama

D&DEPARTMENT TOKYO
- 도쿄도 세타가야구 오쿠사와 8-3-2
- 03-5752-0120
- Okusawa 8-3-2, Setagaya-ku, Tokyo

D&DEPARTMENT TOYAMA
- 도야마현 도야마시 신소가와 4-18 도야마현민회관 1층
- 076-471-7791
- Toyama-kenminkaikan 1F, Shinsogawa 4-18 Toyama, Toyama

d news aichi agui
- 아이치현 지타군 아구이초 야타카고탄다 37-2
- 0569-84-9933
- Yatakagotanda 37-2, Agui-cho, Chita-gun Aichi

D&DEPARTMENT MIE
by VISON
- 미에현 다키군 다키초 비전 572-1 산세바스찬도리 6
- 0598-67-8570
- 6 Sansebastian-dori, 672-1 Vison, Taki-cho, Taki-gun Mie

D&DEPARTMENT KYOTO
- 교토부 교토시 시모교구 다카쿠라도리 붓코지 사가루 신카이초 397 붓코지 경내
- 숍 075-343-3217
- 식당 075-343-3215
- Bukkoji Temple, Takakura dori Bukkoji Sagaru Shinkai-cho 397, Shimogyo-ku, Kyoto, Kyoto

D&DEPARTMENT KAGOSHIMA
by MARUYA
- 가고시마현 가고시마시 고후쿠마치 6-5 마루야가든스 4층
- 099-248-7804
- Maruya gardens 4F, Gofuku-machi 6-5, Kagoshima, Kagoshima

D&DEPARTMENT OKINAWA
by PLAZA 3
- 오키나와현 오키나와시 구보타 3-1-12 프라자하우스 쇼핑센터 2층
- 098-894-2112
- PLAZA HOUSE SHOPPING CENTER 2F, 3-1-12 Kubota, Okinawa, Okinawa

D&DEPARTMENT SEOUL
by MILLIMETER MILLIGRAM
- 서울시 용산구 이태원로 240
- +82 2 795 1520
- Itaewon-ro 240, Yongsan-gu, Seoul, Korea

D&DEPARTMENT JEJU
by ARARIO
- 제주도 제주시 탑동로2길 3
- +82 64-753-9904/9905
- 3, Topdong-ro 2-gil, Jeju-si, Jeju-do, Korea

D&DEPARTMENT HUANGSHAN
by Bishan Crafts Cooperatives
- 안후이성 황산시 이현 벽양진 비산마을
- +86 13339094163
- Bishan Village, Yi County, Huangshan City, Anhui Province, China

d47 MUSEUM / d47 design travel store / d47식당
- 도쿄도 시부야구 시부야 2-21-1 시부야 히카리에 8층
- d47 MUSEUM / d47 design travel store 03-6427-2301 d47식당 03-6427-2303
- Shibuya Hikarie 8F, Shibuya 2-21-1, Shibuya, Tokyo

신도 히데토

미래를 개척하는 가나가와의 항구.
문명에서 문화로.

조금 긴 편집장 후기

D&DEPARTMENT PROJECT 창업의 땅, 세타가야구世田谷区 오쿠사와奥沢. 가까운 역인 구혼부쓰역九品仏駅에서 도큐오이마치선을 타면 겨우 10분 만에 다마강을 넘어 가와사키시로 들어간다. 나에게는 일상 생활권이기 때문에 그곳이 '가나가와현'이라는 인식을 거의 한 적이 없었다. 실제로 몇몇 직원도 가나가와현에 살고 있는 듯했는데 《d travel KANAGAWA》 정말 기다려지네요."라면서 마치 남 일처럼 말해서 신기했다. 그런데 그것도 나중에 '가나가와다움'의 하나라고 깨달았다.

취재 중 몇 년 만에 앓아누울 정도로 몸이 안 좋아져 체력적으로도 정신적으로도 힘들었을 때, 나를 구해준 것은 '한방'이었다. 본문에도 썼지만, 오후나에 있는 '스기모토약국'의 스기모토 가쿠로 씨에게 증상을 이야기했더니 지금 나에게 필요한 '한방약'을 처방해주었다. 무엇보다도 이 취재 이야기에도 흥미를 보여 함께 가나가와다움에 대해 고민했다. 요코하마 차이나타운을 보면 확인할 수 있듯이, 중국에서 전해온 한방도 그 원류가 가나가와에 적지 않게 존재한다. 스기모토 가쿠로 씨가 처방해준 한방약 덕분에 지금은 몸도 아프지 않고 건강하게 잘 지내고 있다.

Slightly Long Editorial Notes

By Hideto Shindo

A port that opens up the future

The D&DEPARTMENT PROJECT got its start in Okusawa, Setagaya Ward in Tokyo, less than 10 minutes by train from Kawasaki, Kanagawa Prefecture. This describes my daily life, yet I never get the sense that I'm traveling between prefectures.

This is our sixth crowd-funded publication, and I found the secret to success this time was to simply put my full trust in in the fine people of Kanagawa. It was our most challenging project yet, but I'm pleased with the results and grateful to everyone involved. I hope to achieve similar success in our upcoming Fukui edition.

During the project, I pushed myself too hard and became ill—bedridden for the first time in years. Struggling both physically and mentally, I was able to pull through thanks to Chinese herbal medicine, or kanpo, from Sugimoto Pharmacy.

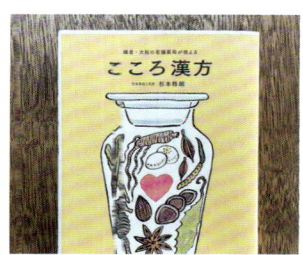

3일 살면 '요코하마 토박이ハマっ子'라는 기질은 요코하마에만 한정된 이야기가 아니라 광범위하게 퍼져 있었던 듯하다. 요코하마 개항은 1859년. 비교적 역사가 짧기 때문에 오히려 자부심을 안고 항상 앞으로 전진해왔다. 간토대지진이나 전쟁이라는 거친 파도에도 강한 정신력으로 굽히지 않고 살아왔다. 또한 도카이도나 오야마카이도, 옛 도읍지, 온천마을, 예술촌 등 예토부터 가나가와현은 외지인을 받아들이는 넓은 마음을 지니고 있었다. 3대 이어져야 인정받는 '도쿄 토박이江戸っ子'와 여러 면에서 비교되기도 하지만, 풍요로운 생활을 찾아 지방으로 이주하는 사람이 많은 시대에 이런 개방적인 분위기는 그야말로 탁월하다.

"모항은 미사키. 언젠가 귀항하는 날을 손꼽아 기다리며 항해 중"이라고 작가 이시이 신지 씨가 자신을 표현하듯이 이번 여행은 그야말로 '항해'였다. 가나가와현 사람에게 생활권이야갈로 '모항'이며 설사 떨어져 있다고 해도 강한 끈으로 묶여 있다. 대화를 하다 보면 역시 '가나가와현'이라는 막연한 표현에는 다들 반응을 보이지 않고 "힘들겠네요."라는 이야기만 할 뿐이었다(이때도 마치 남 일처럼). 그 대신 지역의 일이 되면 적극적으로 소중히 간직해온 곳을 알려주었다. 그야말로 가나가와현은 지역 주민도 외지인도 경계 없는 '커다란 바다'와 같았다.

그런 가나가와라는 바다에는 지역별로 키워가는 '마치즈쿠리'가 있었다. 마나즈루출판의 가와구치 슌 씨를 비롯해 4인의 핵심 인물 주변에는 각각의 특색을 살린 커뮤니티가 형성되어 있다. 중요한 것은 타인을 이기는 것이 아니라 서로 이해하는 것. 내가 만난 가나가와 사람들은 널리 문명을 개화하는 일보다 지역과 다른 사람을 위해 작더라도 아름다운 꽃을 피우는 일을 더 고민하고 있었다. '시대'라는 파도에 휩쓸리면서도 나름대로 풍요로운 생활을 만들고 있다. 대범하고 편안하면서 멋있고 디자인성도 높다. 그것이 내가 확인한 지금의 '가나가와다움'이다.

Moreover, the pharmacy's Kakuro Sugiyama, who was featured in this issue, helped me better understand the qualities that define Kanagawa.

There is a saying in Yokohama: "Live here three days and you're a Yokohaman." The city has a relatively short history, but this fosters strong local pride and ambition among its citizens. And just like Yokohama, other towns and villages throughout Kanagawa have the open-mindedness needed to accept outsiders. People in Tokyo don't consider you a true Edokko (Tokyoite) until you're a third-generation resident; Kanagawa offers a much more reasonable two-month prerequisite, and as people increasingly migrate from cities to the countryside in pursuit of more fulfilling lifestyles, the prefecture cheerfully welcomes new arrivals.

When talking with locals, the word "Kanagawa" rarely comes up in conversation. But they all seemed to have a deep understanding of what Kanagawa is all about. It is the most diverse prefecture I've ever explored for this publication—a fusion of highly diverse elements crystallized into a true treasure trove of design.

d design travel KANAGAWA INFORMATION

헝그리타이거 호도가야본점 (→p. 071, 132)
📍 가나가와현 요코하마시 호도가야구 호시카와 3-23-13
☎ 045-333-7023 🕐 11:00–21:30, 연말연시 휴무
Hungry Tiger Hodogaya (→p. 069, 132)
📍 Hoshikawa 3-23-13, Hodogaya-ku, Yokohama

가쓰레쓰안 바샤미치총본점 (→p. 132)
📍 가나가와현 요코하마시 나카구 도키와초 5-58-2
☎ 045-681-4411 🕐 11:00–21:30
(라스트 오더 21:00), 연중무휴
Katsuretsu-an Bashamichi Main Store (→p. 132)
📍 Tokiwa-cho 5-58-2, Naka-ku, Yokohama

FISHSTAND (→p. 132, 140, 142)
📍 가나가와현 미우라시 미사키마치 조가시마 658-142
☎ 046-881-7222 🕐 10:00–16:00, 일·수요일 휴무
FISHSTAND (→p. 132, 138, 142)
📍 Jogashima 658-142, Misaki-machi, Miura

조리실이케다 (→p. 068, 132)
📍 가나가와현 가와사키시 미야마에쿠 미즈사와 1-1-1
가와사키시중앙즉매시장 북부시장관련동 45
🕐 7:00–13:30(라스트 오더 13:00, 토요일 라스트 오더 14:00) ※일반 손님 입장 시간은 8:00부터, 점심 11:45부터, 수요일과 일요일, 공휴일 휴무
Chorishitsu Ikeda (→p. 067, 132)
📍 Northern Market Bldg. 45, Mizusawa 1-1-1, Miyamae-ku, Kawasaki, Kanagawa

청과 미코토야 / MICOTOYA HOUSE (→p. 132)
📍 가나가와현 요코하마시 아오바구 우메가오카 7-8
☎ 045-507-3504 🕐 월·금요일 11:00–17:00,
주말 및 공휴일 10:00–18:00, 목요일 휴무
MICOTOYA HOUSE (→p. 132)
📍 Umegaoka 7-8, Aoba-ku, Yokohama, Kanagawa

마나즈루피자식당 KENNY (→p. 132)
📍 가나가와현 아시가라시모군 마나즈루마치 마나즈루 402-1
☎ 0465-68-3388 🕐 영업시간 확인 필수
Manazuru Pizza Shokudo KENNY (→p. 132)
📍 Manazuru 402-1, Manazuru-machi, Ashigarashimo

PARADISE ALLEY BREAD & CO (→p. 132)
📍 가나가와현 가마쿠라시 고마치 1-13-10
☎ 0467-84-7203 🕐 월-일요일 8:00부터, 빵이 품절되면 영업 종료
PARADISE ALLEY BREAD & CO. (→p. 132)
📍 Komachi 1-13-10, Kamakura, Kanagawa

징기스칸 (→p. 132)
📍 가나가와현 지가사키시 사이와이초 23-16
☎ 0467-86-9552 🕐 17:00–23:00
(라스트 오더 22:40), 연중무휴
Genghis Khan (→p. 132)
📍 Saiwai-cho 23-16, Chigasaki, Kanagawa

시민슈조 모로보시 (→p. 132)
📍 가나가와현 요코하마시 가나가와구 고야스도리 3-289
☎ 045-441-0840 🕐 16:30–22:00, 주말 및 공휴일 휴무
Shimin Shuzo Morohoshi (→p. 132)
📍 Koyasu-dori 3-289, Kanagawa-ku, Yokohama

가와사키다이시 산몬마에 스미요시 (→p. 067)
📍 가나가와현 가와사키시 가와사키구 다이시마치 4-47
☎ 044-288-4437 🕐 8:30–17:00
Kawaki Daishi Sanmon-mae Sumiyoshi (→p. 067)
📍 Daishi-machi 4-47, Kawasaki-ku, Kawasaki

nokutica 노쿠치카 (→p. 068)
📍 가나가와현 가와사키시 다카쓰구 시모사쿠노베 1-1-7
☎ 044-920-9084 🕐 6:00–23:00(플랜 참조)
nokutica (→p. 067)
📍 Shimosakunobe 1-1-7, Takatsu-ku, Kawasaki

Onami (→p. 069)
📍 가나가와현 가와사키시 다카쓰구 신사쿠 3-3-2
☎ 044-888-6361
Onami (→p. 068)
📍 Shinsaku 3-3-2, Takatsu-ku, Kawasaki

LOCAL optical shop (→p. 069)
📍 가나가와현 요코하마 아오바구 우쓰쿠시가오카 1-10-8
☎ 045-507-7095 🕐 11:00–19:00
목요일 및 둘째 주 금요일 휴무
LOCAL optical shop (→p. 069)
📍 Utsukushigaoka 1-10-8, Aoba-ku, Yokohama

PLACE shop&gallery (→p. 069)
📍 가나가와현 요코하마시 아오바구 우쓰쿠시가오카 1-10-8
☎ 045-511-8250 🕐 11:00–19:00, 목요일 휴무
PLACE shop&gallery (→p. 069)
📍 Utsukushigaoka 1-10-8, Aoba-ku, Yokohama

산케이엔 (→p. 071)
📍 가나가와현 요코하마시 나카구 혼모쿠산노타니 58-1
☎ 045-621-0634 🕐 9:00–17:00
SANKEIEN GARDEN (→p. 071)
📍 Honmokusannotani 58-1, Naka-ku, Yokohama

요코하마야마테서양관 (→p. 071)
📍 가나가와현 요코하마시 나카구 야마테초 72
☎ 045-663-5685 🕐 9:30–17:00(휴관일 확인 필수)
Yokohama Yamate Seiyokan (→p. 071)
📍 Yamate-cho 72, Naka-ku, Yokohama

모토마치유니온 모토마치점 (→p. 072)
📍 가나가와현 요코하마시 나카구 모토마치 4-166
☎ 045-641-8551 🕐 10:00–21:00
MOTOMACHI union Motomachi shop (→p. 071)
📍 Motommachi 4-166, Naka-ku, Yokohama

야마다공업소 (→p. 072, 142)
📍 가나가와현 요코하마시 가나자와구
Yamada Kogyosho (→p. 073, 142)
📍 Kanazawa-ku, Yokohama, Kanagawa

요코하마항오산바시국제여객선터미널 (→p. 073)
📍 가나가와현 요코하마시 나카구 가이간도리 1-1-4
☎ 045-211-2304 🕐 1층 및 옥상 24시간 개방
2층 9:00–21:30
PORT OF YOKOHAMA Osanbashi Yokohama International Passenger Terminal (→p. 072)
📍 Kaigan-dori 1-1-4, Naka-ku, Yokohama

뉴스파크(일본신문박물관) (→p. 075)
📍 가나가와현 요코하마시 나카구 니혼오도리 11
요코하마정보문화센터 ☎ 045-661-2040
🕐 10:00–17:00(입장 16:30), 월요일 휴관
(공휴일, 대체휴일인 경우 다음 날 휴관),
12월 29일–1월 4일 휴관
NEWSPARK (the Japan Newspaper Museum) (→p. 075)
📍 Yokohama Media and Communication Center, Nihon-odori 11, Naka-ku, Yokohama, Kanagawa

요코스카 군항순례 (→p. 076)
📍 가나가와현 요코스카시 혼초 2-1-12(시오이리터미널)
☎ 045-825-7144 🕐 매일(결항일 제외)
10:00– (주말 및 공휴일 한정 운항), 11:00–, 12:00–, 13:00–, 14:00–, 15:00–
YOKOSUKA Naval Port Tour (→p. 077)
📍 (Shioiri Terminal) Hon-cho 2-1-12, Yokosuka

MIKASA (→p. 077, 142)
📍 가나가와현 요코스카시 혼초 2-7
☎ 046-823-0312 🕐 11:00–18:00, 비정기 휴무
MIKASA (→p. 076)
📍 Honcho 2-7, Yokosuka, Kanagawa

bed & breakfast ichi (→p. 078)
📍 가나가와현 미우라시 미사키 1-15-4
☎ 0468-87-0574 🕐 1박 조식 포함 1인 7,500엔
bed & breakfast ichi (→p. 077)
📍 Misaki 1-15-4, Miura, Kanagawa

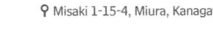
SUNSHINE + CLOUD (→p. 078)
📍 가나가와현 미우라군 하야마마치 잇시키 2151-1
☎ 046-876-0746 🕐 11:00–18:00, 월요일 휴무
(공휴일은 영업)
SUNSHINE + CLOUD (→p. 078)
📍 Isshiki 2151-1, Hayama-machi, Miura-gun

가나가와현립근대미술관 하야마 (→p. 078)
📍 가나가와현 미우라군 하야마마치 잇시키 2208-1
☎ 046-875-2800 🕐 9:30–17:00(입장은 16:30까지), 월요일 휴관(공휴일 개관), 전시 교체 기간 휴관
The Museum of Modern Art, Hayama (→p. 078)
📍 Isshiki 2208-1, Hayama-machi, Miura-gun

가나가와현립근대미술관 가마쿠라별관 (→p. 078)
📍 가나가와현 가마쿠라시 유키노시타 2-8-1
☎ 0467-22-5000 🕐 9:30–17:00(입장은 16:30까지), 월요일 휴관(공휴일은 개관), 전시 교체 기간 휴관
Kamakura Annex (→p. 078)
📍 Yukinoshita 2-8-1, Kamakura Kanagawa

요코하마 간타 横山寛多 (→p. 079)
✉ kantayokoyama.com
www.instagram.com/kemuritohokori/
Kanta Yokoyama (→p. 079)

GARDEN HOUSE Kamakura (→p. 080)
📍 가나가와현 가마쿠라시 오나리마치 15-46
☎ 050-3184-0360 🕐 9:00–21:00
GARDEN HOUSE Kamakura (→p. 080)
📍 Onari-machi 15-46, Kamakura, Kanagawa

스타벅스커피 가마쿠라오나리마치점 (→p. 080)
📍 가나가와현 가마쿠라시 오나리마치 15-11
☎ 0467-61-2161 🕐 7:00–21:00
Starbucks Coffe Kamakura Onari-machi Shop (→p. 080)
📍 Onari-machi 15-11, Kamakura, Kanagawa

한방 스기모토약국 (→p. 080, 142)
📍 가나가와현 가마쿠라시 오후나 1-25-37
☎ 0467-46-2454 🕐 10:00–18:30
목요일, 일요일, 공휴일 휴무
Chinese herbal medicine, Sugimoto Pharmacy (→p. 081)
📍 Ofuna 1-25-37, Kamakura, Kanagawa

쓰키야마 Books Arts & Crafts (→p. 081)
가나가와현 나카군 오이소마치 오이소 1156
11:00–17:00
Tsukiyama Books Arts & Crafts (→p. 082)
Oiso 1156, Oiso-machi, Naka-gun, Kanagawa

 TE HANDEL home / gallery (→p. 081)
가나가와현 나카군 오이소마치 오이소 131-1
0463-26-9755 이벤트 개최시에만 오픈
('platform'은 10:00–17:00 일요일 휴무)
TE HANDEL home / gallery (→p. 082)
Oiso 131-1, Oiso-machi, Naka-gun, Kanagawa

 다루마요리점 (→p. 082)
가나가와현 오다와라시 혼초 2-1-30
0465-22-4128 11:00–21:00(라스트 오더 20:00)
DARUMA (→p. 082)
Hon-cho 2-1-30, Odawara, Kanagawa

 우이로 (→p. 083)
가나가와현 오다와라시 혼초 1-13-17
0465-24-0560 10:00–17:00, 수요일 휴무
Uiro (→p. 083)
Hon-cho 1-13-17, Odawara, Kanagawa

 우쓰와나노하나 (→p. 083)
가나가와현 오다와라시 미나미마치 1-3-12
0465-24-7020 11:00–18:00, 수요일 휴무
Utsuwa Naonohana (→p. 083)
Minami-machi 1-3-12, Odawara, Kanagawa

 규미후쿠부동산 (→p. 085)
가나가와현 오다와라시 사카에초 1-16-19
규미후쿠빌딩 2층 0465-24-9329
10:00–18:00, 화요일 및 수요일 휴무
93 estate, Inc.
93 puku bldg. Sakae-cho 1-16-19, Odawara

 하코네혼바쿠 (→p. 085)
가나가와현 아시가라시모군 하코네마치 고라 1320-491 0460-83-8025
1박 조식 및 석식 포함 1인 21,656엔부터(2인)
Hakone Honbako (→p. 085)
Goura 1320-491, Hakone-machi, Ashigarashimo-gun

 반라이테 (→p. 112)
가나가와현 요코하마시 나카구 야마시타초 126
045-664-0767 점심 11:30–14:30(라스트 오더 14:00), 디너 17:00–21:00(라스트 오더 20:30) 주말 및 공휴일은 11:30–21:00(라스트 오더 20:30) 목요일 휴무 (공휴일은 영업)
Banraitei (→p. 112)
Yamashita-cho 126, Naka-ku, Yokohama

에도세 주카가이본점 (→p. 112)
가나가와현 요코하마시 나카구 야마시타초 192
045-681-3133 10:30–19:30, 연중무휴
Edosei Chukagai Main Shop (→p. 112)
Yamashita-cho 192, Naka-ku, Yokohama

산톤 2호점 (→p. 112)
가나가와현 요코하마시 나카구 야마시타초 150-3
045-212-1198 050-5869-6205(예약 전용)
월–목요일 11:00–23:00(라스트 오더 22:30)금요일 및 공휴일 11:00–24:00(라스트 오더 23:30), 연중무휴
Santon No.2 (→p. 112)
Yamashita-cho 150-3, Naka-ku, Yokohama

 게이토쿠친 (→p. 112)
가나가와현 요코하마시 나카구 야마시타초 190
045-641-4688 평일 11:30–22:00(라스트 오더 21:30), 주말 및 공휴일 11:00–22:00(라스트 오더 21:30), 연중구휴
Keitokuchin (→p. 112)
Yamashita-cho 190, Naka-ku, Yokohama

 중국요리집 드하쓰 본관 (→p. 112)
가나가와현 요코하마시 나카구 야마시타초 148
045-681-7273 월·금요일 11:00–21:30
(라스트 오더 20:30), 15:00–17:00 휴식시간
(주말은 휴식시간 없이 운영), 연중무휴
Douhatsu Honkan Chinese Restaurant (→p. 112)
Yamashita-cho 148, Naka-ku, Yokohama

 마산노미세 루센 본점 (→p. 112)
가나가와현 요코하마시 나카구 야마시타초 218-5
045-651-4758 7:00–23:00(라스트 오더), 연중무휴
Masan no Mise Ryusen Main Shop (→p. 112)
Yamashita-cho 218-5, Naka-ku, Yokohama

하코네케인뮤지엄 (→p. 117)
가나가와현 아시가라시모군 하코네마치 하코네 167
0460-83-7511 10:00–16:30(주말 및 공휴일은 9:30–17:00), 연중무휴
Hakone Ekiden Museum (→p. 117)
Hakonemachi 167, Hakone-machi, Ashikarashimo-gun

 크로스독 / 사이토 아이롱 보드 (→p. 118)
045-459-5311 9:00–15:00(12:00–13:00 휴식), 주말 및 공휴일 휴무
SAITO Ironing Board (→p. 118)

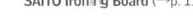 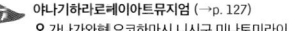 **야나기하라르에이아트뮤지엄** (→p. 127)
가나가와현 요코하마시 니시구 미나토미라이 2-1-1
(요코하마미나토박물관 안)
045-221-0280 10:00–17:00(입장은 16:30까지)
※범선 니폰마루의 전시일은 9:30~, 월요일 휴관(공휴일은 개관, 다음 날 휴관), 연말연시 휴관 등
Yanagihara Art Museum (→p. 127)
Minatomirai 2-1-1, Nishi-ku, Yokohama

 BOOK STAND 와카바다이 (→p. 136)
가나가와현 요코하마시 아사히구 와카바다이 3-5-1
070-8532-2643 10:00–19:00, 비정기 휴무
BOOK STAND Wakabadai (→p. 137)
Wakabadai 3-5-1, Asahi-ku, Yokohama

 LIVRER YOKOHAMA (→p. 142)
가나가와현 요코하마시 쓰즈키구 스미레가오카 20-2
045-624-8620 10:00–18:00
수요일 및 목요일 휴무
LIVRER YOKOHAMA (→p. 142)
Sumiregaoka 20-2, Tsuzuki-ku, Yokohama

 가마쿠라도시마야 본점 (→p. 142)
가나가와현 가마쿠라시 고마치 2-11-19
0467-25-0610 9:00–19:00
수요일 비정기 휴무(공휴일은 영업)
Kamakura Toshimaya Main Shop (→p. 142)
Komachi 2-11-19, Kamakura, Kanagawa

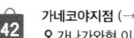 **겐베이상점 잇시키점** (→p. 142)
가나가와현 미우라군 하야마마치 잇시키 1464
10:00–18:00, 월요일 휴무
Genbei Shoten Isshiki-store (→p. 142)
Isshiki 1464, Hayama-machi, Miura-gun

가네코야지점 (→p. 142)
가나가와현 이세하라시 오야마 585
0463-95-2262 8:00–17:00무렵
Kanekoya Branch Shop (→p. 142)
Oyama 585, Isehara, Kanagawa

 기요켄 본점매장 (→p. 142)
가나가와현 요코하마시 니시구 다카야마 2-13-12 1층
045-441-8827 10:00–20:00, 연중무휴
Kiyouken Main Store (→p. 142)
1F, Takashima 2-13-12, Nishi-ku, Yokohama

 형염공방 다카다 (→p. 142)
가나가와현 아시가라시모군 유가와라마치 요시하마 1902-36
0465-62-8020(사전 연락 필수)
Katazome Takada (→p. 142)
Yoshihama 1902-36, Yugawara-machi, Ashigarashimo-gun, Kanagawa

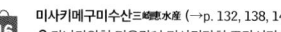 **스즈히로가마보코 본점 / 스즈나리시장** (→p. 138, 142)
가나가와현 오다와라시 가자마쓰리 245
0120-07-4547 9:00–18:00
Suzuhiro Kamaboko (→p. 142)
Kazamatsuri 245, Odawara, Kanagawa

미사키메구미수산주식회사 (→p. 132, 138, 142)
가나가와현 미우라시 미사키마치 조가시마 658-142
046-881-7222 10:00–16:00, 일–수요일 휴무
Misaki Megumi Suisan Co., Ltd. (→p. 132, 138, 142)
Jogashima 658-142, Misaki-machi, Miura

 다쓰야물산주식회산 (→p. 142)
가나가와현 이세하라시 다나카 803-1(직매점)
0463-95-4388 11:00–16:00, 주말 및 공휴일 휴무
TATSUYA BUSSAN Co., Ltd. (→p. 142)
Tanaka 803-1, Isehara, Kanagawa (retail store)

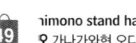 **주식회사쇼쿠부쓰토닌겐** (→p. 018, 142)
info@syoku-nin.com
syokubutsutoningen (→p. 142)

himono stand hayase (→p. 142)
가나가와현 오다와라시 혼초 3-12-21
090-3168-1291
평일 11:00–16:00(라스트 오더 15:30), 주말 및 공휴일 11:00–17:30(라스트 오더 17:00)
himono stand hayase (→p. 142)
Hon-cho 3-12-21, Odawara, Kanagawa

 지가사키시 가이코다케시기념관 (→p. 160)
가나가와현 지가사키시 히가시카이간미나미 6-6-64
0467-87-0567 10:00–17:00(입장은 16:30까지), 금·일요일 및 공휴일 한정 개관, 전시 교체 기간은 휴관
THE KAIKO TAKESHI HOUSE Chigasaki (→p. 160)
Higashi Kaigan Minami 6-6-64, Chigasaki

d MARK REVIEW KANAGAWA INFORMATION

오다와라문화재단 에노우라측후소 (→p. 018)
- 가나가와현 오다와라시 에노우라 362-1
- 0465-42-9170(관람 시간 사전 예약제)
- 오전부 10:00-13:00, 오후부 13:30-16:30
  매주 화·수요일, 연말연시 휴관, 임시 휴관일 있음
- www.odawara-af.com
  JR도카이도혼선 네부카와역에서 차로 10분
  ※셔틀버스 있음

Odawara Art Foundation Enoura Observatory (→p. 018)
- Enoura 362-1, Odawara, Kanagawa
- Morning session 10:00–13:00 Afternoon session 13:30–16:30 Closed on Tuesdays, Wednesdays, national holidays and occasionally
- 10 minutes by car from Nebukawa Station on JR Tokaido Main Line *A shuttle bus is also available.

이쿠타녹지 (→p. 020)
- 동쪽 입구 방문자 센터
  가나가와현 가와사키시 다마구 마스가타 7-1-4
- 044-933-2300
- 8:30–17:00, 연말연시 휴관
- www.ikutaryokuti.jp
  도메고속도로 도메가와사키 IC에서 차로 약 15분
  ※각 시설은 웹사이트 참고

IKUTA RYOKUCHI PARK (→p. 020)
- East Gate Visitor CenterMasugata 7-1-4, Tama-ku, Kawasaki, Kanagawa
- 8:30–17:00 Closed on year-end and New Year's holidays
- 15 minutes by car from Tomei Kawasaki Exit on Tomei Expy *Refer to the website for each facility.

요코스카미술관 (→p. 022)
- 가나가와현 요코스카시 가모이 4-1
- 046-845-1211
- 10:00–18:00 매달 첫째 월요일 휴관
  (공휴일은 개관), 연말연시 휴관
- www.yokosuka-moa.jp
  게이힌큐코선 마보리카이간역에서 버스로 약 10분
  거리에 있는 간논자키케이큐호텔 요코스카미술관앞
  정류장에서 도보 약 2분

Yokosuka Museum of Art (→p. 022)
- Kamoi 4-1, Yokosuka, Kanagawa
- 10:00–18:00 Closed on the 1st Monday of every month (Open if national holidays) Closed on year-end and New Year's holidays
- 2 minutes on foot from Kannonzaki Keikyu Hotel and Yokosuka Museum of Art bus stop*10 minutes by bus from Umabori Kaigan Station on Keihin Kyuko Main Line to the Keikyu Hotel and Yokosuka Museum of Art bus stop.

유가와라소유 Books and Retreat (→p. 024)
현관 테라스
- 가나가와현 아시가라시모군 유가와라마치 미야카미 566
- 0465-43-7830
- 10:00–17:30, 매달 둘째 수요일 휴무

소유 테라스
- 가나가와현 아시가라시모군 유가와라마치 미야카미 704
- 0465-43-8105(예약 사이트에서 예약 필수)
- 평일 10:00–18:00(입장은 16:30까지)
  주말 및 공휴일 10:00–20:00(입장은 18:30까지)
- yugawarasoyu.jp
  JR도카이도혼선 유가와라역에서 차로 약 10분

Yugawara Soyu　Books and Retreat (→p. 024)
Entrance terrace
- Miyakami 566, Yugawara-machi, Ashigarashimo-gun, Kanagawa
- 10:00–17:30 Closed on second Tuesday of the month

Soyu terrace
- Miyakami 704, Yugawara-machi, Ashigarashimo-gun, Kanagawa
- Open Mondays to Fridays 10:00–18:00 (Entry until 16:30) Saturdays, Sundays and national holidays 10:00–20:00 (Entry until 18:30)
- 10 minutes by car from Yugawara Station on JR Tokaido Main Line

구마자와주조 (→p. 026, 142)
- 가나가와현 지가사키시 가가와 7-10-7
- 0467-52-6118(술도가부)
- 8:00–17:00, 주말 및 공휴일 휴무(연말연시 사전 연락 필수) ※영업시간은 점포별로 다름
- www.kumazawa.jp
  신쇼난바이패스 지가사키주오 IC에서 차로 약 15분

Kumazawa Brewing Company (→p. 026, 142)
- Kagawa 7-10-7, Chigasaki, Kanagawa
- 8:00–17:00 Closed on Saturdays, Sundays and national holidays (Contact required for year-end and New Year's holidays)*Opening hours depend on each store.
- 15 minutes by car from Chigasaki Chuo Exit on Shin-Shonan Bypass

구로바테 (→p. 028, 138)
- 가나가와현 미우라시 미사키 1-9-11
- 046-882-5637
- 11:00–20:00(라스트 오더 19:00),
  수요일 휴무(공휴일인 경우 다음 날 휴무)
- kurobatei.com
  게힌큐코버스 미사키항 버스정류장에서 도보 약 5분

Kurobatei (→p. 028, 138)
- Misaki 1-9-11, Miura, Kanagawa
- 11:00–20:00(L.O.19:00)　Closed on Wednesday (for Wednesday that are national holidays, closed on following day)
- 5 minutes on foot from Misaki Port bus stop on Keihin Kyuko Bus

나가야 (→p. 030)
- 가나가와현 오다와라시 하야카와 212-5
- 0465-22-8765(예약 필수)
- 점심은 12:00부터, 저녁은 18:00부터,
  일요일 및 월요일 휴무
- JR도카이도혼선 하야카와역에서 도보 약 1분

Nagaya (→p. 030)
- Hayakawa 212-5, Odawara, Kanagawa
- Lunch: 12:00– Dinner: 18:00–
  Closed on Sundays and Mondays
- 1 minute on foot from Hayakawa Station on JR Tokaido Main Line

OTA MOKKO (→p. 032, 142)
- 가나가와현 오다와라시 이타바시 179-5
- 0465-22-1778
- 11:00–16:00, 수요일, 일요일, 공휴일 휴무
- ota-mokko.com
  하코네토잔철도 하코네이타바시역에서 도보 약 2분

OTA MOKKO (→p. 032, 142)
- Itabashi 179-5, Odawara, Kanagawa
- 11:00–16:00 Closed on Wednesday, Sundays and national holidays
- 2 minutes on foot from Hakone Itabashi Station on Hakone Tozan Train

가마쿠라시농협연즉매소 (→p. 034)
- 가나가와현 가마쿠라시 고마치 1813-10
- 8:00무렵–일몰 때까지(채소 판매 완료 시 종료)
  1월 1일-4일 휴무
- kamakurarenbai.com
  JR요코스카선 가마쿠라역에서 도보 약 3분

Kamakura Renbai (Kamakura Federation of Agricultural Associations Market) (→p. 034)
- Komachi 1-13-10, Kamakura, Kanagawa
- Around 8:00–sunset (close when vegetables run out) Closed on January 1 to 4
- 3 minutes on foot from Kamakura Station on JR Yokosuka Line

고게이샤 (→p. 036, 096)
- 가나가와현 요코하마시 나카구 야마테초 184
- 045-622-0560
- 10:00–17:00(주말, 공휴일은 13시부터), 월요일 휴무
- www.kogeisha-yokohama.com
  미나토미라이선 모토마치추카가이역에서 도보 약 3분

Kogeisha (→p. 036, 096)
- Yamate 184, Naka-ku, Yokohama, Kanagawa
- 10:00–17:00 (Saturdays, Sundays and national holidays 13:00–) Closed on Mondays
- 5 minutes on foot from Honmachi/Chukagai Station on the Minatomirai Line

11 studio fujino (→p. 038, 142)
- 가나가와현 사가미하라시 미도리구 마기노 3613
- ☎ 042-682-0045
- ⏰ 12:00~17:00, 주말만 영업
- 🌐 studiofujino.com
- 주오자동차도로 사가미코 IC에서 차로 약 15분

studio fujino (→p. 038, 142)
- Makino 3613, Midori-ku, Sagamihara, Kanagawa
- 12:00~17:00 Open only Saturdays and Sundays
- 15 minutes by car from Sagamiko Lake Exit on Chuo Expy

12 다실 세키손 (→p. 040)
- 가나가와현 이세하라시 오야마 12
  (오야마아후리신사 부속 신사 안)
- ☎ 0463-94-3628
- ⏰ 10:00~16:30, 비정기 휴무
- 🌐 www.instagram.com/saryo_sekison/
- 오야마케이블카 아후리신사역에서 도보 3분

Saryo Sekison (→p. 040)
- Oyama 12, Isehara, Kanagawa
  (Oyama Afuri Shrine Shimosha)
- 10:00~16:30 Closed on occasionally
- 3 minutes on foot from Afuri Jinja Station on Oyama Cable Car

13 THE BANK (→p. 042)
- 가나가와현 가마쿠라시 유이가하마 3-1-1
- ☎ 0467-40-5090
- ⏰ 15:00~24:00 월요일 및 화요일 휴무
- 🌐 www.instagram.com/thebank_kamakura/
- JR요코스카선 가마쿠라역에서 도보 약 10분

THE BANK (→p. 042)
- Yuigahama 3-1-1, Kamakura, Kanagawa
- 15:00~24:00 Closed on Mondays and Tuesdays
- 10 minutes on foot from Kamakura Station on JR Yokosuka Line

14 미사키프레소 (→p. 044, 134, 142)
- 가나가와현 미우라시 미사키 3-4-10
- ☎ 046-882-1680
- ⏰ 12:00~21:00, 주말만 영업
- 🌐 www.instagram.com/misakipresso/
- 게이힌큐코버스 미사키항 버스정류장에서 도보 약 2분

Misaki Presso (→p. 044, 134, 142)
- Misaki 3-4-10, Miura, Kanagawa
- 12:00~21:00 Open only Saturdays and Sundays
- 2 minutes on foot from Misaki Port bus stop on Keihin Kyuko Bus

15 카페 비브멍디망쉐 (→p. 046, 142)
- 가나가와현 가마쿠라시 고마치 2-1-5
  사쿠라이빌딩 1층
- ☎ 0467-23-9952
- ⏰ 11:00~18:00, 수요일 및 목요일 휴무
- 🌐 www.instagram.com/cvdimanche/
- JR요코스카선 가마쿠라역에서 도보 약 5분

cafévivement dimanche (→p. 046)
- Sakurai bldg. 1F, Komachi 2-1-5, Kamakura, Kanagawa
- 11:00~18:00 Closed on Wednesdays and Tursdays
- 5 minutes on foot from Kamakura Station on JR Yokosuka Line

16 호텔 뉴그랜드 (→p. 048)
- 가나가와현 요코하마시 나카구 야마시타초 10
- ☎ 045-681-1841(대표번호)
- 🛏 1박 조식 포함 1인 24,035엔부터(2인 이용 시)
- 🌐 www.hotel-newgrand.co.jp
- 미나토미라이선 모토마치추카가이역 1번 출구에서 도보 약 1분

Hotel New Grand (→p. 048)
- Yamashita cho 10, Naka-ku, Yokohama, Kanagawa
- One night with no meal (per person) 24,035 yen~ (when two guests in one room)
- 1 minute on foot from Exit 1 of Motomachi/Chukagai Station on the Minato Mirai Line

17 후지야호텔 (→p. 050)
- 가나가와현 아시가라시모군 하코네마치
  미야노시타 359
- ☎ 0460-82-2211
- 🛏 1박 조식 포함 1인 23,000엔부터(2인 이용 시)
- 🌐 www.fujiyahotel.jp
- 하코네토잔철도 미야노시타역에서 도보 약 7분

FUJIYA HOTEL (→p. 050)
- Miyanoshita 359, Hakone-machi, Ashigarashimo-gun, Kanagawa
- One night with no meal (per person) 23,000 yen~ (when two guests in one room)
- 7 minutes on foot from Miyanoshita Station of Hakone Tozan Train

18 세키요 (→p. 052)
- 가나가와현 아시가라시모군 유가와라마치
  미야카미 749
- ☎ 0465-62-3308
- 🛏 1박 조식 및 석식 포함 1인 46,750엔(2인 이용 시)
- 🌐 www.sekiyou.com
- JR도카이도혼선 유가와라역에서 차로 약 10분

Sekiyou (→p. 052)
- Miyakami 749, Yugawara-machi, Ashigarashimo-gun, Kanagawa
- One night with two meals (per person) 46,350 yen~ (when two guests in one room)
- 10 minutes by car from Yugawara Station on JR Tokaido Main Line

19 hotel aiaoi (→p. 054)
- 가나가와현 가마쿠라시 하세 2-16-15 사이토빌딩 3층
- 🛏 1박 조식 불포함 1인 12,500엔부터
- 🌐 aiaoi.net
- 에노시마전철 하세역에서 도보 약 3분

hotel aiaoi (→p. 054)
- Saito bldg. 3F, Hase 2-16-15, Kamakura, Kanagawa
- One night with no meal (per person) 12,500 yen~
- 3 minutes on foot from Hase Station of Enoshima Electric Railway

20 가와구치 슌 (마나즈루출판) (→p. 056, 090)
- 가나가와현 아시가라시모군 마나즈루마치 이와 217
- ⏰ 13:00~17:00, 금요일과 토요일만 영업, 비정기 휴무
- 🛏 1박 조식 불포함 1인 22,000엔부터
  ※숙박 가능일 금~화요일
- 🌐 manapub.com
- JR도카이도혼선 마나즈루역에서 도보 약 10분

Shun Kawaguchi (Manazuru Publishing)
(→p. 056, 090)
- Iwa 217, Manazuru-machi, Ashigarashimo-gun, Kanagawa
- Shop 13:00~17:00 Open only Fridays and Saturdays, Closed on occasionally
- One night with no meal (per person) 22,000 yen~ *Available Friday to Tuesdays
- 10 minutes on foot from Manazuru Station on JR Tokaido Main Line

21 미네 신고 (아타시야) (→p. 058)
미사키항 장서실 혼토타무로
- 가나가와현 미우라시 미사키 3-3-6
- ☎ 090-7213-7104
- ⏰ 10:00~19:00, 월요일 및 화요일 휴무
- 🌐 atashisya.com
- 게이힌큐코버스 미사키항 버스정류장에서 도보 약 2분

Shingo Mine (Atashisya.LLC) (→p. 058)
Hon to Tamuro
- Misaki 3-3-6, Miura, Kanagawa
- 10:00~19:00 Closed on Mondays and Tuesdays
- 2 minutes on foot from Misaki Port bus stop on Keihin Kyuko Bus

22 호소부치 다마키 (BankART1929) (→p. 060, 106)
BankART Station
- 가나가와현 요코하마시 니시구 미나토미라이 5-1
  신타카시마역 지하 1층
- ☎ 045-663-2812 ⏰ 11:00~19:00
- 🌐 www.bankart1929.com
- 미나토미라이선 신타카시마역 지하 1층 직통

BankART KAIKO
- 가나가와현 요코하마시 나카구 기타나카도리 5-57-2
- 미나토미라이선 바샤미치역 2b출구에서 도보 1분 이내

Tamaki Hosobuchi (BankART1929) (→p. 060, 106)
BankART Station
- Shin-Takashima Station B1F, Minatomirai 5-1, Nishi-ku, Yokohama, Knagawa
- 11:00~19:00
- Directly connected to the B1F of Shin-Takashima Station on Minatomirai Line

BankART KAIKO
- Naka-dori, 5-57-2, Naka-ku, Yokohama, Kanagawa
- 1 minute on foot from Exit 2b of Bashamichi Station on Minato Mirai Line

23 나가이 히로시 (→p. 062)
Hiroshi Nagai (→p. 062)

CONTRIBUTORS

아이마 유키 Yuki Aima
D&DEPARTMENT PROJECT
차이나타운도, 가마쿠라도, 마나즈루도,
가나가와의 아침은 언제나 상쾌했다.

가가사키 가쓰히로 Katsuhiro Kagasaki
PUBLIC DINER
제 안에서 가와사키라고 하면
ATTA의 도이다 씨!

사카모토 다이자부로 Daizaburo Sakamoto
산의 수도자
지바에서 태어나 가나가와를 동경했던
어린 시절, 지금은 저 멀리.

아마쓰 야요이 Yayoi Amatsu
프리랜서@와카야마
와카야마는 산초 생산량 일본 1위!
사실 산뜻한 향입니다.

가도와키 마리나 Marina Kadowaki
d47 MUSEUM
요코하마, 오다와라, 마나즈루 등
걷고 싶은 동네가 많습니다!

사카모토 다이스케 Daisuke Sakamoto
오피스캠프
나라현 히가시요시노마을에서
코워킹 공간 운영

이시지마 야스노부 Yasunobu Ishijima
나가오카 겐메이의 메일 친구 모임 관리인
나가오카 겐메이의 메일을 구독하세요!

가와구치 슌 Shun Kawaguchi
마니즈루출판 대표
숙박할 수 있는 출판사

사토 하루나 Haruna Sato
편집자
아사히카와에서 태어나 도호쿠를 거점으로
여행하며 생활하며 글을 씁니다.

이시바시 하루카 Haruka Ishibashi
미사키메구미수산 사장
미사키반도 최남단에서
참치의 가능성을 찾고 있습니다!

간노 히로시 Hiroshi Kanno
이와생활연구소 소장
https://twitter.com/SQMJ_kanno

시마부쿠로 미노리 Minori Shimabukuro
D&DEPARTMENT OKINAWA by PLAZA3
점장
《가나가와호》를 한 손에 들고
여행하는 날이 기대됩니다.

이노우에 에이코 Eiko Inoue
다이아테크 BRUNO 홍보
자전거의 새로운 즐거움을 전하려고 합니다!!

기타무로 준코 Junko Kitamuro
한다수타쿠스점 '기타무로하쿠센'
시코쿠 도쿠시마에서 맛있는 소면을
만듭니다.

시모노 후미카 Fumika Shimono
D&DEPARTMENT KYOTO
《가나가와호》를 들고
여기저기 돌아보러 가고 싶어요!

이마다 미야비 Miyabi Imada
CARRY on my way 44
직관적으로 탐구하는
아무것도 아닌 나(세포).

기도 아쓰코 Atsuko Kidou
D&DEPARTMENT TOYAMA
정말 좋아하는 가나가와현.
새로운 매력 발견, 기대됩니다!

조지마 가오루 Kaoru Jojima
파파스앤드마마스
나가사키를 d design travel로 전하고 싶다.

이와이 다쓰미 Tatsumi Iwai
도쿄루스탠드тв 디렉터
20대부터 이 책 제작에 참여하다
정신을 차려보니 30대입니다.

구니이 아쓰시 Atsushi Kunii
히타키나가시청
축 《가나가와호》 발간! 하코네에서
프로포즈한 이바라키현민으로부터.

신도 히토미 Hitomi Shindo
D&DEPARTMENT TOYAMA 매장 점장
올해는 네한경단을 꼭 손에 넣고 싶다!

이와이 데쓰타로 Tetutarou Iwai
이와이의고마부라주식회사
요코하마의 역사와 함께 걸어온,
풍미와 향미가 일품인 참기름입니다.

구로에 미호 Miho Kuroe
D&DEPARTMENT PROJECT
내가 사는 가나가와의 개성을
다시 찾고 싶다!

스에나가 유 Yu Suenaga
포토아틀리에스에나가
가나가와의 나카쓰 빗자루를 애용합니다!

우치카도 미사토 Misato Uchikado
D&DEPARTMENT KAGOSHIMA by MARUYA
점장 / 세이
가고시마에 온 지 6년째, 세이도 6년째.

구로키 에이코 Eiko Kuroki
구마자와주조주식회사 술도가부 업무 담당
나고 자란 쇼난의 유일한 술도가를 보이지
않는 곳에서 지원하고 있습니다.

소노베 고타로 Kohtaro Sonobe
제품 디자이너
무리하지 않고, 군더더기 없이,
땅으로 돌아갈 때까지.

에토 다케노리 Takenori Eto
미사키 참치를 좋아하는 사람
TVK에서 헝그리타이거 광고를 자주 보았다.

고사카 마코토 Makoto Kousaka
노헤노
《노헤노》라는 책자를 만듭니다.

다카키 다카오 Takao Takaki
공예 후고 주인
요코하마시 노래를 모리 오우가이가
작사했다는 사실이 언제나 부러워요.

에바라 사야카 Sayaka Ebara
지가사키시청
바다가 전부가 아닌 지가사키도
꼭 둘러보세요.

고가 요시타카 Yoshitaka Koga
고가디자인 대표
디자인으로 세상을 밝게 만들 수 있다고
믿습니다.

다카다 고스케 Kosuke Takada
D&DEPARTMENT MIE by VISON
가나가와에서 지속되는 것을 배워
다음 세대로!

오카타케 요시히로 Yoshihiro Okatake
가나가와 거주
잠시 취재에 참여했습니다.
재미있었습니다.

고바야시 고헤이 Kouhei Kobayashi
고바야시 마키코 Makiko Kobayashi
뺑집 GORGE 제조 및 판매
가나가와의 식재료에 은혜를 입으며
만들고 있습니다.

다카노 나오코 Naoko Takano
리틀크리에이티브센터
도쿄와 기후를 잇는 무가지 「TOFU magazine」
비정기 발행!

오쿠무라 마키코 Makiko Okumura
스즈히로가마보코 홍보
가마보코는 고단백질로 건강에도 좋은,
이른바 단백질 덩어리.

사카타 미오코 Mioko Sakata
d news aichi agui
사가의 항구에서 떠오르는 아침 해와
어부의 미소는 일본에서 최고!

다구치 사오리 Saori Taguchi
미야코시티
미야사키의 맛을 잇고 지속한다.

다나카 요코　Yoko Tanaka
D&DEPARTMENT PROJECT
드디어 《가나가와호》, 정말 기뻐요.
꼭 놀러오세요.

다마키 마나미　Manami Tamaki
쓰와노마을과문화창조센터
학교와 지역의 배움과 창조를 지원하는
환경을 만듭니다.

쓰지이 기후미　Kifumi Tsujii
일러스트레이터
가나가와현의 다양한 일러스트를
그립니다.

쓰지오카 유이　Yui Tsujioka
D&DEPARTMENT PROJECT 상품부
기요켄의 슈마이를 2주에 한 번 먹습니다.

쓰치야 마코토　Makoto Tsuchiya
BEEK
가칸의 마파두부 먹으러 가고 싶네요.

데라다 마리코　Mariko Terada
주식회사규미후쿠부동산 홍보
오다와라의 '맛' 할 만한 물건을
소개합니다.

도쓰 유타　Yuta Totsu
CIAL
하코네요세기세공, 정말 좋아요!

도도로키 히사시　Hisashi Todoroki
주식회사도도로키디자인
바다를 동경하지만, 바다 없는 현인
나가노 주민입니다.

나카마스 나즈나　Nazuna Nakamasu
도호쿠예술공과대학 학생
도호쿠의 생활에도 더 스며들고 싶습니다.

나카무라 게이고　Keigo Nakamura
sail주택가구설계
가족이 늘어날 2023년, 이 책과 함께
가나가와를 둘러보겠습니다.

나카무라 마유　Mayu Nakamura
D&DEPARTMENT PROJECT
가나가와에서의 생활도 5년째.
더 즐거워질 듯합니다.

나카야마 사유리　Sayuri Nakayama
d47 식당 요리인
다시 기후네신사를 참배하고 KENNY의
피자를 먹으러 가고 싶어요.

Nanri Shop
나가이 히로시 씨의 아내
난리 게이코 씨의 가게. 가마쿠라에
가면 꼭 들러주세요.

니이야마 나오히로　Naohiro Niiyama
TSUGI 대표
데지젠사이에의 공방 직영점이
4곳이 되었습니다.

하라 가나타　Kanata Hara
회사원
최근 여행과 뜨개질이 저에게 잘 맞다고
깨달았습니다.

하라 구미코　Kumiko Hara
c news aichi agui 점장 / 식품 담당 디렉터
c news aichi agui에서는 유부초밥 아구나리가
선 명물이 되기 위해 절찬 활동 중.

하라다 마사히로　Masahiro Harada
가나가와시청
가나가와, 지가사키시를 안내하겠습니다!

BankART1929
BankART KAIKO에서는 d47 라쿠고회
《가나가와》, 개최 예정.

히노 아이　Ai Hino
디렉터 《YON》 편집장
도쿠의 아우도어지 《YON》 올해 창간 계정.
그에 대해주세요!

후쿠이 아키라　Akira Fukui
후드디파트먼트 편집장
눈 내리는 역에서는
반드시 술집에 가는 것이 나만의 원칙!

후지사와 히로미쓰　Hiromitsu Fujisawa
특식점 프로듀서
그 도시의 사람들이 얼마나 아름다운지
전하고 싶다.

후루오카 히로타케　Hirotake Furuoka
그 메타케부지
아들이 봄에 중학교를 졸업.
LS살, 마메타케와 동갑.

혼다 나오아키　Naoaki Honda
도쿄인커뮤니케이션
몇 번 방문한 가나가와, 책자와 함께
또 여행을 떠나고 싶어요!

미타 슈헤이　Shuhei Mita
혼동회사BOOK TRUCK대표
요코하마 교외를 활성화하기 위해
각지에서 책방을 합니다.

모리 유카　Yuka Mouri
프리랜서
1년 동안 지낸 가나가와현!

모토무라 다쿠토　Takuto Motomura
Media Surf Communications
나가오카 씨에게 질문. 직접 생활의 방식을
궤안하는 니시무라 이사쿠와 같은 분들
이시나요?

야스모토 미유키　Miyuki Yasumoto
플래너
전에 가나가와에 살았는데 최고였어요!

야다 다이스케　Daisuke Yada
로컬 옵티컬 점주
다마플라자에서 안경점, 매장 및
갤러리 운영 중

야마이 요시후미　Yoshifumi Yamai
주식회사규다후쿠부동산 대표이사
오다와라에 기분 좋은 가게를
많이 늘리고 싶어요!

야마구치 나호코　Nahoko Yamaguchi
D&DEPARTMENT PROJECT
휴일에 미술관에서 지내는 조용한 시간을
좋아합니다.

야마자키 유지　Yuji Yamazaki
사진가
새우등 같은 인생

야마다 가호　Kaho Yamada
d47 식당
아침에 일어나 베란다에서 후지산과 오야마를
바라보는 것도 일과입니다.

야마다 마사시　Masashi Yamada
그림 그리는 사람
생활의 풍경이나 거리의 사람,
요리나 식재로를 그립니다.

야마다 요코　Yoko Yamada
D&DEPARTMENT HOKKAIDO
《○○의 보통》 꼭지를 매호 기다립니다.

야마모토 고헤이　Kohei Yamamoto
주식회사야마토간장원장 매니저
손이나 손끝으로 생각할 수 있는 사람이
장인이라고 합니다.(선대의 말씀)

요코야마 간타　Kanta Yokoyama
일러스트레이터
관광객 등을 괴하며 사는 것도
즐거운 일입니다.

요시다 아키라　Akira Yoshida
D&DEPARTMENT WEB team
2022년부터 카와사키구민이 되었습니다!

READYFOR
READYFOR. 여러분, 《가나가와호》를 많이
도와주셔서 감사합니다.

와타나베 신고　Shingo Watanabe
SOWA DELIGHT CEO
우주의 미래는 두근두근.

187

YOKOHAMA SHŌKIN GINKŌ (KENRITSU HAKUBUTSU-KAN)
SHINANOMARU NO ISU
JYUBAN-KAN
横浜 馬車道十番館
TEL 045-651-2621（代）
YAMATE SHIRYŌ-KAN
SHINSHI
KUROFUNE
AKATŌDAI
十番館
TEL 045-651-2621（代）
YAMATE JYUBAN-KAN
SHUKUJO
DENWA-KI
KISHA
GASU TŌ
GEITEI ZA
JYUBAN-KAN
横浜 馬車道十番館
TEL 045-651-2621（代）
YAMATE KYŌKAI
DENSHA
BASHA

TARO

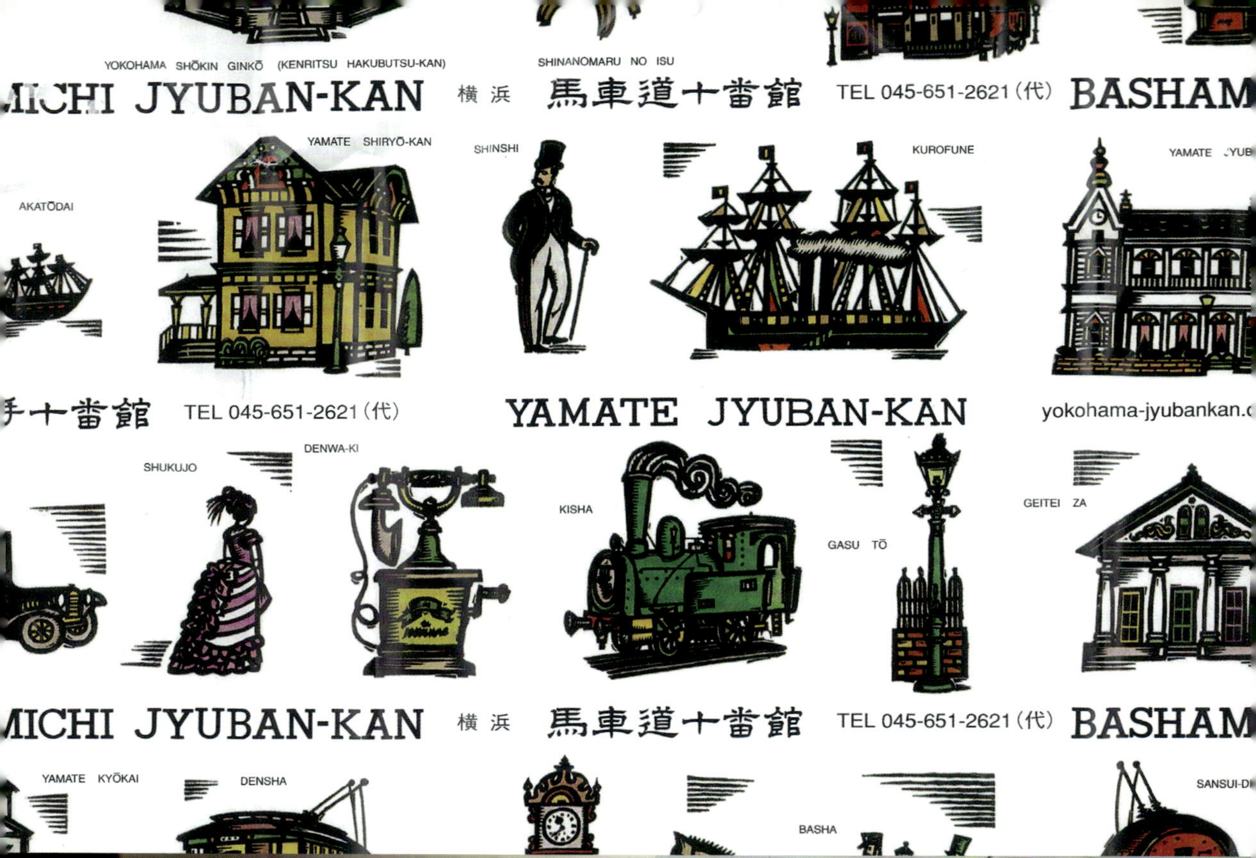

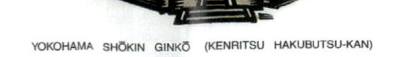

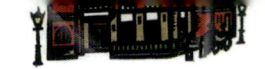

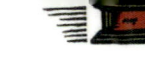

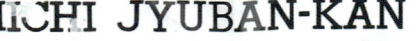

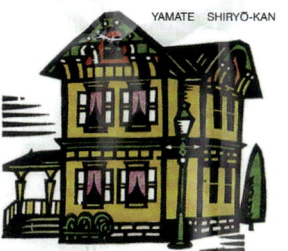

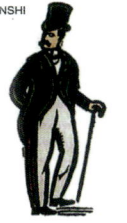

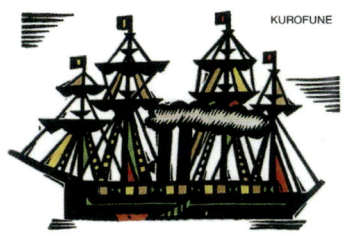

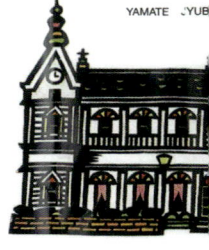

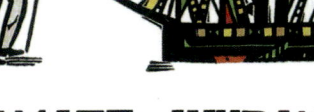

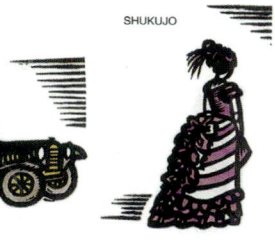

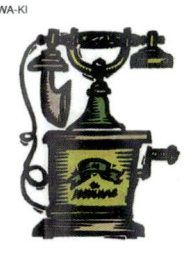

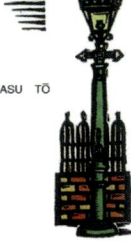

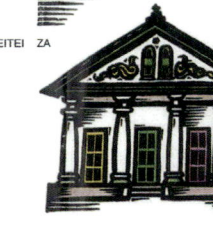

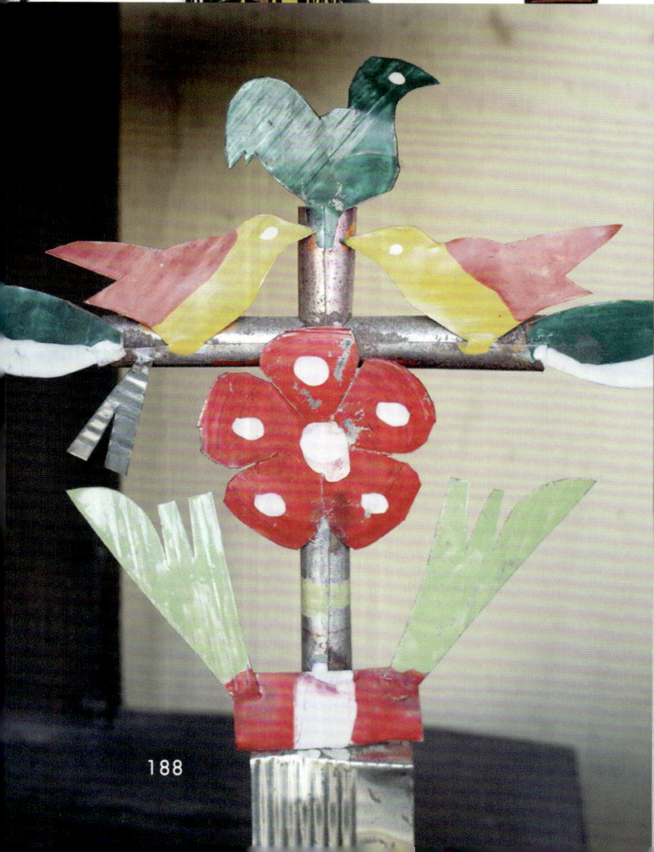

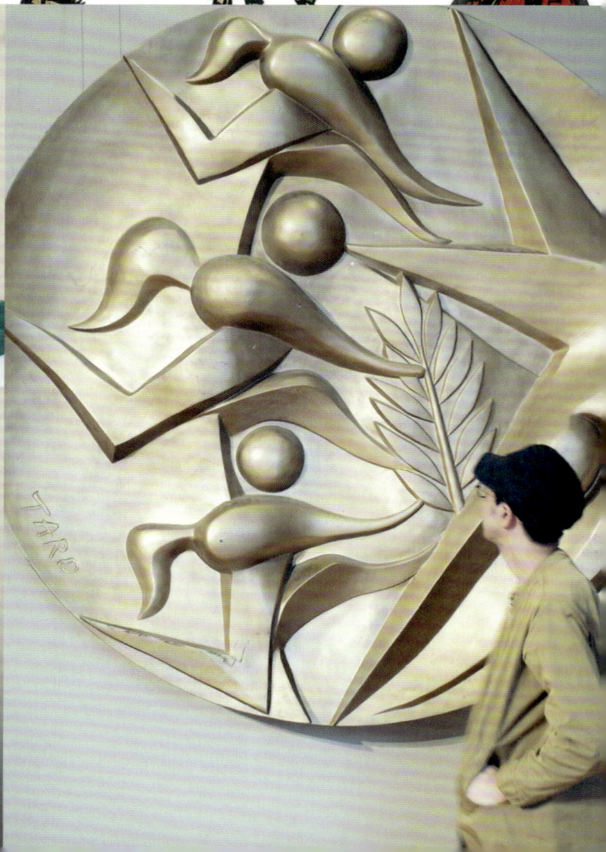

편집 후기

와타나베 히사에   Hisae Watanabe
d design travel 편집부, 사이타마현 출신.
롱 라이프 디자인회 사무국 겸 편집부로서 자질구레한 일 지원.

크라우드 펀딩에서 인쇄 파일 발송까지 손에 땀을 쥐게 한 《가나가와호》. 도움주시고 협력해주신 여러분, 정말로 감사합니다! 일본 국내는 물론 세계인이 방문하고 물건과 문화가 교류해왔기 때문에 각 지역의 개성도 풍성하고 긍지도 있으면서 타인을 받아들이며 즐겁게 해주는 곳이 가나가와라고 느꼈어요. 드디어 각지를 돌아볼 수 있게 된 지금, 매력적인 이벤트로 가득한 〈가나가와의 열두 달〉도 즐기고 싶네요. 그리고 시대소설 팬으로서 도카이도로 가는 하코네의 관문도 절대 빼놓을 수 없죠.

발행인 / Founder
나가오카 겐메이 Kenmei Nagaoka
(D&DEPARTMENT PROJECT)

편집장 / Editor-in-Chief
신도 히데토 Hideto Shindo (D&DEPARTMENT PROJECT)

편집 / Editors
와타나베 히사에 Hisae Watanabe (D&DEPARTMENT PROJECT)
마쓰자키 노리코 Noriko Matsuzaki (design clips)

집필 / Writers
다카키 다카오 Takao Takaki (Foucault)
사카모토 다이자부로 Daizaburo Sakamoto
구로에 미호 Miho Kuroe (D&DEPARTMENT PROJECT)
아이마 유키 Yuki Aima (D&DEPARTMENT PROJECT)
가와구치 슌 Shun Kawaguchi (Manazuru Publishing)
후지사와 히로미쓰 Hiromitsu Fujisawa
(Misaki Donuts / Misaki Presso)
미타 슈헤이 Shuhei Mita (BOOK TRUCK)
후카사와 나오토 Naoto Fukasawa

디자인 / Designers
가세 지히로 Chihiro Kase (D&DESIGN)
다카하시 게이코 Keiko Takahashi (D&DESIGN)

촬영 / Photograph
야마자키 유지 Yuji Yamazaki

일러스트 / Illustrators
스지이 기후미 Kifumi Tsujii
사카모토 다이자부로 Daizaburo Sakamoto
야마다 마사시 Masashi Yamada

일본어 교정 / Copyediting
에토 다케노리 Takenori Eto

번역 및 교정 / Translation & Copyediting
존 바잉턴 John Byington
크리스 백스터 Chris Baxter
마키 패트릭 Patrick Mackey
니콜라스 브린 Nicholas Breen
마스켈 오웬 Maskiell Owen
가쿠 모토코 Motoko Kaku
혼다 나오아키 Naoaki Honda
(Ten Nine Communications, Inc.)

제작 지원 / Production Support
유니온 맵 Union Map
나카무라 마유 Mayu Nakamura (D&DEPARTMENT PROJECT)
나카야마 사유리 Sayuri Nakayama (d47 SHOKUDO)
d47 design travel store
d47 MUSEUM
d47 식당 d47 SHOKUDO
D&DEPARTMENT HOKKAIDO by 3KG
D&DEPARTMENT SAITAMA by PUBLIC DINER
D&DEPARTMENT TOKYO
D&DEPARTMENT TOYAMA
D&DEPARTMENT KYOTO
D&DEPARTMENT MIE by VISON
D&DEPARTMENT KAGOSHIMA by MARUYA
D&DEPARTMENT OKINAWA by PLAZA 3
D&DEPARTMENT SEOUL by MILLIMETER MILLIGRAM
D&DEPARTMENT JEJU by ARARIO
D&DEPARTMENT HUANGSHAN by Bishan Crafts Cooperatives
Drawing and Manual

홍보 / Public Relations
마쓰조에 미쓰코 Mitsuko Matsuzoe (D&DEPARTMENT PROJECT)
시미즈 무쓰미 Mutsumi Shimizu (D&DEPARTMENT PROJECT)

판매 영업 / Publication Sales
다나베 나오코 Naoko Tanabe (D&DEPARTMENT PROJECT)
니시카와 메구미 Megumi Nishikawa (D&DEPARTMENT PROJECT)
스가누마 아키코 Akiko Suganuma (D&DEPARTMENT PROJECT)

표지 협력 / Cover Cooperation
주식회사아리아케 Ariake Co., Ltd
야나기하라 료헤이 Ryohei Yanagihara

1	홋카이도 HOKKAIDO	2	가고시마 KAGOSHIMA	3	오사카 OSAKA	4	나가노 NAGANO	5	시즈오카 SHIZUOKA
6	도치기 TOCHIGI	7	야마나시 YAMANASHI	8	도쿄 TOKYO	9	야마구치 YAMAGUCHI	10	오키나와 OKINAWA
11	도야마 TOYAMA	11.2	도야마2 TOYAMA2	12	사가 SAGA	13	후쿠오카 FUKUOKA	14	야마가타 YAMAGATA
15	오이타 OITA	16	교토 KYOTO	17	시가 SHIGA	18	기후 GIFU	19	아이치 AICHI
20	나라 NARA	21	사이타마 SAITAMA	22	군마 GUNMA	23	지바 CHIBA	24	이와테 IWATE
25	고치 KOCHI	26	가가와 KAGAWA	27	에히메 EHIME	28	오카야마 OKAYAMA	29	이바라키 IBARAKI
30	후쿠시마 FUKUSHIMA	31	미에 MIE						

HOW TO BUY

'd design travel' 구입 방법은 아래와 같습니다.

오프라인 숍
Offline Stores

· D&DEPARTMENT 각 지점 매장 정보 p.179
· 가까운 서점 (전국의 주요 서점에서 판매 중. 재고가 없는 경우 주문하실 수 있습―다.)

온라인 숍
Online Stores

· 밀리미터밀리그람 온라인 숍 store.mmmg.kr
· D&DEPARTMENT 글로벌 사이트 www.d-department.com

* 서점 이외에 전국 인테리어 숍, 라이프 스타일 숍, 뮤지엄 숍에서도 판매합니다.
* 가까운 판매점 안내, 재고 문의 등은 D&DEPARTMENT SEOUL 서적 유통 팀으로 연락해 주세요. (02-3210-1601 평일 10:00~19:00)

표지 한마디

〈퀸 메리 2〉 아리아케 요코하마하버 / 야나기하라 료헤이 (1931-2015년)

배를 좋아하는 사람으로도 잘 알려져 있으면서 요코하마 야마테에서 생활한 일러스트레이터 야나기하라 료헤이 씨. 개항 160년 이상, 세계의 창구로 발전해온 국제항만도시 요코하마의 위대함과 야나기하라가 그린 배와 인물에 드러나는 사랑스러움이 2달의 취재 기간 동안 점차 '가나가와다움'으로 이어졌습니다. 아리아케의 유명 과자 '요코하마하버'를 위해 그린 작품은 모든 가나가와 지역주민에게 '인생이라는 항해'의 한 장면이며, 항로는 달라도 그 목적지는 모두 빛나는 미래일 것입니다.

One Note on the Cover

Queen Mary 2
by Ryohei Yanagihara (Ariake Harbor)

Ryohei Yanagihara was a Yokohama illustrator known for his love of ships. The greatness of Kanagawa, as well as the love that appears in the ships and people drawn by Mr. Yanagihara, gradually led to the "Kanagawa-ness" during the two months of interviews conducted. His drawing for "Harbor," a famous snack of Ariake, is like a scene from a "voyage of life" for all Kanagawa locals – all roads lead to Rome, and a bright future lies ahead.

---

d design travel KANAGAWA
디 디자인 트래블 가나가와
2023년 8월 4일　1판 1쇄 / First printing: August 4, 2023

발행처 / Distributor
디앤디파트먼트 프로젝트 D&DEPARTMENT PROJECT

옮긴이 / Translator
서하나　Hana Seo

펴낸이 / Publishers
유미영　Miyoung Yu
배수열　Suyel Bae

편집 / Editors
서하나　Hana Seo

한글 조판 / Designer
임하영　Hayoung Im

마케팅 / Marketing
김송이　Songyi Kim
신소담　Sodam Shin

인쇄 및 제작 / Printing & Binding
투데이아트　todayart

펴낸곳 / Published by
밀리미터밀리그람 MILLIMETER MILLIGRAM
서울시 용산구 이태원로 240 우편번호 04400

☎ 02-3210-1601
Printed in Korea
ISBN 978-89-962640-0-2 13910

이 책의 한국어판 출판권은 디앤디파트먼트 프로젝트와 독점 계약한 (주) 밀리미터밀리그람에 있습니다.
저작권법에 따라 한국 내에서 보호를 받는 저작물이므로, 무단 전재와 복제를 금합니다.
d design travel KANAGAWA
Copyright ⓒ 2023 D&DEPARTMENT PROJECT. All right reserved
Original Japanese edition published by D&DEPARTMENT PROJECT
Korean translate rights ⓒ 2023 MILLIMETER MILLIGRAM

게재 정보는 2023년 2월 시점입니다.
정기 휴일, 영업 시간, 상세 가격 정보 등 변경되는 경우가 있습니다.
이용 시에는 사전에 확인을 부탁드립니다.
게재된 가격은 특별한 기재가 없는 한 모두 부가세가 포함된 가격입니다.
정기 휴일은 연말연시, 골든위크, 추석 연휴 등을 생략한 경우가 있습니다.
The information provided herein is accurate as of February 2023.
Readers are advised to check in advance for any changes in closing days, business hours, prices, and other details.
All prices shown, unless otherwise stated, include tax.
Closing days listed do not include national holidays such as new year's, obon, and the Golden Week.

공식 웹사이트(일본어)
http://www.d-department.com/m/

글로벌 웹사이트(다국어)
http://www.ddepartment.com